高等院校市场营销专业系列教材

营销策划

——创意、信息处理及表达

乔　辉　主　编
柳彩莲　曹　雨　副主编

上海财经大学出版社

图书在版编目(CIP)数据

营销策划:创意、信息处理及表达/乔辉主编.—上海:上海财经大学出版社,2015.8

(高等院校市场营销专业系列教材)

ISBN 978-7-5642-2235-2/F·2235

Ⅰ.①营… Ⅱ.①乔… Ⅲ.①营销策划-高等学校-教材 Ⅳ.①F713.50

中国版本图书馆 CIP 数据核字(2015)第 185619 号

□ 责任编辑 顾晨溪

□ 封面设计 张克瑶

YINGXIAO CEHUA

营 销 策 划

——创意、信息处理及表达

乔 辉 主 编

柳彩莲 曹 雨 副主编

上海财经大学出版社出版发行

(上海市武东路 321 号乙 邮编 200434)

网 址:http://www.sufep.com

电子邮箱:webmaster @ sufep.com

全国新华书店经销

江苏省句容市排印厂印刷装订

2015 年 8 月第 1 版 2015 年 8 月第 1 次印刷

787mm×1092mm 1/16 16.75 印张 428 千字

印数:0 001—4 000 定价:35.00 元

前言

营销策划在现代市场经济中发挥着越来越重要的作用。精心策划，打造品牌，塑造形象，是企业在激烈竞争的市场中立于不败之地的根本保证。传统的课程内容教学使得学生不能扎实地掌握本门课程，学生走出校门之后适应岗位的时间较长，甚至有部分学生不能满足营销策划岗位职能的需要。如何更有效地培养学生的营销策划能力，成为我们目前需要解决的问题。

营销策划是一门方法性很强的课程，主要内容不是一些抽象的知识，而是一系列的具体方法，如市场调查方法、市场信息的分析、营销方案的策划等，是一种“谋略性”课程，具有剖析典型事件、提升思维灵性的特征。在学习这门课程之前，学生们已经系统地学习了市场营销的相关知识，所以，在课程中再次讲授营销理论是不够的，而且也是没有必要的。另外，营销策划是极具中国特色的一门课程，侧重点在于创意和传播，国外没有完全与之相对应的课程。此外，在具体的营销活动或行为中，企业希望通过营销策划的实施，力求在短期内获得一定的经济效益和社会效益。

作为一门培养学生如何综合运用营销知识和营销方法的课程，从教材的建设角度来看，如何架构营销策划课程的教学内容体系是一个值得重新检讨的课题。

综观已经出版的营销策划教科书，其内容体系大致可以分为以下几类：

第一类是比较流行的做法，主体内容基本重复市场营销学。其基本框架沿袭了市场营销学的STP＋4P的内容体系，只是在其中加入了有关策划学的一些基本概念、基本理论，从策划角度重新组织市场营销学的基本内容。

第二类是在主体内容基本重复市场营销学的基础上增加了部分新营销内容，如CIS策划、顾客满意策划、整合营销传播策划、服务营销策划、关系营销策划、定位策划、网络营销策划，以及一些具体的行业营销策划如房地产营销策划、保健品营销策划等。

第三类是将营销管理内容加以分解，从营销管理制度、营销管理过程、营销管理技术不同层面构建出了一个庞杂的内容体系，包括营销策划流程（营销策划引论、营销策划理念、营销策划创意、营销策划造势、营销策划分析、营销策划作业），营销行为策划（企业入市策划、产品推广策划、品牌延伸策划、营销广告策划、企业公共关系促销策划、营销国际化策划），营销管理策划（企业形象策划、营销制度策划、营销业态策划、物流能力策划、企业扩张策划、企业融资策划、营销避险策划）等。

与以上三类常见体系的教科书相比，本教材在吸收以上体系的优势之外，还遵循做好营销策划应具备三种技能，即创意形成技能、信息处理技能、策划表达技能的原则来构建教材内容，围绕如何成为一个合格的营销策划人来展开编撰，既能有效地实现课程的教学目标，让学生掌握营销策划工作的基本流程、基本的工作任务和工作内容，又能避免与市场营销原理课程的内容重复，帮助学生适应营销策划岗位职能的需要，有效地培养学生的营销策划能力。

本教材注重理论与实践相统一，内容丰富，结构严谨，信息量大，操作性强，既可作为本科、专科院校营销类专业的教学用书，也可作为营销策划人员业务培训用书。

本教材由长期从事市场营销策划研究、教学和实务工作的专家、学者共同编写完成。全书由武汉工程大学乔辉任主编，湖北工业大学商贸学院柳彩莲、武汉东湖学院曹雨任副主编，武汉工程大学邮电与信息工程学院李辉、武汉纺织大学罗建军、武汉轻工大学黄恩参与编写。全书共分为五篇十二章。第一、二、六、十章由乔辉编写，第四、五、七章由柳彩莲编写，第三、十一章由曹雨编写，第八章由李辉编写，第九章由罗建军编写，第十二章由黄恩编写。全书由乔辉负责总纂统稿。

除此之外，还要感谢我的学生张倩、周丽萍、易刘香、严弘、许晶晶、庄甜甜、洪红、唐元佑为本教材的撰写搜集了大量素材，并认真核对了部分章节；还要感谢武汉中隐文化传媒有限公司的胡鸣女士、武汉广厦同祥广告有限公司的杨婷女士，为本书的撰写提供了诸多宝贵的建议。

本书在撰写过程中参阅了国内有关营销策划方面的论文、论著，吸收了部分专家、学者的研究成果，在此一并表示谢忱。由于作者水平有限，加之时间仓促，所引用的相关文献疏漏之处在所难免，敬请有关作者谅解！欢迎各位读者不吝赐教，以便修订完善。

编　者

2015年8月

目　录

第三篇 创意篇

第四篇 信息处理篇

第五篇 实践篇

第一篇

基础理论篇

第一章

策划概述

第一节　策划的内涵

一、策划的界定

什么是策划?

策,在《辞源》中有八个义项,如“马鞭”“杖”“简”“策书”“一种文体”“占卜用的蓍草”等作名词用的;“以鞭击马”作动词用的;但其最重要、最常用而广泛流传下来的是“谋略”的意思。

划,在《辞源》中义项不多。其中,“忽然”这种义项已不多用,而“割裂”“筹谋”等意思较重,但基本是把“策”和“划”联系起来,作筹谋、策略、谋略、计策、对策等意思解释。

在古代,策划的名词性较强,与现在的计划、计策、计谋、谋略、对策的意思较接近。而在现代,策划的动词性含义增强,信息、创意、点子、谋略、目标等要素为其内核,而“策划”的全面含义为:如何在全面谋略上指导操作者去圆满地实施对策、计策或计谋,从而达到办事的目的。

关于“策划”的概念,一直没有统一的看法。我们在使用“策划”时,有时只是单纯指实施某一件事时的独特想法或特殊构想,有时指达成某一可实现成果的实施计划。而各个学科的专家对策划有不同的理解和不同的研究侧重点,其概念界定众说纷纭,可谓是“仁者见仁,智者见智”。

我们对策划的定义为:策划就是策略、谋划,是为达到一定的目标,在调查、分析有关材料的基础上，遵循一定的程序，对未来某项工作或事件事先进行系统、全面的构思、谋划，制订和选择合理可行的执行方案，并根据目标要求和环境变化对方案进行修改、调整的一种创造性的社会活动过程。

可以说，策划作为人类超前思维和创造思维的最佳结合形式，在不断地创造着历史，推动着社会进步和发展，也在促使人类自身的不断完善与提高。

策划是一项复杂的系统工程，需要策划人员充分掌握现实条件，根据策划目标的要求，因地制宜、因时制宜、因人制宜，通过严密的逻辑性思维和丰富的创造性思维活动，得出合理的策划方案，并通过不折不扣的实施，最终达到预期的目标。

二、关于策划的常见误区

策划是一项综合性的活动，一项成功的策划往往是多种方法、多个部门合力的结果。比如企业一项策划通常会包括战略、管理、营销、广告等多方面的内容，需要采用多样化的方法，并需要相关部门通力合作才得以完成。因此，这也使人们对策划产生了许多理解上和认识上的误区。对这些常见的认识误区有必要加以说明，以利于读者正确认识策划。

(一)认识误区一：策划就是“点子”

许多人认为出点子也是策划，这显然是不对的。有人将点子视为策划，这是因为有些人先从点子入手，为一些企业提供服务，这是中国计划经济向市场经济过渡中所出现的现象。当然，我们并不能否认，有些案例的创意是有点子因素的。但点子是每个人都可能提供的，而创意是要具备专业知识的，这就是两者的本质区别。两者是层次比较，点子不会是策划，而策划中有点子，但说点子中有策划就说不通了，因为策划是一个系统工程，不是靠一招一式就能够完成的。策划是一个系统工程，点子只是一个主意，是一点思想火花。

当然，好的点子还是有价值的，许多大的策划往往从一个点子开始，策划离不开点子，一个一个点子连起来就是一个好的策划，充分运用点子，有利于策划的发展。我们区别点子与策划的关系，但并不否认点子的价值作用。从策划的发展来看，策划已成为一个行业，而且这个行业正处于发展与规范之中，而点子显然不可能成为一个行业，在未来的发展中也不可能变成一个“点子行业”。

但遗憾的是，现在就有为数不少的人把策划简单等同于点子，等同于小发明、小主意，或等同于一些喧嚣一时的促销招数。其实，一些偶然的、“灵光一现”的点子，脱离了企业经营的本质，短期内可能有助于企业解决问题，带来些许辉煌，但无法帮助企业改善“体质”，改进经营管理，因此最终将难逃没顶覆辙。在现实中，此类例子时有所见，“太阳神”“亚细亚”“三株”“爱多”，这些品牌曾经名噪一时，但最终销声匿迹，淹没于市场的湍流中，这就是追求短期利益的“点子”带来的危害。因此，我们应该从更高意义上对策划进行认知。

(二)认识误区二：策划就是计划

策划与计划行为不同，计划是具体的实施细则，任何策划都必须有计划，但不是所有的计划都有策划，有的计划是长远的目标打算，不具备现实操作性；有的计划是常规的工作流程，不具备创新性。策划与计划的另一个区别是：一个是主动性的、目标性很强的行为，一个是被动性的、规划性很强的行为。策划近似英文“Strategy＋Plan”，而计划则近似于英文的“Plan”。策划更表现为战略决策，包括分析情况、发现问题、诊断把脉、优化方案、整合优势。

而计划往往表现为掌握原则和方向,按部就班的工作流程。从对象上看,策划一般运用于工商企业和商业性活动中,计划一般运用于政府组织的指导性活动中。

计划往往具有极端性、单一性,缺乏策划所具备的丰富性和灵活性。计划的理性色彩和策划的多样思维,都应该是企业或经营者所具备的,从这一角度而言,策划与计划是所有企业或策划人都必须具备的。策划人或经营者在进行企业经营决策时,强调策划;而在执行这一策划时,则强调计划。计划是体现企业执行力的一个重要因素,策划则更多地展现企业的创造性。因此,企业在不同的时段或阶段,对策划和计划会有不同的重视程度。同时,它们也会由企业不同的部门来制定或执行。

策划与计划都需要面临众多的信息处理和反馈,足够的信息来源和对信息的正确运用和处理,会使两者都能获得理想的结果。一旦信息缺失或发生偏差,对计划造成的扭曲就会远远大于对策划造成的误差。

企业在制订计划时,有些计划可以只从企业本身的各种资料中获得信息来源,但策划一定是需要从企业以外的方方面面获得信息。也就是说,策划要求大量的、多方面的各种资源,而计划仅凭单一的信息资源就可以制订。

(三)认识误区三:策划就是决策

决策就是做决定,重在优选方案,以抉择为重点,以聚合思维为主。决策属于对一个事物的判断,有时并不需要创意和论证,也不需要实施和评估。

"决策"作为现代管理学的一个术语,是美国首先使用的"Decision-making",意思是作出决定。表述得明确一些,决策就是个人群体为实现其目的,制订各种可供选择的方案并决定采取某种方案的过程。决策并不需要瞬间完成,拍板定案前必须进行一系列活动,否则就会出现主观臆断。1947年,美国管理学家西蒙在其《行政行为——行政组织中决策过程的研究》一书中第一次系统地提出了管理科学中的决策理论。决策通常可作如下分类:(1)依决策主体的决策方式不同,分为经验决策和科学决策;(2)依决策目标所涉及的规模和影响程度不同,分为战略决策和战术决策;(3)依决策内容和具体情况不同,分为程序化决策和非程序化决策;(4)依决策所具有的条件和可靠程度不同,分为确定型决策、风险型决策和不确定型决策。决策作为一门学科,已列为各管理者必修学科。

而策划是一新兴学科,它与决策显然是不同的。策划的4个程序——"创意—论证—操作—反馈",在决策中都是不强调的。决策显然是建立在论证(调研)的基础上,但对创意(提出概念)这个环节并不强调,论证是决策的前奏,某些决策如经验决策(也称个人决策)是不需要论证的。策划强调创意创新,这是策划的灵魂,没有创意创新就不是策划,如果说策划是决定干好干坏,那决策就是决定干与不干,这就是两者的本质区别。

(四)认识误区四:策划就是咨询

中国人在学习日本现代企业管理时,发现日本有专门的企划人,就将日本的企划称为"策划"。企划与策划的狭义词意相同,大家读日本有关企划方面的书,能够学到策划的基本原理,这也是两国文化有些相通的原因。

美国语言直译中并没有"策划"一词,只有相似的词"Strategy Plan",有人认为美国的策划就是咨询,在美国从事咨询的人,就是中国从事策划的人。在英语中,咨询(Consult)具有磋商、会诊、评议的意思。在汉语中,咨询含有询问、谋划、商量的意思,两者含义近似,而咨询企业在国外被称为"软件企业""头脑机构"或"智囊团",从这个意义上看,美国的咨询业近乎中国的策划业。

三、策划的类型

策划的划分标准很多,根据不同的标准,可以得出不同类别体系的策划。比如:按策划的内容任务的不同,可分为活动策划、调研策划、广告策划、营销策划等;按策划体系的不同,可分为总体策划、专项策划、具体操作策划等;按策划主体的不同,可分为国家策划、企业策划、团队策划、个人策划等。上述的多种策划分类方式,各划分方式间、各策划类型间并不是绝对泾渭分明,而是存在着一定的交叉、重叠的关系。

第二节 策划的功能及基本原则

一、策划的功能

策划是人的创造性生产活动,既然是人的生产活动就带有一定的目的性,这一目的就是策划带给人们的现实功用,或者说是策划的功能。既然是一种人为的过程且具有明确的目的性,在这一过程中就必须遵循一定的基本原则。

(一)策划的竞争功能

竞争功能就是策划者以智谋及其策划方案协助策划主体赢得政治竞争、军事竞争、经济竞争、技术竞争和形象竞争等方面的主动地位,使其稳操胜券或有所作为。这是人们进行有效的策划方案的目的之一。

(二)策划的决策保证功能

这一策划功能就是策划者为策划主体的决策谋划、探索、设计多种备选方案。决策者以策划方案为基础,进行选择和决断,从而保证决策的理智化、程序化和科学化。

策划是一种理性思维,以确保未来即将进行的活动有序、有条不紊地按预定的目标进行,这一特性保障了其策划的成功。

(三)策划的计划策定功能

这种策划功能表现在策定计划的规定程序上。即策划机构在进行计划或规划之前,运用科学的策划运作程序对计划进行构思和设计,为计划生成提供智谋母体,使计划切实可行,使预算投向可靠。

(四)策划的预测未来功能

预测未来功能就是策划者注意策划主体发展的长远问题或本质问题,针对环境的未来变化发展,进行超前研究,预测发展趋势,思考未来发展问题,提高策划主体适应未来和创造未来的主动性。

(五)策划的管理创新功能

管理创新功能就是策划者遵循科学的策划程序,从寻求策划主体的问题或缺陷入手,探索解决管理问题的有效途径。这实质上是一个管理创新的过程,一个好的策划方案本身就是一个管理创新方案。

以上几项功能是由策划的本质派生而来的，是策划本质特征理论上的延续，而策划的功能在现实的经济环境中表现得更为明显而直观。比尔·盖茨曾说过："创意犹如原子裂变一样，只需一盎司就会带来无以数计的商业效益。"的确，在现代社会，绝妙的创意与策划就是"聚宝盆"，它会给企业带来滚滚财富。

二、策划在现实经济环境中的功能

(一)提高企业的"核心竞争力"

随着知识经济时代的来临，创意与策划的作用越来越大。发达国家国民生产总值的增长中，知识的成分已由20世纪初的5%上升为20世纪末的30%～90%，而知识经济成分中创意与策划所占的比例是相当大的。美国未来学家阿尔温·托夫勒曾经预言："主宰21世纪商业命脉的将是创意，因为资本的时代已经过去，创意的时代正在来临。"创意与策划是提高企业"核心竞争力"的重要手段。不断创意与策划并获得成功的企业，它具有领先者的优势，即能在竞争中表现出自己的独特之处、独有吸引力，而这个独特优势不能轻易地被对手所模仿。目前，我国经济整体上呈现出供大于求的状况，不少企业的生产能力过剩，企业资源利用率低。但是，只要结合企业实际，深入了解市场，大胆创意与策划，提高企业的核心竞争力，就会在激烈的市场竞争中取胜。

案例1—1 丰田公司反败为胜

20世纪60年代初日本丰田公司由于懈怠于策划，很长一段时间内没有生产出新产品，以至于在轿车的生产和销售方面被日产公司远远抛在后面。丰田公司开始惊醒了，并进行精心策划。首先，是对光环牌轿车的车型更新、发动机改装；接着又重新策划了丰田广告，电视里反复播发"海滨之虎—— 光环""空中飞车—— 光环""悬崖滚落—— 光环""猛撞油桶—— 光环"等广告片，光环车坚固耐用的印象在公众心目中产生。从1964年9月丰田公司开始出售新型光环车，到1965年4月光环车在市场上畅销压倒了日产公司，1967年光环车已在小轿车市场上遥遥领先。丰田公司这一反败为胜的例子说明，市场就是战场，竞争如同战争，只有善于策划、精于用谋，才能立于不败之地。

(二)延长企业的"生命周期"

企业作为宏观经济机体的组成部分，因其所处的行业、产品结构、技术革命的影响，消费需求的变化，政府相关政策的调整等的综合作用，也有自己的生命周期。美国学者阿里·德赫斯在《长寿公司》一书中指出，世界各国企业发展中有两个死亡率很高的门槛：10年左右和40年左右的。10年左右衰亡的多为中小企业，如婴儿早夭；40年左右的则为大中企业，如英年早逝。据统计，1970年的全球500强公司，到1982年时有1/3已经销声匿迹了，其中都没有跨过"英年早逝"这个门槛。对于每个企业来说，如何才能"延年益寿"呢？纵观工业革命以来的企业发展史，从19世纪末期至20世纪初期，一些叱咤风云的企业家，建立了以专业化及技术联系为特征的庞大的企业"王国"，但从20世纪中期开始，一些大的企业集团往往采取以资本经营为纽带的跨行业多角化经营，从而降低经营风险，并使得企业的生命得以延续和提升。因此，要使企业"常葆青春"，也必须通过不断的创意与策划来实现改变，改革经营方式或经营模式，以确保企业竞争力的提高，从而使企业在竞争中立于不败之地。

第二次世界大战之后，西方的大公司普遍设立企业内部的策划机构，还用高薪聘请高级策划专家。如历史悠久的福特汽车公司就在当时组建策划机构，从推行策划、计划、预算一体化取得显著效果的通用汽车公司和美国空军中重金聘用一批策划专家，其结果不仅使公司摆脱困境，而且重振雄风，焕发出青春活力。

(三)追求企业的利润最大化目标

现代企业是伴随着工业化进程的现代化大生产的产物。尽管企业作为特定的社会角色要承担诸多责任和义务，但从企业生存和发展的线索看，其本质仍然是生产出适合社会需要的产品并由此获取适当的利润。企业的利润是通过市场的交换来得以实现的，由于工业化大生产不仅提高了人们的生产效率，也提高了生产质量，人们在生产同样的产品时同质性越来越相近，这就需要企业在产品投放市场时采取与众不同的方法来吸引消费者。而采取什么样的决策，就需要策划的参与和实施。其次是信息交流的快速与敏捷，使企业在采取什么样的策略上，要有独创性、要有创新，不仅是产品的全新，还包括外在的包装和与众不同的销售模式。在企业形成决策之前进行创意与策划，就会降低决策失误率，提高决策成功率；在企业管理过程中进行创意与策划，实行策划、计划、预算一体化，就不会出现计划预算与市场供需脱节、背离的情况，就会提高计划预算的成功率。例如，福特汽车公司的创始人福特在汽车发展的初期，通过在技术、管理等方面的不断创意与策划，使汽车的价格大幅度下降，成为普通消费者乐于接受的交通工具，在财源滚滚而来的同时，福特汽车公司也获得迅速发展。

高露洁公司也是一个在经营中利用创意取胜的很好的例子。这家公司是以经营牙膏为主的企业，创业的头几年，尽管其产品质量不错，但销售总上不去，业绩平平。老板决定公开征求良策，他在媒介上登出广告："谁能想出使高露洁牙膏销量激增的创意，即赠送 10 万美元奖金。"来自世界各地的应征者数以万计，高露洁公司只选了其中一个。被选中的创意只有两行字：很简单，主要把高露洁牙膏的管口放大 50%，那么每天消费者在匆忙中所挤出的牙膏，自然会多出一倍，牙膏的销量就会激增。高露洁公司采纳了该创意后，果然牙膏的销量急剧上升。直到今天，高露洁公司仍保持这一创意。

21 世纪已经来临，这个世纪是知识经济的世纪，是智力经济的世纪，也是创意与策划的世纪。

三、策划的基本原则

事物的运行都按一定的客观规律变化发展。策划是一种人类创造性的思想行为活动，也必然有一系列的客观运行规则。策划活动只有符合自身的客观运动规律，才能提高策划的效率，为策划的成功奠定基础。策划原则就是指策划活动过程中所须遵循的客观规律的理性表现，它是策划实践经验的概括和总结。策划原则包含着策划的各种基本客观要素。

一是目标要求，即策划的目的和所要达到的目标。

二是方向要素，策划目标为策划活动提供了最终标准，但在策划活动过程中，其活动方向是否始终指向最终标准，则依赖于以策划目标为基准方向建立起来的一系列指标来保证，这些指标就是策划活动中的方向要素。

三是态势要素，是指有关策划活动的形态和趋势的要求，主要包括真实、可行、机变等几个方面。

四是境界要素，即策划活动的范围和环境，是指策划活动要在一定的空间和时间界限之内进行。

从这几方面考虑，策划原则及要求应包括以下几点：

(一)利益性原则

利益性原则，即无利不谋。

美国前国防部长在我国国防大学演讲时，头一句话就讲述了西方世界所公认的真理：“没有永恒的敌人，没有永恒的朋友，只有永恒的利益。”自然，对这句话的认识含有价值取向的差异。但说到底，人们的一切活动，包括一切策划活动，实质就是在谋求利益。

企业的各种营销策划或其他的策划活动更是以利益为最终目的。我们通过研究日常生活中利益的实现过程，可以很好地认识到利益在整个策划过程中所起到的巨大作用以及两者之间的内在联系，从而自觉地在策划活动中坚持这样一个原则。利益的实现过程可划分为以下几个阶段：

1. 利益刺激和利益目标追求

我们说利益是一切经济活动的原动力，首先是说利益可以刺激人、激发人，使人萌发欲望冲动，形成利益关心和利益认识，继而产生对一定利益目标的持续追求。利益刺激和利益目标追求是利益实现的第一个阶段和首要因素。由此我们不难看出，没有利益的刺激，就没有人对追求利益的冲动，也就无法形成为追求利益而采取的行动策划的动力。

2. 谋利活动

谋利活动是指人有意识、有目的地策划取利的社会活动。即人在一定物质欲望的驱使下，在一定利益的刺激下，在某种利益认识的指导下，持续地追求利益谋取的社会活动。谋利活动是利益实现的最基本的阶段和要素。凡谋利活动必须有一定的谋利工具、手段和其他必要的谋利资料，而策划无疑是谋利的重要手段。

3. 利益竞争

利益是刺激人们产生思想动机的动力。人们为了追求利益而产生竞争。这种利益竞争是社会发展的动力，自然也为策划的产生和发展提供了条件。策划水平的迅速发展和不断提高，也使利益竞争日益加剧。利益形式的多样性决定了利益竞争的复杂性，也就决定了策划的复杂性。

(二)整体原则

整体原则是策划的一个重要原则，策划往往是一个系统工程，不是一个人能够完成的，也不是一个单独事件。这就需要策划者在整体上遵循一个原则。随着社会化大生产的形成，社会活动日益复杂多样，活动规模层面越来越大，相关事项也越来越多，策划活动所处理的数据资料也更多、更复杂。这就要有一个原则、一个规范，来约束每个人的行为，从而更好地为预定的目标服务。

1. 全局性

注重研究全局的指导规律，局部服从全局，以全局带动局部。为了全局，甚至不惜特殊和舍弃局部。有时虽然局部蒙受了损失，但从全局着眼，局部的舍弃可以换来全局的胜利。

2. 长期性

整体性原则的着眼点不是当前，而是未来。具有远见的策划者，绝不会只顾眼前而不顾及长远。有些事情，尽管从眼前看是有利的，但从长远看却是有害的，如为了眼前利益而牺牲长远利益，这就叫作缺乏谋"势"的眼光。正如"杀鸡取卵"一样，得到了鸡肚子里现有的蛋，却以失去鸡长远下蛋的机会为代价。立足眼前，放眼未来，照顾眼前与长远的关系，是实现整体性原则的紧要之点。

3. 层次性

策划具有全局性特点，而全局的范围是有大小之分的，任何系统都可以视为一个全局。而系统是有层次的，有大系统与小系统、母系统与子系统。对不同层次的系统，就有不同层次的策划，就要体现不同层次的整体性。全局和局部的划分是相对的，子系统的全局相对于母系统来说，只是后者的一个局部。局部应服从全局，因此，考虑制定下一个层次的策划时，应该同上一层次的战略要求符合，而不能相背离。

坚持整体性原则，在以往也许并不显得那么突出。但现代社会活动越来越复杂，社会活动越来越多变，影响也越来越大，这时，整体性原则就显得尤为重要。

(三)客观性原则

客观性原则是指在策划运作过程中，策划者通过各种努力，使自己的主观意志自觉能动地符合客观实际情况。主观指导符合客观事物的规律性，这是策划运筹与心理较量的一项根本原则，也是实践反复证明了的一条真理，策划符合客观就胜利；反之就失败。

1. 深入调查客观现实

策划的基础是调查研究，或者说，策划的前提是调研。我们很难想象，一个人若不搞任何的市场调查研究，就能写出一份科学有效、切合实际的策划方案。巧妇难为无米之炊，否则，就难免有盲人摸象、闭门造车之嫌。

2. 排除各种干扰，保证据实策划

策划中没有了客观性也就没有了科学性，策划也就不会成功。因此，要有坚定的决心和足够的勇气排除各种干扰、阻力甚至压力，以保证据实策划。具体来说，一是以科学的精神排除虚假因素影响，把握问题实质；二是以对公众、对社会、对事业负责的精神，排除各种阻力和干扰，把握现实，依实进行策划和实施策划方案。

(四)可行性原则

可行性原则是指策划方案可以实施并能取得科学有效的效果，这一原则是策划活动各种规律的综合要求。因为只有可操作性的策划方案才是可行的，才是有意义的，才是会被客户采纳的，否则只是纸上谈兵，没有任何的意义。一般来说，具备可操作性的策划方案应该具备以下几个方面的内容：

1. 进行可行性分析

一个策划方案的提出，首先人们要看的就是操作是否可行，有没有实效价值。这个可行性分析是一个完整的概念，包括主观经验和客观的市场调查、整合力的评估，以便论证这个项目是否可以进行下去。在进行过程中，要面对多少事情、是否继续做下去，不进行可行性分析，一个策划方案仅凭感觉去决策，是不正确的。

进行可行性分析主要从四个方面进行：(1)利害性分析。分析考虑策划方案可能产生的利益、效果、危害情况和风险程度,综合考虑、全面衡量利害得失。(2)经济性分析。即考虑策划方案是否符合以最低的代价取得最优效果的标准,力求以最小经济投入实现策划目标。(3)科学性分析。它包含两方面的意思,首先看策划方案是否是在科学理论指导下,在进行了实际调查、研究、预测的基础上严格按照策划程序进行创造性思维和科学想象而形成的。其次分析策划方案实施后各方面关系是否能够和谐统一,是否能够高效率地实施策划方案。(4)合法性分析。即考察策划方案是否符合法规要求,一方面策划方案要经过一定的合法程序和审批手续,另一方面策划方案的内容及实施结果要符合现行法规规定和政策要求。

2. 进行可行性实验

为了准确弄清策划方案是否科学可行,可对方案进行可行性实验。可行性实验实际上是可行性分析的最高形式和最后手段。可行性实验一般以局部试点方式进行,检查策划方案的重心是否放在了最关键的现实问题上、方案的整体结构和运作机制是否合理、实施结果是否有效。

3. 运行性和有效性

策划最为关键的内容还在于策划的运行与实施,一个创意方案被提出,只有付诸运行才可能具有现实意义。在策划过程中,我们必须注重运行的重要性。事实上,运行本身是一个计划确定好的行为,是按照策划已定的方案实施的过程。然而在实际的操作当中,客观的外在因素影响以及时刻都在变化的环境因素,决定了运行也是一种创新,是一个重新整合的行为。因此,我们在策划时既应当考虑人力、物力、财力的支撑,又要考虑天时、地利、人和的时势。运行过程中的时间、地点、人物等非常重要,不应当忽视每一个细节。

有效性在策划实施过程中的主要体现是:第一,用最小的消耗和代价争取最大的利益。第二,所冒的风险最小,失败的可能性最小,经过努力基本上有胜利的把握。第三,要能圆满地实现策划的预定目的。当然,有些策划局部利益的损失是为了换得总目标的实现,这也是值得的。第四,要看是否争取了主动。至于主动性的意义,下过棋或留心过下棋的人就会有很深的体会。

(五)机变性原则

所谓机变性,就是随机应变,是指在策划过程中及时准确地掌握标的、对象及其环境变化的信息,以其发展的调研预测为依据,做到准确及时地调整策划目标并修正策划方案。实践表明,策划不能一成不变,要有调适性。机变性原则是完善策划的重要保证,它的要求是:

1. 增强动态意识和随机应变观念

策划者要增强策划的动态意识和随机应变观念。策划最忌墨守成规、一成不变。因为谁也无法预测偶然事件的发生,客观因素的变化影响了计划的进行,就需要灵活应对,以应付不测之变。《孙子》中有这样的精辟论述:“兵以诈立,以利动,以分合为变者也。”“能因敌变化而取胜者,谓之神。”《兵器·三十六计解》中对“变”字的解释是:“良将用兵,若良医疗痛,病万变药亦万变,病变而药不变,厥疾弗能疗也。”意思是说,良将用兵如同高明医生治病,病不同,用药也不同,病情变化了而药方不变,病是治不好的。因此,任何策划都是处于高度机动状态的活动,策划者必须深刻认识策划的这一本质特征,从思想深处建立机变策划的观念。

2. 了解掌握标的对象的变化信息

标的对象的信息是策划的基础材料和客观依据。该基础和依据变化，策划也应该随之变化，否则，其策划就失去了准确性、科学性和有效性。而标的对象的信息又受多种因素影响，经常处于发展变化的动态状态，有时甚至发生飞跃性或突发性的变化。为此，必须不停地广泛了解、全面搜集和及时分析并加工处理这些信息，为策划提供具有真实性、时效性、系统性和可靠性的信息资料。尤其是面对一项策划方案孕育时间较长的策划对象时，客观环境的变化是难以让人意料的，总会有一些因素在时间的推移中会发生变化。策划者应当对这样的事件与信息了如指掌，否则很可能是一项失败的策划方案。

3. 预测标的对象变化，掌握随机应变的主动性

科学预测标的对象的发展趋势和动态，掌握随机应变的主动权，是机变性原则的一个重要内容。按照标的对象的发展规律，推测和估计它的发展趋势和未来态势及其结果，既是策划的前提，又是科学策划的重要内容。这样就可以使策划运作始终处于处变不惊、以变应变的积极主动地位。

4. 依据变化了的情况适时地调整策划目标、修正策划方案

策划目标是策划主体总目标的组成部分，是依据彼时彼地的客观情况特别是标的对象的现实确立的，具有相对稳定性。策划方案是为实现策划目标而制订的行动方案，它以策划目标为方向和核心。当客观情况发生变化影响到策划目标的基本方面或主要方面时，就需要对策划目标作必要的调整，自然也就要对策划方案进行修正，以保证策划方案与调整后的策划目标相一致。

当然，在修正策划方案时也应当把握住机变的限度，根据变化了的客观情况对策划的目标进行调整和对策划方案进行修正，并不是随意为之，而应当把握一定的限度。一是要看变化信息的可靠度，根据信息的可靠程度来决定是否对策划方案进行调整、修正；二是要看变化的程度，即变化的范围和幅度，以此来决定调整和修正的幅度；三是要看调整和修正后的效益度，一旦对策划目标和方案分别做出调整和修正，就要充分估计将会产生的实际效益，看效益是否增加了，或者有没有带来负效益。

(六)慎重性原则

《孙子·火攻篇》言："夫战胜攻取，而不修其功者，凶，命曰费留。故曰：明主虑之，良将修之。非利不动，非得不用，非危不战。主不可以怒而兴师，将不可以愠而致战。合于利而动，不合于利而止……故明君慎之，良将警之。此安国全军之道也。"张预在《孙子注》中说得好："君常慎于用兵，则可以安国，将常戒于轻战，则可以全军。"古代军事家在"后者，国之大事"上，历来信守"慎重"原则。军事策划如此，政治、经济等其他策划也都要慎之又慎，一着不慎，就会给全局带来不利乃至重大影响。

凡做一件事，在事先都需要周密的布置与策划，只有用理性的思维对未来之事做必要的统筹策划，才有可能取得圆满的成功。当然，在运用制订的策略之时，每一个步骤都需要考虑清楚，慎重行事，否则稍有不测，就有可能使行动失败。"老谋深算"在一定意义上反映了策划者设策总是力求疏而不漏，周全稳妥。世界上本无十全十美之事，任何策划也不可能尽善尽美，因为策划者所掌握的客观情况总是受到种种主、客观因素的制约。主观上，策划者的知识、胆略、思维方法等各有长短，金无足赤；客观上，纷繁复杂的情况不以人们的意思为

转移。因此，凡策划不可能百分之百地求全，只能在慎重之中求周全。但周全是相对的，不周全是绝对的，于万变之中求不变，于不周全中求周全，才能立于不败之地。

（七）奇胜性原则

奇胜原则，即奇正相生，以奇制胜，核心在“奇”上。古往今来，谋略家们对奇正问题有过不少的研究。《老子》一书中有“以奇用兵”之说。《孙子兵法》中提出：“凡战者，以正合，以奇胜。”宋朝人王皙在注释《孙子兵法》时提出：“奇正者，用兵之钤键，制胜之枢机也。”对于奇正的概念，旧中国时的《尉缭子》解释为：“正兵贵先，奇兵贵后。”曹操说：“正者当敌，奇兵从旁，击不备也。”这些无疑把奇正的概念具体化了。

策贵用奇。“出奇制胜”，是人们常常引用的一句成语。可以说，作为一名策划人员对“奇”应当有一种根深蒂固的内在追求，奇在人们不意觉察之处。用奇旨在“攻其不备，出其不意”，意在达成突然性，这也是策划的出发点和立足点。尤其是在竞争激烈的商业策划过程中，“奇”的策略可能将企业推向不同的发展道路，“意外”可以说是策划中最精彩也是最危险的领域。别说是那些名不见经传的新手，就连一生战胜无数意外的拿破仑，在决定命运的滑铁卢战役中，也因无法应付意外而结束了波澜壮阔的军事生涯。对意外的索求与防范，敌我的机会常常是相等的。在谋算敌人之时，对手也可能正在想方设法占据你的思维“真空”，而谁捕住了对方的意外，谁就找到了胜利的“支点”。

唐代军事家李靖说得好：“善用兵者，无不正，无不奇，使敌莫测。故正也胜，奇亦胜。”这是说善于策划的人，没有不用“正”策的，也没有不用“奇”谋的，或奇或正，使对方无以揣测，所以用正胜，用奇也胜。讲奇正变化，就是讲策划的辩证法，使奇正互为对立、互为变化、互为统一。

第三节　策划的运作过程

策划包括从构思、分析、归纳、判断一直到策略拟定、方案归纳、事后反省与评估过程这几个阶段。简言之，策划就是企业的策略规划，是企业整体性与未来性的策略，是企业完成其目标的一套基本程序。

策划是一个系统工作，按照一定的科学合理的程序进行策划，也就成为策划成功的必要条件。因此，策划要明确先做什么、后做什么，按照一定的步骤、章法去思考问题，在符合客观规律的前提下去做。人类构思的过程就是在运用各种不同的思考方法产生构想，好的构想就成为创意，而有目标的、可实现的创意就变成了策划。

科学的策划程序应包括锁定目标、设计方案、实施方案以及效果评价与反馈等步骤。

一、设定问题与目标

策划是一种目的性很强的活动。任何一个策划案的产生，无不是针对组织的某个问题或某个特定的目标。因此，策划的第一个必要程序就是设定问题与目标。

清楚而准确地设定目标，是整个策划活动能解决某个问题、取得某种效果的必要前提，也是评价策划案、评估实施结果的基本依据。

在实际策划中，有些情况下目标是很明确的，如调查策划的目标基本上是预先给定的；但是有些情况下问题与目标就不是那么明显，需要策划人自己去挖掘、归纳。在这种情况下，常常需要事前的调查，调查的详尽程度随策划的复杂情况而定。

值得注意的一点是，目的并不等于目标。目标是目的的具体化。将目的以一定的方式标识，即是目标；目标具体化、数量化，则可增加达到目的的可能性。因此，目标的设定是一个复杂的过程。

首先要明确抓住所策划的主题，抓住重要问题，注意细节问题，多问几个为什么，多设想一些具体存在的客观困难，发现问题的存在。

二、策划环境分析

策划不能脱离客观条件，为此，策划者应当尽量地调查、把握策划对象，即多看、多听、多问、多查。多看即深入现场，亲自搜集情报；多听、多问，就是多接触，了解与策划书有关的各方人士的意见、期望和想法，深入主观与客观环境，做到对有限情况的真实了解。

策划环境分析对于策划过程的重要性可用一个形象的比喻来说明。策划的环境就像是要将策划这条“鱼”放进去的“池子”的整体状态。如果“池子”里的食物总是充足，即使这条“鱼”不很强壮，它也能够生存下去。如果不管“池子”里的水是泥水还是盐水，随随便便地就将“鱼”放进去，那它就死定了。放“鱼”之前，根据“池子”的状态决定放不放“鱼”，放什么样的“鱼”，是至关重要的。

三、斟酌问题、创意与构想

策划环境分析之后，紧接着就进入策划的核心阶段，即产生构想的阶段。这一阶段也是最能体现策划人创造性的阶段。

策划人首先要确定策划的大致方向，也就是在地基上完成钢筋的骨架。而这个骨架是否坚强，依赖于地基的稳固程度。也就是说，策划的大致方向是围绕目标与问题，结合环境因素而确定的。能否准确发现问题、设定目标，决定着策划方向的准确性。

确定大体方向之后，就应当是策划人的卓越创造力发挥作用的时候了。创意的发现亦称发想点子。所谓“发想”，就是各个零星的情报组合，基本情报或信息不外乎包括发想者头脑里已经以某种形式储存累积的知识、经验等加上由外部所带来的新闻、联想、暗示、事实等，两者相结合，并通过个人或策划小组的加工、变形、取舍、组合而产生着想点，从而酝酿出创意。这样，策划的核心——构想就初具轮廓了。

之后，构想在策划人头脑中进一步清晰，进一步成形，并最终发展成为一个完整的构想。至此，策划的基本结构已经构筑成功，“建筑师”的任务已经完成了一半。

四、制订具体计划、日程安排

设计、制订策划方案是策划最关键的环节。实现目标是设计所有方案的共同目标，这就要求方案的设计应围绕如何实现目标而展开、锁定，设计具体行动的手段、途径和方法，设计方案时应考虑诸方面的因素，明确目标与具体方案的区别。

具体行动计划的设定使构想变成详细的计划，从而使策划由策划人头脑中的“想法”变成具体的、可行的“方案”，这是一个质的飞跃，它使策划初具现实的意义。

制作计划和日程表是一项工作量很大的工作，也是一项极具科学性、严密性的工作。特别是预算的准确性，很能反映策划人员的水平与工作的细致程度。

一项策划的具体计划安排越详尽，预算越准确，就越具有现实的可行性，从而越具有说服力。

五、整理策划书

这里的策划书是指最终策划书。实际上，从策划人的最初构想开始，策划书的制作工作即已开始，只不过那时的“策划书”存在于策划人的头脑中而已。随着构想的细化，策划书也初具雏形，内容也渐渐丰富，直至最后水到渠成地成为完整的策划案。

在策划书中要罗列出设计好的几个方案的各项内容，以供选择方案时作出科学细致的评估。编写策划书应注意以下几个方面的问题：策划书的写作文字要简明扼要，逻辑顺序合理清楚，主题鲜明，同时辅以必要的视觉化的说明，如图表、实物照片、设计模型等。

另外，策划书应内外有别。对内主要是供上层领导者参考，内部策划书要考虑策划实施时与政府、公交、相关组织团体、法律等方面的关系，核心内容应放置在内部的策划书中。外部策划书是非绝密的，编写时要把握好泄密的度，既要让对方对策划产生兴趣，又不至于泄露机密。另外要多为对方着想，体现互惠原则。一般的策划书包括：封面、序文、目录、策划宗旨、策划方案完成时间、内容、预算表、进度表、有关人员职务分配表、策划所需物品及场地、预测效果、策划相关资料及其他注意事项等。

六、组织实施

策划不是为了策划而策划，而是为了取得一定的效果。因此，如果策划仅仅停留在策划书的阶段，那它也就仅是供人观赏的摆设，不具有任何实际的意义。

日本策划专家江川郎认为，所谓杰出的策划是：杰出的创意×实现可能性＝最大的期待效果。可见，策划单有杰出的创意是远远不够的，策划的效用最终表现在它的实施上。

有些学者常把提案与组织实施分成两个阶段分别加以说明。其实，从策划人的角度来看，从提案开始，策划即已进入实施阶段，两者是不可分割的。提案若不获通过，实施即无从谈起。如果将两者分开，容易给人一种误解，似乎提案只是一种形式上的审查工作，而实际上因提案未获通过而被束之高阁的策划有很多。

七、效果评价与反馈

最后这一阶段包括两种可能情况：第一，当策划案未获通过时，策划人应仔细分析其中的原因并据此调整策划的结构和具体内容，以期以后再次提案时获得通过；第二，当策划案获得通过并付诸实施，而实施结果不佳或偏离预定方向时，应随时根据反馈信息做出调整，使策划按预定轨道取得预期效果。

第四节 策划与咨询的关系

咨询业自产生后，大致经历了 4 个阶段：个体咨询—集体咨询—综合咨询—国际合作咨询。管理咨询是从 1895 年泰勒作“效率”顾问工程师开始的，最初出现于美国，后来移植到西欧、日本。20 世纪 40 年代以前，管理咨询服务的领域主要限于生产现场的改善、作业研究、生产技术的合理化建议和会计业务等方面。资本主义工业大生产之后，企业家为了生存和发展，管理咨询进入了企业战略研究之中，主要对经营战略的长期计划、经营决策、组织机构设置等方面进行咨询。管理咨询是一个综合科学，美国的兰德咨询机构、英国的伦敦国际战略研究所、日本的野村综合研究所等就是这方面的国际代表企业。目前，咨询业务已从技术咨询发展到政府、企业的战略咨询、管理咨询。

在我国，许多人将策划与咨询并提，也就是说，许多人认为我们所称的策划，就是美国人所称的咨询，这个看法对不对呢？在中国从事的职业中，哪些行业可称为咨询，哪些行业可称为策划呢？

企业战略：可称战略咨询，也可称战略策划。

企业管理：可称管理咨询，也可称管理策划。

企业营销：可称营销策划，不能称营销咨询。

企业广告：可称广告策划，不能称广告咨询。

企业公关：可称公关策划，不能称公关咨询。

企业形象：可称形象策划，不能称形象咨询。

企业品牌：可称品牌策划，不能称品牌咨询。

企业文化：可称文化策划，不能称文化咨询。

从中可以看出，战略咨询与管理咨询是咨询业从事的主要行业，而策划包含的行业非常多，在企业经营活动中所有的项目都包含策划。如果深刻理解了“策划”一词，就可以理解咨询与策划还是有区别的。但同时应看到，策划所从事的业务是包涵咨询所从事的业务的，而咨询所从事的业务不能完全涵盖策划的业务。

从国外的现状也可以看出，目前世界著名的咨询机构，如美国兰德咨询公司主要从事企业战略方面的咨询，美国麦肯锡咨询公司主要从事企业战略和管理方面的业务，日本野村综合研究所从事证券方面的业务。从中也可以看到中国策划与外国咨询的一些差别，中国策划已从科技战略、管理这个层面走向了营销、广告、公关、形象、品牌、文化以至于新闻、影视、危机处理、房地产业等多个层面。咨询与策划虽然本质上都属于职业，但中国策划涵盖更宽，运用行业更多，这就是策划为何是中国特色产物的原因。

其实，中国的策划业是介于咨询业和广告业两者之间的一种职业，说它是行业可能还有点勉强，将它说成职业会准确一些。大部分策划人士和新闻行业有着千丝万缕的关系，因为这和职业发源有关系。

以前许多策划是通过广告或媒体帮助企业进行品牌设计或企业形象传播的，因此，许多策划人士都是以品牌和 CI 设计起家的，他们有着很好的媒体网络，文笔自然是高人一等，其创意也经常出人意料。在中国这种过渡经济时期，许多的企业行为都是短期行为，他们其实并不关心什么“战略”，而只关注“策略”，而“策划”恰恰是帮助他们实现梦想的一种手段。策划在广告行业是很有必要存在的，因此策划到现在为止还是很有市场，或者说在相当长时期内，中国还需要策划这一职业的存在。

但咨询却是一种严肃的职业，它来不得半点虚夸，它在西方已经有一百多年的历史。它强调科学的预测和分析，需要理性的思维、结构化的模式，它的理论基础是管理学。

因此，这两种模式在本质上有着根本的差别，但在中国这块特殊土壤上，它们又阴差阳错地联系在一起。例如品牌，策划公司设计的方案是通过某种方式吸引客户的眼球，而咨询公司拿出的方案却是如何从战略的高度设置品牌模式，建立品牌诉求点，确立品牌传播途径等，从中可以看出它们之间的差异。

因此，如果你想在短期内引起轰动效应，那么策划或广告公司会很适合你；如果你想从长期解决企业的实际问题，那么只有咨询公司才能真正帮你实现这个愿望。

课后练习

1. 简述策划的内涵。
2. 试阐述策划的运作过程。
3. 请分析策划与咨询的区别。

案例思考

我要从徐家汇赶去机场，于是匆匆结束了一个会议，在美罗大厦前搜索出租车。一辆大众的士发现了我，非常专业地、径直地停在我的面前。这一停，于是有了后面的这个让我深感震撼的故事，像上了一堂生动的营销案例课。为了忠实于这名出租车司机的原意，我凭记忆尽量重复他原来的话。

“去哪里……好的，机场。我在徐家汇就喜欢做美罗大厦的生意。这里我只做两个地方。美罗大厦，均瑶大厦。你知道吗？接到你之前，我在美罗大厦门口兜了两圈，终于被我看到你了！从写字楼里出来的，肯定去的不近。”

“哦？你很有方法嘛！”我附和了一下。

“当出租车司机，也要用科学的方法。”他说。我一愣，顿时很有些兴趣：“什么科学的方法？”

“要懂得统计。我做过精确的计算。我说给你听啊。我每天开 17 个小时的车，每小时成本 34.5 元……”

“怎么算出来的？”我追问。

“你算啊，我每天要交 380 元，油费大概 210 元左右。一天 17 小时，平均每小时固定成本 22 元，交给公司，平均每小时 12.5 元油费。这是不是就是 34.5 元？”我有些惊讶。我打了 10 年的车，第一次听到有出租车司机这么计算成本。以前的司机都和我说，每公里成本 0.3 元，另外每天交多少钱之类的。

“成本是不能按公里算的，只能按时间算。你看，计价器有一个‘检查’功能。你可以看到一天的详细记录。我做过数据分析，每次载客之间的空驶时间平均为7分钟。如果上来一个起步价，10元，大概要开10分钟。也就是每一个10元的客人要花17分钟的成本，就是9.8元。不赚钱啊！如果说做浦东、杭州、青浦的客人是吃饭，做10元的客人连吃菜都算不上，只能算是撒了些味精。”

强！这位师傅听上去真不像出租车司机，倒像是一位成本核算师。“那你怎么办呢?”我更感兴趣了，继续问。看来去机场的路上还能学到新东西。

“千万不能被客户拉了满街跑。而是通过选择停车的地点、时间和客户，主动地决定你要去的地方。”我非常惊讶，这听上去很有意思。“有人说出租车司机是靠运气吃饭的职业。我以为不是。你要站在客户的位置上，从客户的角度去思考。”这句话听上去很专业，有点像很多商业管理培训老师说的“put yourself into others’ shoes”。

“给你举个例子，医院门口，一个拿着药的，一个拿着脸盆的，你带哪一个?”我想了想，说不知道。

“你要带那个拿脸盆的。一般人病小痛的到医院看一看，拿点药，不一定会去很远的医院。拿着脸盆打车的，那是出院的。住院哪有不死人的？今天二楼的谁死了，明天三楼又死了一个。从医院出来的人通常会有一种重获新生的感觉，重新认识生命的意义，健康才最重要。那天这个说：‘走，去青浦。’眼睛都不眨一下。你说他会打车到人民广场，再去坐青浦线吗？绝对不会！”

我不由得开始佩服。

“再给你举个例子。那天人民广场，三个人在前面招手。一个年轻女子，拿着小包，刚买完东西。还有一对青年男女，一看就是逛街的。第三个是个里面穿绒衬衫、外面穿羽绒服的男子，拿着笔记本包。我看一个人只要3秒钟。我毫不犹豫地停在这个男子面前。这个男的上车后说：‘延安高架、南北高架……’还没说后面就忍不住问，‘为什么你毫不犹豫地开到我面前？前面还有两个人，他们要是想上车，我也不好意思和他们抢。’我回答说，中午的时候，还有十几分钟就1点了。那个女孩子是中午溜出来买东西的，估计公司很近；那对男女是游客，没拿什么东西，不会去很远；你是出去办事的，拿着笔记本包，一看就是公务。而且这个时候出去，估计应该不会近。那个男的就说，‘你说对了，去宝山。’”

“那些在超市门口、地铁口打车，穿着睡衣的人可能去很远吗？可能去机场吗？机场也不会让她进啊。”

有道理！我越听越有意思。

“很多司机都抱怨，生意不好做啊，油价又涨了啊，都从别人身上找原因。我说，你永远从别人身上找原因，你永远不能提高。从自己身上找找看，问题出在哪里。”这话听起来好熟，好像是“如果你不能改变世界，就改变你自己”，或者 Steven Corvey 的“影响圈和关注圈”的翻版。“有一次，在南丹路一个人拦车，去田林。后来又有一次，一个人在南丹路拦车，还是去田林。我就问了，怎么你们从南丹路出来的人，很多都是去田林呢？人家说，在南丹路有一个公共汽车总站，我们都是坐公共汽车从浦东到这里，然后搭车去田林的。我恍然大悟。比如你看我们开过的这条路，没有写字楼，没有酒店，什么都没有，只有公共汽车站，站在这里拦车的多半都是刚下公共汽车的，再选择一条最短路径打车。在这里拦车的客户通常不会高于 15 元。”

“所以我说，态度决定一切！”我听十几个总裁讲过这句话，第一次听出租车司机这么说。

“要用科学的方法，统计学来做生意。天天等在地铁站口排队，怎么能赚到钱？每个月就赚 500 块钱怎么养活老婆孩子？这就是在谋杀啊！慢性谋杀你的全家。要用知识武装自己。学习知识可以把一个人变成聪明的人，一个聪明的人学习知识可以变成很聪明的人。一个很聪明的人学习知识，可以变成天才。”

“有一次一个人打车去火车站，问怎么走。他说这么这么走。我说慢，上高架，再这么这么走。他说，这就绕远了。我说，没关系，你经常走你有经验，你那么走 50 块，你按我的走法，等里程表 50 块了，我就翻表。你只给 50 块就好了，多的算我的。按你说的那么走要 50 分钟，我带你这么走只要 25 分钟。最后，按我的路走，多走了 4 公里，快了 25 分钟，我只收了 50 块。乘客很高兴，省了 10 元钱左右。这 4 公里对我来说就是 1 块多的油钱。我相当于用 1 块多买了 25 分钟。我刚才说了，我一小时的成本 34.5 块，我多合算啊！”

“在大众公司，一般一个司机 3～4 千元，拿回家。做得好的大概 5 千元左右。顶级的司机大概每月能有7 000元。全大众 2 万个司机，大概只有 2～3 个司机，万里挑一，每月能拿到8 000元以上。我就是这 2～3 个人中间的一个。而且很稳定，基本不会有大的波动。”

太强了！到此为止，我越来越佩服这个出租车司机。

“我常常说我是一个快乐的车夫。有人说，你是因为赚的钱多，所以当然快乐。我对他们说，你们正好错了。是因为我有快乐、积极的心态，所以赚的钱多。”

说得多好啊！

“要懂得体味工作带给你的美。堵在人民广场的时候，很多司机抱怨，又堵车了！真是倒霉。千万不要这样，用心体会一下这个城市的美，外面有很多漂亮的女孩子经过，非常现代的高楼大厦，虽然买不起，但是却可以用欣赏的眼光去享受。开车去机场，看着两边的绿色，冬天是白色的，多美啊。再看看里程表，100 多了，就更美了！每一份工作都有它美丽的地方，我们要懂得从工作中体会这种美丽。”

“我 10 年前是强生公司的总教练。8 年前在公司当过三个不同部门的部门经理。后来我不干了，一个月就 3～5 千元，没意思。就主动来做司机。我愿意做一个快乐的车夫。哈哈哈哈。”

到了机场，我给他留了一张名片，说：“你有没有兴趣这个星期五，到我办公室，给微软的员工讲一讲你怎么开出租车的？你就当打着表，60 公里一小时，你讲多久，我就付你多少钱。给我电话。”

［要求］ 该案例重点讲的是司机如何寻找目标顾客的问题。司机为什么能顺利地找到目标顾客？

本章实训

训练内容：

以学校食堂或校园周边某一餐饮企业为例，在充分市场调研的基础上，帮助其分析市场经营环境，并制订相对适宜的市场营销战略。

训练目标：

通过本项策划，帮助学生进一步熟悉市场调研方法、技巧，培养学生分析市场，制订恰当的、适合企业实际的营销策略的能力。

训练步骤：

1. 以自由组合方式组建5～8人的项目训练小组，以小组为单位进行项目训练。小组内部根据训练需要进行适当分工。

2. 项目小组利用课余时间调查所要分析企业的经营状况与市场营销环境。

3. 项目小组集中讨论，分析该企业的经营状况与营销环境，在此基础上制订合适的市场营销策略，并撰写营销策划书初稿。

4. 上课之前，各小组选派代表发言，通过发言、同学提问、解答、同学补充分析的形式，全班集体分析、讨论。

5. 在吸纳全班集体讨论意见的基础上，各项目小组进一步修改、完善先前撰写的营销策划报告初稿，并正式成文，撰写该项目营销策划书。

第二章

营销策划的内涵与流程

第一节 营销策划的内涵

一、营销策划的定义

营销策划是指企业在其经营方针、经营目标的指导下，通过对企业内、外部经营环境的分析，经过精心构思设计从而将产品推向目标市场，选择营销渠道和促销手段，以达到占有市场的目的的过程。

营销策划方案是一个包括产品定位、价格定位、渠道定位、市场定位、促销手段等方面的操作系统，是企业的战略手段之一，是企业与外部环境相连接的界面，是企业融资的目的，是管理策划质量的最终检验。目前，许多策划人主要集中在营销策划这一领域。

二、营销策划的特点

(1)目的性。市场营销策划是围绕企业市场目标及营销绩效所开展的策划活动。

(2)预见性。市场营销策划是在充分思考与调查基础上对营销活动进行预先的、系统的和具体的可行性方案。

(3)不确定性。市场营销策划虽然建立在充分调查与研究的基础上，但企业所处环境的变化与不确定性导致计划存在着一定风险。

(4)系统性。一次好的市场营销策划必须遵循经济与自然规律，强调多种营销手段在策划过程中的系统与综合运用，强调科学、周全、可行及有序。

(5)创造性。策划是人们思维智慧的结晶，是一种思维的革新，具有创意的策划，才是真正的策划。市场营销策划的创造性主要体现在敏锐的洞察力、不断的创造力、活跃的灵感力、创新的想象力和积极的挑战力等方面。

(6)可调适性。营销策划方案必须具有弹性，能因地制宜。

(7)动态性。市场营销的过程是企业可控因素与环境的不可控因素之间的动态平衡过程。市场营销策划贯穿在整个营销管理过程之中。

三、营销策划的类型

按照不同的划分标准，营销策划相应地可以区分为以下若干种类型：

(1)按策划的主体为标准，可划分为内部自主型策划、外部参与型策划。

(2)按策划的客体为标准，可划分为市场营销整体策划、市场调研策划、市场营销战略策划、新产品开发策划、价格制定策划、渠道策划、公关策划、广告策划、CI策划、CS策划、人才开发策划。

(3)按策划的目标为标准，可划分为全局性策划、战略性策划、战术性策划、战役性策划。

(4)按策划的要求为标准，可划分为创意策划、理念设计策划、营销方案策划。

四、营销策划的构成要素

营销策划的结果与策划的应用类型直接有关，战略规划、年度计划和运用营销手段的具体方案在内容、结构上具有某些共同点，这些共同点是营销策划的基本构成要素。

(一)主体与客体

营销策划中的主、客体关系并不针对策划行为，而是基于实施的角度，也就是说，即便策划工作委托企业以外的专门机构，规划或方案的主、客体关系仍然从企业内部产生。在一般情况下，市场战略规划的实施主体是企业的营销部门或销售公司，也可由企业最高经营层直接负责，而年度计划和具体营销方案则由销售、市场或广告等直接从事营销活动的部门执行。

(二)业务领域与范围

规划或方案中的市场活动涉及哪些产业领域，业务活动辐射哪些国家和地区，也是营销策划内容的构成要素。相对而言，战略性规划涉及的产业领域和区域范围比较笼统，对环境条件的确定性不高，而战术性营销方案则需明确界定具体的业务领域和区域范围，对所处环境条件具有较高的确定性。

(三)目标市场及对象

规划或方案中的产品、服务内容以哪些消费群体作为主要的营销对象，是营销策划的另一构成要素。战略规划所涉及的目标市场可多可少，划分标准较粗，但作为具体计划或方案，对不同目标市场需要严格界定和具体区分。就战略规划而言，各目标市场的开发、拓展有先有后，并形成战略实施中的阶段性对象。就具体计划或方案而言，营销活动必须针对确定的目标群体并体现即期的经营绩效。

(四)营销策划工具

为了实现市场和营销目标，企业将运用多种营销手段，发掘各营销手段的潜在功能，并确定针对营销对象和实现营销目标的主要营销手段。在市场战略规划中，营销工具以产品规划、价格方针、分销模式和企业形象等战略性营销手段为主。在营销计划和具体方案中，营销工具表现为产品定位、定价策略、分销渠道、广告设计和品牌策略等战术性营销手段。

（五）经营资源与能力

企业开发营销手段的功能需要经营资源和能力的支撑，其中战术性营销手段直接依赖经营资源和竞争优势，战略性营销手段同企业的综合经营能力、管理效率和企业的核心能力密不可分。因此，在营销策划中，企业不仅需要利用现有资源、能力和竞争优势，而且还应注重资源发掘、能力培养和竞争优势的提升，将企业的经营资源、能力及竞争优势作为营销策划中的动态要素。

（六）外部资源条件与机遇

实现市场目标主要依靠企业自身的经营资源和能力，但在营销过程中，外部资源和其他企业的经营能力也是企业可借助的条件。在战略规划中，企业应当借助战略同盟开拓市场。在战术方案中，企业应充分利用各种流通中介组织扩大分销业务。除了与企业有直接业务联系的厂商外，各种非营利组织的资源、能力也可作为营销策划的构成要素。营销策划的任务之一，是尽可能地利用外部条件，抓住机遇弥补本企业资源、能力方面的某些缺陷。

上述方面是各种营销策划应用类型的基本构成要素，不同策划类型对这些要素的要求和依赖程度不同。总体而言，忽略其中的某一要素，或某一要素的定位不当、选择有误，营销策划的完整性、准确性就会受影响，规划或方案的实施效果就难以保证。

五、营销策划的原则

营销策划的主要内容是企业经营能力、营销手段以及具有精心创意的谋划过程，但是，策划主体因各种各样的原因，对上述问题在认识上和操作上存在较大的差距。为了提高市场营销策划的准确性与科学性，策划主体必须形成正确的营销观念，准确认识和把握营销策划的原则。一般需要遵循以下基本原则：

（一）战略性原则

市场营销策划一般从战略的高度对企业营销目标、营销手段进行事先的规划和设计，市场营销策划方案一旦完成，将成为企业在较长时间内的营销指南，也就是说，企业整个营销工作必须依此方案进行。因此，在进行企业市场营销策划时，必须站在企业营销战略的高度去审视它，务求认真仔细、详细周到。从营销战略的高度进行策划，其作用至关重要。

（二）信息性原则

市场营销策划是在掌握大量而有效的营销信息基础上进行的，没有这些信息的存在将导致营销策划的盲目性和误导性。同时，在执行市场营销策划方案的过程中将会出现方案与实际情况有出入的情况。因此，调整方案也要在充分调研占有信息的基础上进行。在收集市场信息时力求全面、畅通、准确和可靠。占有大量的市场信息是市场营销策划及实施成功的保证。

（三）系统性原则

市场营销策划是一个系统工程，其系统性具体表现为两点：一是营销策划工作是企业全部经营活动的一部分，营销策划工作的完成有赖于企业其他部门的支持和合作，并非营销一个部门所能解决的。二是进行营销策划时要系统地分析诸多因素的影响。将这些因素中的有利一面最大限度地综合利用起来,为企业营销策划服务。

(四)时机性原则

市场营销策划,既要适时,也要“重机”。换句话说 ,要重视“时间与空间”在营销策划中的重要作用。俗话说“机不可待,时不再来”,因此,策划主体不仅要重视策划内容中的时机,也要注重策划所花费的时间,更要注重运作过程中的时间。

(五)权变性原则

市场就是战场,竞争犹如战争。现代市场经济中,营销环境是企业不可控制的因素,市场随时在波动变化,一场场激烈的竞争也正在演绎,而企业营销策划和行动方案就必须适应这些环境的变化,也就是说,必须具有权变的特性,只有这样,企业才能灵活地适应市场环境,在竞争中获胜。权变性原则依然在策划中成为不可缺少的思维因素。

(六)可操作性原则

市场营销策划用于指导营销活动,其指导性涉及营销活动中每个人的工作及各环节关系的处理。因此,其可操作性非常重要。不能操作的方案,创意再好也无任何价值。不易于操作也必然要耗费大量的人、财、物,管理复杂、效率低下。

(七)创新性原则

创新性是营销策划工作中的核心内容。这不仅要求策划的内容、方案、技术创意新,表现手法也要新。著名的管理学家卡斯特曾经说过:“世界上任何事物都在变,唯独一件事不变,那就是变。”面对多变的营销环境和激烈的市场竞争,创新工作显得格外重要。给人以全新的、新颖的创意感觉是策划的核心内容。

(八)效益性原则

企业发展生存的最终目标是盈利,企业经营管理的最终目标是效益和效率。作为企业经营管理手段和工具的营销策划,更应在众多环节上体现出效益性原则。营销策划方案中还必须有详尽的预算,力求经济节约。

六、营销策划需要掌握的若干要点

(一)市场营销策划需要认识的几个层面

1. 营销策划的两个前提条件

市场营销策划必须关注两个前提:经营现状和经营目标。经营现状是指企业所处的经营环境,它是企业进行经营策划的依据和基础;经营目标是指企业宗旨所体现的并希望达到的经营目标,它是经营策划的目的和结果。企业的经营策划从某种意义上说就是寻找一种方法,使企业完成由经营现状到经营目标之间的过渡,或者说是消除现状与经营目标之间的一切距离。在一般情况下,经营现状与经营目标的距离越大,达到经营目标的难度也越大,从而使经营策划所花费的时间、费用、精力也越大。

营销目标定得高与低并不是衡量企业经营好坏的标准,企业应根据自身的实际情况设定合适的营销目标才是最佳的选择。

2. 营销策划的两大组成结构

市场营销策划的结构通常由两大块组成,即对市场营销环境的分析和市场营销活动的设定。这两大块相辅相成，相得益彰，缺一不可。这就是说，在营销策划时不能只注意对具体行动方案和行动过程的设计，而忽略对市场环境的分析研究。没有市场营销环境的分析与研究，制订出来的行动方案也只是纸上谈兵，不具操作性。

3. 营销策划的几大量度确定

(1)时间。首先，时间期限的问题。营销策划方案的制订以及营销策划活动的执行都需要在限定的时间内进行。但这个限定时间并不是固定不变的，它以产品的差异、目标的层次、技术的变化以及竞争的激烈程度不同而有所不同。其次，"时间效应"的问题。在快速营销的时代，时间就是金钱，效率就是生命。经营策划者应该在适当的时间完成策划方案，并且在适当时间推出策划方案。如果一项策划耗用时间过长，企业的经营环境就有可能发生大的变化，策划的前提就可能随之变动，同时，策划时间长也使经营活动无法按期实施；反之，如果经营策划的时间过短，就不能保证策划的质量。

(2)信息。信息对于企业在激烈的市场竞争中取得主动权、赢得相对竞争优势越来越重要。管理所涉及的基本要素已由计划经济体制下的 3M(人、财、物)变为知识经济时代的 5M(人、财、物、市场营销和信息)。此时，信息已是现代企业赖以生存和发展的一项极为重要的资源和约束条件。策划信息主要包括市场供求状况、市场竞争状况、相关政策法规、顾客需求特征、企业产品特征、销售渠道特征等。但信息数量的多少取决于信息的重要程度、企业运用信息的能力、营销策划的时间长短等。

(3)预算。预算分为两大块：一是指提出执行各种经营策划所需的最适量的预算，以及在各个市场环节、设计各种经营策划手段之间的预算分配。二是指在制订营销策划方案时所需花费的费用。俗话说"看菜吃饭""量体裁衣"，应根据策划项目的大小和难度进行科学的预算。

(4)效果。经营策划的市场目标是扩大销售，不能提高市场占有率等目标的经营策划是没有意义的。但是按照"决策没有最优，只有满意"的观点来看，市场营销策划的最终效果只要达到策划预期的效果或得到经营者的满意即可。

(二)市场营销策划需要注意的几个方面

1. 适时介入

市场营销方案中的市场对策和营销举措要有准确的时间概念，讲究进入市场的时机。

从战略上看，进入市场时间太早，环境障碍就多；有效需求尚未达到预期规模，投资与拓展市场的成本就高，经营绩效就不易形成。进入市场时间太迟，市场机会已被分割，则竞争会比较激烈，市场位势就难以提升，经营绩效就很难提高。

2. 集中资源

相对于市场目标和绩效要求，大部分企业缺乏足够的资源和经营能力。资源和经营能力在战略规划和战术方案间如何安排、在不同营销方案中如何分配，这是营销策划需要注意和处理的关键之一。只有集中资源和能力才能提高规划与方案的成功率。

3. 体现特色

营销策划是一种理性行为，应当体现企业的个性和特色，而不是简单地模仿甚至照搬其他企业的做法和经验。在体现规划或方案内容的特色时，既要尊重自己企业的传统，又要善于创新变革，更要研究经营特色与服务对象之间的关系。

4. 争取附带利益

企业的市场目标和营销手段构成规划或方案的某一主线，但策划过程不仅要围绕主要市场目标，同时要尽可能地争取附带利益。在规划或方案涉及的目标市场确定以后，策划过程要充分发挥各种营销手段对非目标群体的吸引力，在确保目标市场经营绩效的同时，争取其他方面的经营绩效。

5. 激励士气

营销策划基于既定的市场目标和绩效要求，但市场目标应当与企业的经营能力以及能够运用的营销手段相适应。规划或方案的目标或要求过高、过低都不利于充分发挥营销部门的积极性、创造性及资源潜能。

6. 允许缺陷

企业的战略规划、年度计划和营销方案应当完整、准确，具有可操作性，但规划设计又很难做到完全准确和尽善尽美，因此，企业应允许在实施过程中进行调整、补充，而不必对策划过程和结果过分苛求。

在营销策划中，企业不能被动地适应外部环境的变化，而要积极、主动地研究和分析需求、竞争、环境和资源。企业不能只囿于现有的资源和经营能力策划营销活动，而要通过营销策划和实施方案，尽可能地积累、提升企业的经营能力和竞争优势，力保策划方案的成功。

七、营销策划的目的和作用

(一)营销策划的目的

事实上，企业在对营销环境、市场竞争和现实机会进行大致判断以后，就会相应提出决策结论和市场目标，而营销策划则围绕这个目标进行分析、研究和设计。因此，企业的营销目标和营销策划的目的是紧密相关、不可分割的。

营销策划的主要目的是针对内部资源环境和外部资源环境变化，谋划最佳达标途径和方式，力争企业在市场运作中拔得头筹，求得领先。企业营销策划的具体目的和要求如下：

(1)企业开张伊始阶段。针对企业的营销对象和市场机会，分析、研究需要哪些适销对路的产品和服务，迅速进入市场。

(2)企业茁壮成长阶段。围绕企业的市场目标及营销绩效，确定企业投入的经营资源和能力(种类、规模、质量及组合构成)，促进有效发展。

(3)企业参与竞争阶段。根据营销环境的预期分析和市场态势，发现、利用企业外部的有利因素及可借助的条件，立于不败之地。

(4)企业可持续发展阶段。理论分析与实践经验相结合，充分发挥企业的竞争优势或相对优势，努力实现市场利益的最大化和经营风险的最小化，确保企业长久、稳定和持续的发展。

(5)企业遭受挫折阶段。由于市场行情发生变化，原有的营销方案已经不适应变化后的市场，需要修改或重新制订新的营销策略，确保企业规避风险。

(二)营销策划的作用

市场营销策划是市场经济发展的产物，是现代企业开展市场竞争的需要。源于市场营销的实际，又回到市场营销的实际，并形成系统的营销理论和方法指导实践。其作用表现为：

(1)促进市场经济有序、稳定及健康的发展。

(2)改变企业被动经营的局面,指导企业有目的、有计划地经营。

(3)增强企业在市场上的竞争能力,促进企业营销资源的高效配置。

(4)积极拓展市场营销新领域,促使企业有效地开拓国内及国际新领域。

第二节　营销策划的方法和步骤

营销策划不只是管理者头脑中的想法,最终要形成正式的书面文件。

这一特点使企划人员受益匪浅。首先,营销策划在形成正式书面文件的过程中,经过了缜密的思考,是对以往成功和失败经验的梳理与总结。其次,它是企业各职能部门之间沟通的有效工具,如生产、财务和销售部门对于企划的成功实施都有着非常重要的作用,有了书面的计划可以避免口头说明的不准确性,使各部门的工作有章可循。再次,营销策划帮助企业把实现目标的具体责任细致地落实到具体日期。最后,书面形式的计划不会因管理人员的变动而受到较大的影响,从而保证了企划实施的连续性。此外,它还有助于指导新员工迅速开展工作。

一、营销策划的制订层面依据企业实际情况而定

到底在哪个层面上制订营销策划,往往依据企业的不同而有所不同。比如,在一个典型的以品牌管理为导向的企业里,通常每个品牌为一个利润中心,因此,营销策划是针对各个品牌来制订的。再如,有些企业难以分配单个产品的直接固定成本,它们常常针对品牌或服务群体来制订计划。例如,通用食品公司按照邮政区域划分谷物市场,并为各市场的品牌制订了不同的营销计划,如 Raisin Bran 和 Grape Nuts。麦当劳公司则只制订了一套完整的快餐服务营销计划,当然,不排除在个别地区可能会有差异。不同的食品,如麦乐鸡和麦辣鸡腿堡被紧密地整合到一个套餐中,而不是单独强调某个食品。也就是说,麦当劳的产品是各种套餐,而麦乐鸡和麦辣鸡腿汉堡则是产品特征。

二、营销策划的时间跨度往往视产品的不同而有所不同

零售业要配合季节变化和不同的时尚潮流趋势,通常时间跨度较短。而汽车业产品生产研发或改进的时间较长,往往时间跨度较长。影响企划时间跨度的因素还有技术改进速度、竞争强度和相关客户群体偏好的改变频率等。尽管网络的影响已经大大缩短了企划的时间跨度,最典型的企划时间跨度仍然是以年度为单位的。

三、营销策划的方法与步骤

“事半功倍”“事倍功半”这两个词正是有方法与无方法的真实写照。作为一名营销经理或企划人员,不仅要从意识上重视营销策划的作用,更要了解和掌握制订营销策划的方法和步骤,从而更高效、高质量地完成营销计划,指导实际工作。

(一)制订营销策划的方法

营销策划的方法有两种:“自上而下”法和“自下而上”法。

“自上而下”法是指在员工参与下，由中层或高层管理者制订营销计划，由低层的员工（如销售代表）实施计划。

“自下而上”法，是指低层员工积极参与计划制订、收集和预测竞争者和客户的资料，然后由高层管理者审阅、批准计划。在“自下而上”的计划过程中，低层员工起主要作用。

以上两种方法各有优点。由于管理者在组织中的职位越高，越能深入地把握企业所面临问题的脉络，一般习惯于采用自上而下的推理过程。比如，区域销售人员倾向于考虑他们所在区域的竞争市场，而没有必要去考虑国家或国际市场。自下而上的计划系统与目前向下授权的趋势一致，而且通常此自上而下的方法更容易实施，因为这些人的主要任务是执行计划，这种想法贯穿于制订计划过程的始终。

（二）制订营销策划的步骤

1. 界定问题

相信所有的营销人都希望自己能一眼看穿问题的本质，并提出适当的解决方案。这并不是一种奢望，通过不断的努力和实践，是能够逐步达成这样的目标的。但前提是，首先得确定：问题是什么？如果问题得不到确定，再好的方案都是空话。

管理大师彼得·德鲁克在从事企业策划时，面对企业提出的一大堆难题，不是立即替企业“解决”问题，而是先帮助企业界定问题，找出主题，在一团乱麻中理出头绪，达到纲举目张的目的。为了界定问题，德鲁克常用一连串“为什么”提问，以使问题浅显化、直观化，找出企划的实质性要求。例如：

- 你最想做的事是什么？你为什么要做这件事？
- 你现在正在做什么事？你为什么这样做？
- 为什么说这是个问题？它真是问题吗？还有更重要的问题吗？
- 这个问题发生在什么部门？
- 这个问题发生在什么地方？
- 这个问题是何时发生的，现在依然存在吗？
- 这个问题是在什么情况下发生的？经常发生吗？
- 这个问题只与特定的人员有关，还是涉及全员？
- 这种问题在整个公司内发生的比例有多大？是否包含着另外几个问题？……

值得注意的是，有时委托者对企划的目的半遮半露，甚至遮而不露，他们想用企划人员的嘴说出他们自己不好直接讲出的话，所以企划人员自己在心里也要多问几个“为什么”。同时，如果你是企业内部的营销策划人员，对于企业内部进行的营销策划工作，也需要明晰并结合企业的战略目的、近期的营销策略，来确立营销策划的主题。

2. 收集资料

数据收集的关键在于过去和现在资料的可获得性。为制订营销计划而收集的数据往往是临时的或估计的。比如，在制订 2015 年度营销计划时，2014 年的真实市场数据还不能全部获得。但是可以用 2013 年的数据来推测 2014 年的数据，然后根据推测的数据来制订 2015 年度营销计划。

3. 分析资料

通过分析收集到的资料来预测竞争对手的活动、客户行为和经济状况等，称为营销环境分析。营销环境分析应做到尽量量化，但不一定都是量化的。后面章节中讲到的类似分析多数是定性的，是从非数字的数据中得到的隐含信息。营销环境分析是对企业经营的主要机会与威胁的概括。

4. 确定目标

在制订营销策划的过程中，目标的设定至关重要，它是连接营销环境分析与营销战略及策略组合的桥梁，在整个营销策划中起承上启下的关键作用，它关系到在整个年度内(或适当的计划期限内)企业、产品将如何发展。因此，目标是否合理、是否具有可行性，是决定营销策划成败的重要因素。基于资料基础的营销环境分析是营销策划目标设定的依据。

5. 制订战略和行动计划

实现目标的途径有很多，哪一个契合实际情况，且风险更小、机会更大，这就是战略考虑的问题，因此战略是发展途径的取舍，是行动计划的方向。一切行动计划都需以战略为中心，为实现战略服务。

6. 编制财务预算表

财务预算表包括预算和盈亏数据。它是计划能否被采纳的最主要的销售文件。

7. 营销组织、控制、评估

在计划实施期间，随着环境的变化可能需要对计划做必要的修正或调整。这需要企业收集市场和其他与衡量目标有关的信息，并围绕已设定的目标做出适当的调整。企业需要对这一过程实施监控，这就是营销策划的组织与控制。

执行完计划后，企业按照惯例要检查计划的结果，决定计划与实际结果的差异，这就是企划评估，它为当前和今后制订计划提供了非常重要的诊断信息，是一种反馈信息来源。

因此，营销策划步骤是从问题界定、数据收集与分析到战略及策略制订，再到绩效评估的逻辑事件流。

第三节　营销策划的内容

几乎每一个企业都有自己的企划格式，绝大多数营销策划都有以下通用的要素：

一、营销计划摘要

高层管理者经常要批示大量的营销计划。在这种情况下，一个集中了目标、战略、财务预算的简短摘要是必不可少的。营销计划摘要是对整个计划内容的高度概括，便于高层管理者审阅和比较不同的营销计划。

二、营销环境分析

一般而言，企业处在一个无法控制的外部宏观环境中从事业务经营，并有一定能力对供应链上下游施加影响力，同时，在企业内部还有管理层可控制的营销资源与非营销资源。因此，宏观和产业环境分析可以分为三个层面：外部宏观环境分析、外部微观环境分析和内部环境分析。

三、消费者分析

消费者分析对于理解谁是目标客户、他们如何做出购买行为，以及为什么做出相应的购买行为是非常重要的，确保了企业的消费者市场导向。

四、竞争对手分析

既然所有的市场都是竞争性的，对竞争对手的分析就非常重要。竞争对手分析包括竞争对手生产能力、销售水平、营销水平的比较。同时，进行竞争对手分析还要思考：市场上的主要竞争对手未来可能会采取什么行动？它还与已制订计划的产品的竞争对手分析相关。换句话说，兴趣产品的优势和劣势是通过与主要竞争对手的比较来决定的。

五、销售渠道分析

在营销组合中，销售渠道的作用是将产品送到目标市场、目标客户手中，从而将产品所有权从制造商转移到最终消费者。不同的渠道选择会带来不同的销售结果，产品上市前，企业就应该决定采用哪种方式或途径将产品送到客户手中，而要做出正确的决定必须基于对行业、竞争对手销售渠道的充分分析。

六、市场潜力与销售预测分析

无论是市场潜力还是销售预测，都是对未来的一种判断、对需求的一种评估，但两者不能混为一谈。其中，市场潜力是指在某个时间段和给定条件下，企业可能达到的最大销售量，即企业最多能销售多少。而销售预测是指在某个时间段和给定条件下，企业预计能达到的销售量，即企业最有可能销售多少。市场潜力和销售预测极其重要，它们直接影响管理者的决策和企业的财务预算。

七、SWOT 分析

从环境分析、消费者分析、竞争分析到这些分析（这些分析的过程统称为“营销审计”）在计划中的使用的转换，通常是由 SWOT 分析来连接的。因此，在制订战略营销计划的过程中，应对优势和劣势、机会和威胁（即 SWOT）的作用和应用加以考虑。

八、目标市场与营销目标

目标市场是一个简单的概念，是指具有许多共同特征的一群人。每个企业都无法充分有效地满足市场的所有需求，因此，应选择对本企业最有吸引力的一个或多个细分市场作为营销目标，所选定的细分市场即为本企业的目标市场。

九、制订营销目标

营销目标是对企业在一段时间内、在关键的领域里应完成的任务的清晰而简洁的书面陈述。例如，精确地说明销售目标，包括销售量、市场份额、投资收益；说明营销计划的其他目标，包括达到每个目标所需的时间。它为企业销售明确了方向，同时又是评价业绩的标准。

十、营销战略

营销战略是指企业意欲在目标市场上用以达成其各种营销目标的广泛的原则。主要由三部分构成,包括目标市场战略、营销组合战略以及营销费用预算。

目标市场战略主要有无差异营销、差异营销、集中营销三种战略模式,不同的企业、企业的不同发展阶段适用的战略选择不同。

营销组合战略指企业针对目标市场,对可采用的战略(营销定位战略、品牌战略)和与战略相符的各种营销策略(产品策略、服务策略、价格策略、渠道策略、促销策略、公共关系策略等)进行优化组合的综合策略,共同说明如何实现营销战略。

营销费用预算则是对营销组合战略所涉及的各种营销策略所需费用进行预算。

十一、营销组织、控制、评估

制订战略营销计划之后,首要工作就是把该计划的执行人员组织起来,界定清楚营销部门与其他职能部门的关系,明确各个部门应该做什么,从而搭建一个务实执行营销战略、战术的组织架构。

其次,营销计划的实施离不开控制与评估。没有控制与评估,就无法得知计划的可行性、计划的实施情况,导致计划成功或失败的因素等重要信息,也就无法根据结果调整计划,或者制订新的计划。

由于营销组织、控制、评估更多地属于营销管理的范畴,因而在此不做过多的介绍。

第四节　营销策划需关注的问题

根据相关研究发现,战略规划中常见的错误和问题往往在营销规划中也会遇到。

一、计划的进度

有些计划进度过慢,让人觉得没完没了;有些计划进度太快,让人觉得太仓促。对于进度太慢的计划,可以不断充实在操作任务中忽略了的内容,而进度太快的计划则往往很容易导致重大失误。

二、数据收集的数量

收集充足的数据对于恰当地评估客户需求和竞争对手的趋势非常重要。在数据收集过程中,应该从一开始就坚持减少回报的原则。可获得数据的很小比例往往具有很强的代表性,能够代表大量数据。

三、由谁制订计划

20 世纪 60 年代后期,波士顿(Boston Consulting Group)、麦肯锡(Mckinsey)和通用电

器(General Eletric)等公司研究的战略规划模型促使一些大企业开始组建正式的战略规划团队。在直线型企业里，由专门的团队制订计划，然后由直线型的管理者实施计划。显然，直线型管理者憎恶这个过程，他们认为专门团队制订的计划完全来自数字，而不是丰富经验所产生的市场直觉，这些人并没有真正的市场感知。因此，计划制订者与直线型企业管理者之间产生了敌对情绪，这可能会导致战略被忽视或不能很好地执行。目前，由于员工直接参与计划制订的努力和企业小型化所导致的大量裁员的不良后果，直线管理者更多地参与了制订战略和营销计划。总之，直线型管理者应该在员工的帮助下制订营销计划。

第五节　营销策划的时代特点

一、企业的营销策划必须重视政府公关

科特勒营销的一个薄弱环节——4P 战略组合是基于纯粹的自由市场，实际上在我们所处的这个时代，不可能仅仅依靠"看不见的手"，很多时候"看得见的手"给予的支持更有必要。此外，英国《经济学人》杂志的一项研究报告指出，中国市场正在迈向成熟，其中包括政策环境的成熟。这些客观因素都要求企业必须重视与政府打交道。

那企业该如何做好政府公关呢?

首先，要坚持利益趋同的重要原则。政府是公共利益的代表，企业要对政府面对的挑战和政府的方向有敏锐的嗅觉和清晰的理解。要明白它的道理，还要知道它为什么要这样做。企业的思想、理念、基本的平台和政府的政策是永远一致的，这并不是简单要求要迎合政府，而是思路上的契合。这是找到企业与当地社会共同利益的一个最好方式。

其次，要采取互动沟通的方式。从企业的角度来讲，主要是通路搭建与多种方式的沟通。通路搭建包括两个层面：一是与政府有关部门保持长期良好的关系，保持双向的沟通。二是懂得运用行业协会的力量，以及在需要的时候与同业者结成联盟，发出共同声音。

通路搭建起来之后，要选择沟通的方式，包括直接沟通和间接沟通两种。直接沟通主要的方式方法有：通过企业设立的公共事务部门进行日常的沟通工作，以及让公司的最高层定期地拜访等。政府公关中的间接沟通主要包括企业参加或举办各种公益活动，提升社会形象，在制订自己的发展策略方面符合政府政策发展的方向等。

二、企业的营销策划要以整合资源为核心

如果说 20 世纪 50 年代创造财富靠激情，六七十年代创造财富靠斗争，八九十年代创造财富靠改革，那么 21 世纪的今天创造财富则靠整合。谁拥有整合资源的优势，谁便掌握了敲开财富之门的"钥匙"。改革开放三十多年后的今天，我国企业生存发展的环境已经发生了巨大的变化：从计划经济体制逐步转向市场经济体制；建立健全了现代企业制度，完善法人治理结构，使企业从工厂制转向公司制；中国加入 WTO 和经济全球化的趋势使企业面临更多的发展机遇和严峻的挑战；企业改制、上市、重组、兼并、联合，使企业进入一个整合期；企业在市场经济的磨炼中，逐步培育了市场观念、服务观念、营销观念、人才观念、竞争观念、

创新观念等，形成了新的价值、理念和精神、文化。

营销策划也从单纯的促进销售和狭义营销领域拓展开来，几乎涉及企业全部的经营管理过程，包括融资、重组、无形资产、税收策划等。

第六节 营销策划的发展阶段

从我国营销策划的发展进程来分析，大致可以分为六个阶段：

一、点子时代

这个时代的市场背景是商品开始供过于求，但消费需求如一块"处女地"尚未被开垦，一个操作简单的好点子，就能撬动无限的消费潜力。大约在20世纪90年代中期，一个名叫"何阳"的人就这样成了著名的"点子大王"。

二、胆子时代

营销策划的MBA教程把牟其中的"罐头换飞机"作为靠胆子取胜的经典案例。实际上，牟其中并不是一个真正的成功者，主要也不是靠"胆子大"而成就了他一生中唯一一次"成功的生意"。改革开放三十多年，成功者除了胆子大外，还同时具备了"脑子活""路子怪""步子稳"等方面的特质，并且在他们成功的背后，大多能在国外找到历史的踪影。这个时代的创业者们利用了一部分国人"崇洋媚外"的消费心理，引进国外的产品、经营形态与管理方式，并适当变通使其更适合本土的消费需求，从而获得了巨大成功。这在消费品生产制造与分销领域最为显著。

三、傻子时代

不知从何时开始，市场上出现了两类商人：一类是忽悠企业的"策划者"，另一类是忽悠消费者的"经营者"。前者如算命先生，有三个常规动作：一看问题——病不轻；二讲困难——你不行；三出主意——我帮你！这便是当时策划者的"成功套路"。天津有一家企业的老总曾经这样说："我们用每周一辆'凯迪拉克'的代价请人做策划，结果，那些人把我们犯过的错误再重犯一次。"策划者把企业当"傻子"，很多企业深受其害。

四、定位时代

20世纪70年代初，"定位"（Positioning）一词开始进入人们的视野，1972年美国营销专家阿尔·里斯（Al Ries）以《定位时代》一文开创了定位理论。实际上这是一种针对同质化时代所实施的"攻心术"，是要通过沟通与传播，让产品在顾客的脑海里确定一个合理的位置。按照这种理论，消费者的心灵才是营销的终极战场，所以，这个"合理的位置"也可以称为"心灵空间"。但我国企业在定位理论的早期应用过程中，并没有感悟这一核心思想，而是一味地凌驾于消费者之上，把企业的定位强加给消费者。

五、渠道时代

产品的规模化生产，迫使生产者不遗余力地寻找最有效的分销渠道组合，最终他们在连锁商业中发现了“新大陆”，并跟随不断扩张的连锁组织获得了空前的成长。生产制造商助推了连锁事业的发展，结果，那些壮大起来的零售商向供应商收取的“通道费”日益看涨，零供关系日趋紧张，零供矛盾不断激化。如果说没有品牌的产品犹如“废品”，那么，没有渠道的品牌就如同一张“废纸”。

六、搜索时代

搜索正在成为消费者的一种生活习惯与购物行为。过去，消费者的购买行为受广告影响，如今的消费者则更注重自己和朋友的购物体验。消费者在决定购买前需要“搜寻”其他消费者的“口碑”，在购买后则又会让其他消费者来“分享”自己的购物体验。消费者一旦拥有“网络”，就拥有了把抱怨告诉全世界的渠道。如果企业不能适时改变自己，肯定没有前途，不管以前有多么辉煌。

课后练习

1. 简述营销策划的内涵。
2. 简述营销策划的步骤。
3. 简述营销策划的具体内容。
4. 简述营销策划的时代特点。
5. 简述营销策划的发展历程。

案例思考

作为一个营销人都知道，做市场就是不断满足客户需求。什么是不断满足客户需求呢？怎样才算了解客户的需求呢？

这真的很难回答，下面用个案例来讲解我一次失败的经历，大家很快就会明白什么是不断满足客户需求。

某年劳动节过后，我出差到南昌拜访我的一个潜在客户王经理。王经理是当地市场赫赫有名的龙头老大，年纪虽说三十岁左右，社会阅历相当老道，总是精神焕发，一脸微笑。我通过电话预约，约好下午两点在他店面与他见面详聊。下午两点王经理准时来到他的店面。一阵寒暄过后，我开始从多个角度介绍我们公司的发展情况、人员配制、经营状况、经营理念以及我对整个市场的分析等。王经理一个劲地点头赞许，时不时提出一些问题，我就一个人在那里连绵不断、滔滔不绝地狂吹自己的一些看法，完全没有弄清客户的真实想法。大约一个小时后，王经理提出叫我在他店面走走，提出一点宝贵意见。

我当时陪着王经理在他店面走了一圈，发现了很多问题，有些错误非常明显。我一一加以指出，如摆场不到位、设计不够专业等。紧接着我趁热打铁，说出自己公司优势，结合他的一些缺点，指出我们能帮他解决的许多问题，以此来谈加盟的条件。王经理没有发表什么意见，只是对我一番恭维，并对我们公司有些方面提出了质疑。晚上，他请我吃了个便饭。酒酣耳热之时，王经理来了兴致，首先谈了一些对我们公司的实际看法，包括将我自以为傲的平面设计贬低得一文不值，然后给我提出了中肯的意见，告诉我做业务不能只是自己一个劲推销自己，要多听听客户的想法。最后提出了自己的真实想法，就是需要我们开发的主打产品，其他附加值的东西通通不要，他们自己有这个实力完成。这时我才恍然大悟。原来客户的需求就是这样简单，并不是像我们其他那些小客户一样，需要太多的"包装"。因此，满足客户需求一定要弄清楚客户的真实想法，再"对症下药"。

但是有时候客户连自己的自我需求在哪里都不知道，那该怎么办呢？某年7月左右，我去湖南岳阳走访市场，大大小小所有店面我都走访了一遍，把公司的经营理念大致宣传了一遍。当天晚上，一个姓李的经理对我们的加盟很有兴趣，打来电话要我第二天早上去他店面跟他详谈。第二天中午，我去了他们那个市场，还是先把前一天的那些基本情况再介绍了一遍。

客户直接问我，做你们加盟需要多少钱？我帮客户大致算了下，全部做下来得15万元左右，不包含店面费用和日常开支等。客户觉得风险还是比较大。经过进一步沟通，我提出了一个"折扣方案"。李经理在岳阳市本行业中只能算前十名，在该市场勉强能算前三名。如果说让李经理以现在的实力来和岳阳市行业前三名来做竞争，无疑是以卵击石。就算我们的前期工作，包括店面装修、产品款式、营销服务意识等都到位，也很难与当地前三名来竞争，毕竟别人做了许多年，品牌已经在当地有一定知名度。我们是一个新的品牌，客户认知度在当地为零。我的分析建议是，在岳阳市，以本市场为主要竞争对手，力争做到本市场第一名。装修方面降低规格，不求在岳阳市一流装修，只求在该市场做到一流装修、一流品牌。这样大大节约了装修费用，前期投资大大减少了。李经理欣然接受我的方案。所以说，作为一个营销人，一定要帮客户分析市场，分析他们的实际情况，结合实际情况，找到客户需求，来达到开拓市场的目的。

总之，满足客户需求绝对不是一句空话，真正满足了客户需求，企业的产品才能更快、更好地被市场所接受，真正满足客户需求的业务员才是成功的业务员。

[要求] 请结合以上案例，谈谈如果你是案例中的"我"，准备怎样开展营销策划？

本章实训

训练内容：

某大型住宅小区即将开盘，假如你是某家装企业的营销人员，你将如何寻找顾客并展开你的营销行动？请你在分析市场营销环境的基础上，制订一份行之有效的市场营销策划书。

训练目标：

通过本项策划，帮助学生进一步熟悉调查市场、分析市场，制订恰当的、适合企业实际的营销策略的能力。

训练步骤：

(1)以项目训练小组为单位，利用课余时间调查所要分析楼盘的特点，以及该企业的实际经营状况与市场营销环境。

(2)项目小组集中讨论,分析、制订合适的市场营销策略,并撰写营销策划书初稿。

(3)上课之前,各小组选派代表发言,通过发言、同学提问、解答、同学补充分析的形式,全班集体分析、讨论。

(4)在吸纳全班集体讨论意见的基础上,各项目小组进一步修改、完善先前撰写的营销策划报告初稿,并正式成文,撰写该项目营销策划书。

第二篇

文案表达篇

第三章

营销策划书的撰写

第一节　营销策划书的框架设计

营销策划的创意、构想过程基本完成后，接下来的工作是将营销策划的内容和实施步骤条理化、文字化，也就是撰写营销策划书。

营销策划书作为创意和策划的物质载体，是策划的文字或图表的表现形式，它使得策划人的策划案能够被他人所知道和接受，使策划由一种思想一步步地变成现实。策划好比排演一场戏，策划书就相当于戏的剧本。它既是编剧对故事的构思，又是演员赖以表演的蓝本。没有剧本，戏当然是演不成的。

营销策划书不可能凭空而来，也不可能一挥而就。撰写策划书就好比盖楼房，首先要打好地基，然后打造混凝土支柱框架，最后的工作才是添砖加瓦和装修。地基和支柱框架没有建好，就去砌围墙、打盖子，即使把楼房建造起来了，恐怕也是一幢危楼。如果把策划创意比作楼房的地基，那么营销策划书的框架纲要就是楼房的立柱。

一、框架设计的准备

框架设计对书写营销策划书来说，是非常重要的工作，但不是第一步的工作。换句话说，在设计策划书之前还有一些准备工作需要做，如书写对象、作用、目的和意义。

1. 营销策划书写给谁？

营销策划书的写作，第一步须弄清策划书的提供对象是谁，不同的接受者所要求的标准

(也就是策划审议时的重要标准)是不相同的。

2. 营销策划书的作用是什么?

需要说服别人支持营销策划,但仅以口头又无法表达清楚。这时就需要书写策划书,通过策划书来将策划人的意图向不同的审议者传达。

3. 营销策划书的最终写作目的是什么?

从根本上说,营销策划书的写作目的就是要使决策者接受策划的内容,并确保策划能按计划顺利实施。

4. 为什么要写好策划书?

好的策划书能够很好地帮助理解策划的内容及策划者的真正意图。简言之,写好策划书就是为了使策划得以理解和实施。

二、营销策划书的框架要素

不管是哪一层次的或哪一部门的营销策划书,其基本框架均应包括下列内容,可以概括为"5W3H1E":What(什么)——策划的目标、内容,Who(谁)——策划相关人员,Where(何处)——策划场所,When(何时)——策划的日程计划,Why(为什么)——策划的假设、原因,How(怎样)——策划的方法和整体系统运转,How(怎样)——策划的表现形式,How much(多少)——策划的预算,Evaluation——效益评估。

一个好的策划必须具备精彩的、扣人心弦的表达形式,才能更容易实施并达到最终目标。同时,策划还是一项复杂的系统工程,它需要一定的人力、物力和财力。同其他任何一项投资一样,策划的预算与其最终的收益也要有一个适当的比率,这项策划才具有其实施的可行性和合理性。因此,在策划书中,关于预算的内容是必不可少的;而且策划预算进行得越周密,费用项目划分得越细,才越具科学性和说服力,从而使这项策划案更易为决策者接受并得以实施。

需要特别指出的是,"5W3H1E"是策划书的框架内容,缺一不可,但这并不意味着它们是策划书的全部内容。不同专题的策划书,其目标和要求各异,因而内容也千差万别。例如,对于某些策划书而言,专家意见也成为其重要内容之一。因为这类策划书往往专业性较强,而策划者并不一定是专业人员,因而专家意见将使得该策划书更具有说服力。

三、设计营销策划书的框架纲要

策划书的写作要依据创意和策划者的意图勾勒出策划书的主体框架,然后才能开始具体内容的书写。框架纲要不仅是策划的总体思路的体现,还有利于找到具体问题的切入点,并及时发现不足和遗漏。

由于行业的差异和策划专题的不同,营销策划书框架纲要并无固定格式可循。但是依据营销策划活动的一般规律,营销策划书正文的框架纲要应包括界定问题、环境分析、问题点及机会点、营销目标、营销战略、营销组合策略、行动方案、财务分析、策划控制方案等单元。

第二节　营销策划书的撰写

以下主要介绍营销策划书的各部分内容该如何撰写，并简要说明采用何种表现手法可以使策划书更容易被理解，以及写作中应注意的细节问题等。

一、营销策划书的内容及写法

一份完整的营销策划书包括封面、策划主体、附录等部分，下面将对营销策划书各个部分的内容及写法分别加以说明。

(一)封面

策划书的封面应列明以下各点：(1)策划名称(主题)。(2)策划者的姓名(策划机构或小组成员名单)。(3)策划制作或完成的日期。(4)策划适用的时间段。(5)策划书的密级及编号。

此外，还可在策划书的封面附上一段对策划书内容作简要说明的文字，但不宜过长。策划书的封面就好比人的脸面，它给使用者带来很重要的第一印象，因此不可马虎对待，好的封面应该给顾客传递这样一个信息——我的策划是最好的！

(二)概要

概要相当于一般书籍的序，主要是对策划项目进行的概要说明，包括策划的目的、意义，创意形成的过程，相关策划的介绍，以及策划书包括的内容等。概要应简明扼要，字数在三四百字左右为宜。

(三)目录

策划书的目录和其他书籍的目录起到的是相同的作用，它涵盖了全书的主体内容和要点，读过后应能使人对策划的全貌、策划人的思路、策划书的整体结构有一个大体的了解，并且为使用者查找相关内容提供方便。

(四)前言

前言的作用在于统领全书，因此其内容应当包括策划的宗旨、目的及背景，以及策划的必要性等问题的描述。

前言一方面是对内容的高度概括性表述，另一方面在于引起读者的注意和兴趣。当读者看过前言后，要使其产生急于看正文的强烈欲望。

(五)界定问题

在这一部分，需要明示策划所要实现的目标或改善的重点。无论多么精美的策划方案，如果定位于错误的市场，把重点放在错误的方向上，最终必定偏离企业所希望达到的目标，而导致失败。所以在进行营销策划之前要找到一个最佳切入点，以及实现那些目标的战略直觉。这主要是通过界定问题来解决，即把问题简单化、明确化、重要化。

(六)环境分析

“知己知彼，百战不殆”，这一部分需要策划者对环境比较了解。环境分析的内容包括市场状况、竞争状况、分销状况、宏观环境状况等。

(1)市场状况。即目前产品市场、规模、广告宣传、市场价格、利润空间等。列出近期目标市场的数据。通过年度相对指标对比,得出分析结果。

(2)竞争状况。对主要的竞争者进行辨认,并逐项描述他们的规模、目标、市场份额、产品质量、营销战略和其他特征,从而恰如其分地了解他们的意图和行为。

(3)分销状况。列出在各个分销渠道上的销售数量资料和重要程度。

(4)宏观环境状况。描述宏观环境的主要趋势(如人文的、经济的、技术的、政治法律的、社会文化的),阐述他们与本企业产品的某种联系。

(七)SWOT 分析

策划方案,是对市场机会的把握和策略的运用,因此分析问题,寻找市场机会,就成了营销策划的关键。找准了市场机会,可以极大地提高策划成功率。通常采取 SWOT 分析法,即对企业内部环境的优势(Strengths)、劣势(Weakness)、外部环境的机会(Opportunities)、威胁(Threats)进行全面评估。

(1)优势/劣势,即销售、经济、技术、管理、政策(如行业管制等政策限制)等方面的优势和劣势。

(2)机会/威胁,即分析市场机会与把握情况,市场竞争的最大威胁力与风险因素。

(3)SWOT 综合分析,即综合分析市场机会、环境威胁、企业优势与劣势等战略要素,明确能够为企业有效利用的市场机会,尽可能将良好的市场机会与企业优势有机结合;同时要努力防范和化解因环境威胁和企业劣势可能带来的市场风险。

SWOT 分析步骤:①确认当前的战略。②确认企业外部环境的变化(波特五力或者 PEST)。③根据企业资源组合情况,确认企业的关键能力和关键限制。④按照通用矩阵或类似的方式打分评价,把识别出的所有优势分成两组,打分的时候以两个原则为基础:一是与行业中潜在的机会有关,二是与潜在的威胁有关。用同样的办法把所有的劣势分成两组,一组与机会有关,另一组与威胁有关。⑤将结果在 SWOT 分析图上定位,或者用 SWOT 分析表将刚才的优势和劣势按机会和威胁分别填入表格。⑥进行战略分析。

(4)问题分析:在 SWOT 分析的基础上,明确在制订和实施市场营销战略计划过程中还必须妥善解决好的主要问题。

(八)营销目标

无论是什么方面的营销策划书,其主体内容都应当明确企业具体要达到的营销目标,如市场占有率、销售增长率、分销网点数、营业额及利润目标等。营销目标必须满足四个条件:(1)目标必须按轻重缓急有层次地安排。(2)在可能的条件下,目标应该用数量表示。(3)目标必须切实可行。(4)各项营销目标之间应该协调一致。

(九)营销战略

营销策划书中的“营销战略”部分,要清楚地表述企业所要实行的具体战略,包括市场细分、目标市场和市场定位三方面的内容。

市场细分的目的在于帮助企业发现和评价市场机会,以正确选择和确定目标市场。

目标市场,是指根据企业资源状况及实力,找准目标市场。

市场定位,是指企业为在目标顾客心目中寻求和确定最佳位置而设计产品和经营特色的活动。

(十)营销组合策略

确定营销目标、目标市场和市场定位之后,就必须着手准备在各个细分市场所采取的具体营销策略,以及确定相关的营销组合策略。

所谓营销组合,就是企业的综合营销方案,企业根据自己的营销目标与资源状况,针对目标市场的需要对自己可控制的营销策略(产品、价格、渠道、促销)进行优化组合和合理的综合运用。其中的促销又包括广告、人员销售、营业推广和公共关系。

(1)产品策略。阐述产品体系、品牌体系、品牌管理、包装体系、包装形式、包装设计等内容。

(2)价格策略。阐述定价原则、定价方法、价格体系、调价体系等内容。

(3)渠道策略。阐述渠道建设指导方针、渠道开发步骤、渠道网络架构、渠道激励措施等内容。

(4)促销策略。阐述人员推销、广告、营销推广、公共关系的方式方法。

(十一)行动方案

要实施营销策划,还要将各项营销策划转化成具体的活动程序。为此,必须设计详细的策划行动方案。在行动方案中,需要确定以下内容:

(1)要做什么作业?

(2)何时开始?何时完成?其中的个别作业为多少天?个别作业的关联性怎样?

(3)在何地?需要何种方式的协助?需要什么样的布置?

(4)要建立什么样的组织机构?由谁来负责?

(5)实施怎样的奖酬制度?

(6)需要哪些资源?各项作业收支预算为多少?

(十二)财务分析

财务分析主要是对策划方案各项费用的预算,包括营销过程中的总费用、阶段费用、项目费用等,其原则是以较少的投入获得最优效果。

预算费用是策划书必不可少的部分。预算应尽可能详尽周密,各费用项目应尽可能细化。预算费用应尽可能准确,能真实反映该策划案实施的投入大小。同时,应尽可能将各项花费控制在最小规模上,以求获得最大的经济效益。

(十三)策划控制方案

策划控制方案可分为一般控制方案和应急方案。

1. 一般控制方案

(1)每月或季度详细检查目标的达到程度。

(2)高层管理者要对目标进行重新分析,找出未达到的项目和原因。

(3)实施营销效果的具体评价方案有经营理念、整体组织、信息流通渠道的畅通情况、战略导向和工作效率。

2. 应急方案

主要考虑市场信息的不确定性,需制订几套应急方案,其中须列出可能发生的所有特殊事件及发生这些特殊事件时的对策,以降低风险。

(十四)结束语

与前言呼应,使策划书有一个圆满的结束,主要是再重申主要观点并突出要点。

（十五）附录

附录是策划书的附件，其内容对策划书起着补充说明作用，便于策划书的实施者了解有关问题的来龙去脉，并为营销策划提供有力的佐证。在突出重点的基础上，凡是有助于阅读者理解营销策划内容和增强阅读者对营销策划信任的资料都可以考虑列入附录，如引用的权威数据资料、消费者问卷的样本、座谈会记录等。列出附录，既能补充说明正文内容的问题，又显示了策划者负责任，同时也能增加策划案的可信度。作为附录，也要标明顺序，以便查找。

二、营销策划书的撰写技巧

一台戏如果情节生动有趣，剧本却拙劣苦涩，那么这台戏真正上演时也会索然无味。策划中策划书的写作也是如此，唯有形象有趣，才能吸引更多的人参与和支持。

要使策划书引人入胜，在写作时可以想象一下剧本的有关方法。剧本为了使读者一开始就进入入迷的状态，常常开始就制造一个悬念或描述一件使读者感兴趣的事件，一气呵成地提高观众的情绪，而且将这种气氛贯穿全剧。在这种气氛中，随着故事情节的进展，将剧情蕴涵的意义及主题传达给观众。在策划书的写作中同样也可以运用这种技巧。

可信性、可操作性以及说服力是营销策划书的生命，也是营销策划将追求的目标，因此在撰写营销策划书时应十分注重可信性、可操作性以及说服力。

以下是在营销策划书撰写过程中常用的一些基本技巧：

（一）合理使用理论依据

要提高营销策划内容的可信性，更好地说服阅读者，就要为策划者的观点寻找理论依据，这是一个事半功倍的有效办法。但要防止纯粹的理论堆砌。

（二）适当举例说明

在营销策划书中，加入适当的成功与失败的例子既可以充实内容，又能增强说服力，以举例来证明自己的观点。在具体使用时一般以多举成功的例子为宜，选择一些国外先进的经验与做法，以印证自己的观点，效果非常明显。

（三）充分利用数字说明问题

策划报告书是为了指导企业营销实践，必须保证其可靠程度。营销策划书的内容应有根有据，任何一个论点最好都有依据，而数字就是最好的依据。在营销策划书中利用各种绝对数和相对数来进行比较对照是绝对不可少的，而且要使各种数字都有可靠的出处。

（四）运用图表，使内容视觉化

图表有着强烈的直观效果，并且比较美观，有助于阅读者理解策划的内容，用其进行比较分析、概括归纳、辅助说明等非常有效。策划书要形象生动，最好还应视觉化。

（五）突出重点，切勿面面俱到

在策划过程中，过分贪求是不可取的。贪得无厌往往使一个策划包含太多的构想，目标变得过多。

因此，一个优秀的策划人员一定不会贪心，他们会把构想浓缩，即使有很好的方案，只要与主题无关，就舍得删除。要记住：适当的舍弃是重要的策划技巧。

（六）准备若干方案，未雨绸缪

当拟订策划书时，并没有硬性规定一次只能做一个策划案。对于同一个主题，同时作出两三个策划案也是可以的。当然，有时策划者会过于自信，认为自己的工作是完美无缺的，但从企业的实践而言，在对策划进行审查时，一定会有种种意见出现，所以事先准备替代方案是明智的。

(七)有效利用版面设计，增强感染力

策划书视觉效果的优劣在一定程度上取决于版面设计，故有效利用版面安排也是策划书撰写的技巧之一。

一般版面设计时常用的技巧有：

(1)标题可以分为主标题、附标题、小标题、标题解说等，通过这种简练的文字，使策划书的内容与层次一目了然。

(2)用空白突出重点。用空白处将某一部分分开以示强调，这是使策划案易懂的常用版面设计方法之一。

(3)限制同一版面出现字体的数目。

(4)使用阴影突出、适度着色和其他的点缀方式。

(5)若使用识别符号来增加策划书版面的美感，最好在标题前加上统一的识别符号或图案来作为策划内容的视觉识别，而不致给人以杂乱的感觉。

(6)版面的排列、设计不应该一成不变。为了防止刻板老套，可以多运用图表、图片、插图、曲线图以及统计图表等，并辅之以文字说明，增加可读性。

(八)重视细节，完善策划书

细节往往被人忽视，但是对于营销策划书来说，这些细节却十分重要。因此，在书写营销策划书时还应注意以下几个问题：

(1)策划书中如果出现错字、漏字，就会影响阅读者对策划者的印象，特别是企业的名称、专业术语不能出现错误。

(2)一些专门的英文单词，差错率往往较高，在检查时要特别注意。

(3)纸张的好坏、打印的质量等都会对策划书本身产生影响。

课后练习

1. 简述营销策划书的框架。
2. 简述营销策划书的构成要素。

案例思考

这是一个关于免费的商业模式案例，相信对您有一定的启发。

中国市场上出现过一个品牌叫“梦露”，它只做女式睡衣产品，销售价格为188元一件，只有两种款式，吊带的和齐肩的；也只有两种颜色，橙色和紫色。他们用了一个不一样的销售方式——送。怎么送呢？免费。如果你穿了感觉很好，就请你帮忙为公司做口碑宣传。

如果这件睡衣送给你，你会要吗？当然会。

但是它提了另外一个要求，我们送给你是可以的，快递费你出可以吗？快递费是23元一件，但是支持货到付款，支持退货。消费者是零风险。这就意味着你花 23 元快递费可以拿到一件价值 188 元的女士睡衣，你们愿意吗？也许第一次你看到可能不会动心，但是如果你发现同一时段竟然有 157 家网站都在为它打广告，你会不会点开看一看？那么，我相信至少有 80%的人都会订上一件。

那么送多少呢？第一阶段他们就送1 000万件。我们计算一下，188 元一件，1 000万件，等于多少钱？18.8 亿人民币，这家公司愿意拿 18.8 亿元砸一个市场，有这样的公司吗？应该没有，或者很少。也许很多人都会想，他们是赔钱赚吆喝。

但这家公司既不是中国 500 强，也不是世界 500 强，这时候，很多人即使只为了满足好奇心，都会订一件。于是，你就会留下名字、电话、手机、地址，13 天后，快递真的送到你家了，你打开信封一看，这件睡衣质量真不错，市场价可能超过 188 元或者 288 元，那你要不要付这 23 元快递费？

很多人看不明白，这家公司是干吗的？是做慈善？还是赔钱赚吆喝？

好，下面大家可以算一笔账，1 000 万件睡衣免费送，首先需要解决的是货源问题。做生意的人都知道，中国义乌小商品批发市场世界闻名，在那有很多小型的服装加工厂，所以制作成本会较低。

而且我有1 000 万件，那么你给别人做要 10 元一件，给我做 8 块可不可以。注意，是夏天的女式睡衣：第一，款式简单；第二，省布料。

为什么 8 元成本的睡衣在商场里面可以卖到 188 元？今天如果我们买双鞋子，市面成本是50 元，可是到商场里面不是名牌的卖 300 元，是名牌的卖500 元。好，请问 50 元到 300 元中间的钱去哪儿了？商场，没错，商场收了 27%～33%，营业员分了 12%。梦露睡衣生产成本只有 8 元，但是到消费者手中没有任何商场环节，所以 8 元的睡衣拿到商场里卖 188 元。

这样消费者真正得到了实惠，消费者开心不开心？

接下来就是快递的问题了，我们平时快递一样最小的东西，至少需要 10 元，但是，如果我一年有1 000万件快递要在你的公司运送，可不可以便宜，所以，最后 5 元敲定，因为夏天的女式睡衣很轻，又很小，一个信封就可以装下。

下面就剩下广告了，本来网上做这种免费送东西的广告是不需要花钱的，因为网站要的是浏览量，今天你试试看，如果产品免费送，我保证 N 多网站帮你送东西。但是，为了让我的睡衣送得更疯狂，只要在你家的网站上送出去一件，我就给你 3 块钱的提成，你是不是会把广告打得更疯狂？于是，所有的网站都帮着打广告。

好，下面再算一笔账。

23 元减去 8 元减去 3 元减去 5 元还剩下多少？7 元，那就是说，他们实际上送一件睡衣只付出了 16 元的成本，但是，消费者却付了 23 元的快递费。就是说，他们只要送一件睡衣就赚了 7 元，中国有 13 亿人口，一年免费送1 000万件可不可以送出去？答案是，当然可以。最后，他们送睡衣一年就赚了 7 000 万元。

这家公司做了什么？快递谁送的？快递员。广告谁做的？网站。钱谁赚了？公司赚了。

好，接下来再算一下其他人的利润：你觉得卖出来 8 元的睡衣，这个生产睡衣的工厂一件能赚多少钱？每件只能赚1元，但是一下接了个1 000万件的单。厂家要不要做？快递公司收5元，请问快递公司能赚多少钱？也是1元。网站打广告本身是没有什么成本的，所以，网站的纯利润是3元。

这三个干活的加在一起，一件才赚了5元；但梦露公司什么都没干赚了多少钱？7 000万元。

各位，这家公司有多少人呢？这家公司从总裁、设计总监、销售总监到会计，全公司加在一起四个人。四个人分这7 000万元是不是怎么都有得赚？最关键的是他们什么都没做。

[要求] 通过上述案例，我们怎样做到举一反三？

本章实训

模拟练习策划书的编写

1. 模拟练习的任务布置

模拟练习是根据已经发生的事件反求当时的策划方案，即根据已经发生的事实反过来推出当时的策划。

模拟案例：《亚科卡对“野马”车的成功策划》

2. 模拟写作的基本要求

按策划书的基本格式和表述形式撰写。

尽量利用案例的背景材料，以及已经给出的条件和实施行动，将其转变为策划的内容和构想。

撰写的策划书要对当时的活动具有指导性，也即要求形式和内容上要符合对当时有待实施的行动的策划价值。

每位同学可以根据自己的理解去撰写。

3. 模拟写作的评分标准

基本格式3分(策划书形式)

逻辑结构3分(逻辑分析思路)

内容表述4分(文字、创意构想等)

亚科卡对“野马”的成功策划

1964年，福特汽车公司生产了一种取名为“野马”的车，新产品推出一年内就销售了40多万部，创纯利11亿美元。当时，购买“野马”汽车的人打破了美国的历史记录，顾客简直到了拼命抢购的程度。在不到一年的时间里，“野马”汽车风行整个美国，各地还纷纷成立“野马”汽车协会，甚至店内出售的墨镜、钥匙扣、帽子、玩具都贴上了“野马”的商标。

为什么“野马”汽车如此受欢迎？这不得不归功于美国实业界巨子亚科卡。他在1962年担任福特汽车公司营销经理后，便策划生产一种受顾客欢迎的新型汽车。

其一：亚科卡在欧洲了解福特汽车公司生产的“红雀”牌汽车销售情况时发现，“红雀”太小，没有行李箱，虽然省油，但外形不漂亮，如不尽快推出一部新型车，公司将被竞争对手击败。

其二:第二次世界大战后,生育率激增,几千万婴儿已长大成人,在20世纪60年代,20～24岁的人增至50%以上,而16～35岁的年轻人占增幅的一半。根据这一调查材料,亚科卡预见在今后的十年,整个汽车的销售量将会大幅度增加,而对象主要就是年轻人。

其三:对许多年纪较大的顾客来说,他们也正在从购买满足经济实惠的车,转向追求样式新颖、独具特点的豪华车。

根据这些信息,亚科卡头脑中浮现了一个策划轮廓:福特汽车公司要推出一部适合新需求市场的新产品,其特点是款式新、性能好、能载4人、车子轻便,价格便宜(卖价不能超过2 500美元)。

亚科卡把这一大致轮廓交给策划小组讨论,经过集思广益,一个清晰的策划概念出来了:车型要独树一帜,车身要容易辨认,要容易操作,要有行李箱,既像跑车,而且还要胜过跑车。

这种车该如何命名呢?亚科卡委托沃尔德·汤姆森广告公司的代理人到底特律公共图书馆查找目录,从A开头的“土猪”,一直查到Z开头的“斑马”,在上千个名字中,大家讨论的范围缩小到6个,即“西部野马”“小马”“猎豹”“野马”“美洲豹”等。

广告策划人认为:美国人对第二次世界大战中的野马式战斗机名字如雷贯耳,用“野马”作为新型车的名字,妙不可言,不仅能体现车的性能和速度,而且还有广阔天地任君驰骋的味道,最适合美国人放荡不羁的个性。

“野马”的主题确定后,策划人员又专门设计了一个标志,安装在车前,这是一个奔驰的野马模型,它扬起四蹄,按顺时针方向奔驰,而不是按美国赛马时的逆时针跑法。策划者认为野马就是野生的马,不是家中驯养的马,不那么规规矩矩,却总要超越正常的思维,这正是“野马”主题的延伸和扩展。在产品的设计上体现的主题是:集豪华与经济于一体,花得起钱的顾客可以买额外部件及加大功率,没钱买这些也不要紧,因为它比一般经济车多了圆背座椅、尼龙装饰、车罩及地毯。它的外表更具特色,车身为白色,车轮为红色,后保险杠向上弯曲形成一个活泼的尾部,活脱脱就像一匹野马。

新型车问世前,福特公司选择了底特律地区52对夫妇,邀请他们到样品陈列馆,这些夫妇几乎都已拥有一部标准型汽车,其中很多人的收入是一般人的水平,公司负责人将他们分成若干小组带进去看汽车样品,并让他们发表感想。

这些夫妇中,一部分是白领夫妇,他们收入颇高,对车的样式很感兴趣;而蓝领夫妇看到豪华装饰,认为开这部车代表地位和权势,有些不敢问津。亚科卡请他们估计一下车价,几乎所有人都估计至少10 000美元,并表示不再购买这种车,因为家中已经有了。当亚科卡宣布车价在2 500美元以下时,大家都惊呆了,稍后又欢呼起来,纷纷说道:“我们要买这种车,我们把这种车停靠在自己的车道上,所有邻居都会以为我们交了好运。”

摸透了消费者的心理后,亚科卡把车价定在2 368美元,并精心拟订了一系列促销方案:

第一步,邀请各大报社的编辑参加从纽约到迪尔伯恩的“野马”车赛,同时还邀请了100名记者亲临现场采访。事后有数家报纸杂志报道了“野马”车大赛的盛况,使“野马”车成为新闻界的热门话题。

第二步:在“野马”车上市之前的第一天,根据媒体选择计划,在2 600家报纸上用整版的篇幅刊登了“野马”车广告。根据广告定位的要求,广告画面是一部白色“野马”车在奔驰,大标题是“真想不到”，副标题是“售价2 368美元”。

第三步：从“野马”车上市开始，利用各大电视网每天不断播放“野马”车的广告。广告内容是一个渴望成为赛车手的年轻人正驾驶“野马”车在奔驰。

第四步：选择最显眼的停车场，竖起巨型的广告牌，上面写着“野马栏”，以引起消费者的注意。

第五步：竭尽全力在美国各地最繁忙的15个飞机场和200家假日饭店现场展示“野马”车，以实物广告的形式，激发人们的购买欲望。

第六步：向全国各地几百万小汽车主寄送广告宣传品，并表示公司忠诚地为顾客服务的态度和决心。

这一系列铺天盖地、排山倒海的广告活动，使“野马”车风行美国。“野马”车上市第一天，就有上百万人涌入福特各个代理经销店参观和购买。一年之内，野马车的销售就达到了418 812辆，创下了福特公司新车销售的新纪录。

[要求] 根据已经发生过的营销活动反推当时的策划。

第三篇

创 意 篇

第四章

策划人的素质与技术

第一节　策划人的知识水平和业务素养

随着经济形势的发展,创意与策划正越来越多地受到人们的关注,策划行业已成为一个炙手可热的新兴产业,其对企业发展的推动作用已日益得到认可。这种令人瞩目的行业升温随之带来的便是对策划人才需求的日益旺盛。

在这种背景下,许多人向往着成为策划人军团中的一员,梦想着自己的绝妙创意与策划能给某个企业带来一片广阔的天地,也给自己创造一个美好的明天。但策划工作是一项专业性较强、要求比较高的工作,准备进入这一行业的人需要对自己有一个全面的认识,以判断自己是否适合从事此项工作。

策划,即筹划或谋划,它是为实现特定的目标,提出新颖的思路对策,并制订出具体实施的行动方案。策划是一项立足理论、面向未来的活动。它根据现实的各种情况与信息,判断事物变化的趋势,围绕某一活动的特定目标这个中心,来全面构思设计,选择合理可行的行动方式,从而形成正确的决策并带来高效的工作。

人与其他动物的主要区别,就在于人能够为自己的一切活动进行事先策划。策划的关键是用"策",而用"策"就离不开创造思维,策划中的"划",指的是富有策略的计划中的"计划"成分。可以说,从人际交往、生产竞争,到外交往来、两军对阵;从经营企业、开拓市场,到发展事业、繁荣文体……都必须审时度势、运筹帷幄,进行及时而必要的策划活动。

策划活动是一项创造性的活动,这就需要策划人员拥有必要的素质和修养,以下是作为一位成功策划人员所必备的能力与素养。

一、必备能力

人的策划能力实际上是诸多要素综合作用的结果。它既不是天赋的，也不是一朝一夕可以形成的，而是一个人经过长时间艰苦的自我学习、自我磨炼、自我改造、自我提高而获得的一种综合能力。因此，作为一个合格的策划人员，要有意识地构建自己的知识结构，养成良好的思维习惯，掌握娴熟的韬略技巧，培养严谨的工作作风，创造性地进行思维，广泛地参与丰富多彩的社会实践，这样才可能做到真正的通才式的策划人才。

（一）专业知识层面

从企业策划的工作角度来看，策划经理人应该具备这样的知识结构：策划学的基础理论和实务知识；与企业经营密切相关的企业管理理论；与企业策划有关的社会科学知识。

策划学的基础理论和实务知识，包括策划学的基本概念、基本技能、基本原则和工作程序、策划的基本方法等。

与企业经营管理有关的企业管理理论，包括管理学、行为科学、市场营销学，以及广告策划知识等。

与企业策划有关的社会科学知识，包括社会学、心理学、社会心理学等。

（二）受教育程度

策划经理人应该是经过专业培训的人员，而不是随便谁都可以胜任的。策划经理人的受教育程度应该在大专以上，甚至更高。因为策划是一个综合性很强的事业，它对多学科的知识要求很高，所以，不经过正规的培训很难使策划活动有序、策划结果有效。

（三）法律政策知识

以效益为目标，以法律为准绳。这是策划经理人应该牢牢把握的行为准则。策划经理人，应该对相关的法律、政策有足够的理解，包括广告法、反不正当竞争法、经济法以及国家制定的各种相关的法规、政策等。这样才可能避免出现因对法律的无知而造成的对他人无意的伤害或不正当竞争的发生。

（四）企业经营管理基本知识

企业是一个经济组织，它要遵循经济性所决定的"游戏"规则——产出价值大于投入价值。策划经理人不仅要具备企业经营的诊断能力，还要具备市场变化的预测能力，能够在适当时机把企业合理有效地推到市场竞争的有利地位上。

企业经营要有要素的投入——人力资源、物力资源、财力资源，如何将这些要素有机结合并产生效益是企业管理的最终目标。企业策划能够使企业在使用这些资源上更加有效合理。企业策划是企业经营管理不可缺少的重要内容，因此，策划经理人要对此有专业上的认识。

策划经理人应该掌握与企业经营管理有关的企业管理理论、企业产品营销理论、消费者心理学、价值理论等。

（五）现代理财金融知识

现代理财强调价值增值——企业经营的资本性。所以，策划经理人应该具备相当的金融、财会、经营等方面的专业知识，并且能够具备资本经营能力、国际金融和贸易的判断能力等。策划经理人不仅应具备相应的专业知识，而且还应具备相应的操作技巧，才能够确保企业的财富创造能力得以充分发挥。

（六）IT 网络知识

互联网已经成为当今社会生活不可或缺的内容，也是经济发展所依赖的基础。每一个策划人都必须要了解并借用这一手段。

一个策划人员除了对 IT 在理论上的认识有足够的提升之外，还应当学会运用。网络的出现为信息的传播与共享带来了前所未有的变革，一个策划人员应当学会运用这一宝贵资源，从而为策划活动的成功提供更为有力的保证。

策划经理人应该对 IT 网络知识有足够的了解，包括：如何使用网络，进行企业策划；如何利用网络信息，进行有效的预测和判断；以及掌握一些网络应急措施等。

（七）现代传媒知识

企业策划的结果，是要让社会认识并接受企业，所以，传媒是必不可少的媒介。策划经理人应该对传播学、新闻学、广告学等知识有所掌握，这也是策划的一个重要环节。

除了有以上思想道德和知识储备等方面的基本素质要求外，要成为一位合格的策划人才，还要具备以下一些从事策划工作所必需的素质。

二、必备素质

（一）奇特的思维

策划人的创意一经形成，就已包含投入操作的主要因素，不论这些因素是有关国情、厂情，有关政策法规、专门技术、心理预期……现代策划人出身于知识分子但又不同于知识分子，这个区别点就是：知识分子以知识为生存之本，现代策划人以思维和思维方式为生存之本，知识不过是后者的思维原料而已，关键还在于思维的创新。可以说，在商品经济、市场经济社会，创新的作用已为中外企业辉煌的历史所证明；在未来知识经济、信息社会，创新将进一步发挥其重要作用，并将决定企业经营管理中最富有活力和潜力的一种资源。

（二）渊博的知识

时下所有的策划，尤其是与企业经营和当代商战有关的，几乎毫无例外地都是综合性的、复杂的、涉及众多部门和领域的问题，单凭专业知识已无法解决上述问题。这就要求现代策划人才必须具有精博两方面的知识，既精于专业知识，又博于非专业知识；既有理论修养，又有实践经验，同时还能够根据实际需要不断地更新丰富自己的知识。

（三）丰富的阅历

广博的知识面和丰富的阅历，这是他们长期的好奇心、观察习惯、体验生活的欲望形成的自然结果。策划人更能领悟"理论源于实践"这个简单而至关重要的原理，所以越是对一种理论产生兴趣，就越是趋于投入相关的实践活动。他们是通过"go through it"来获取关于对象的一切真知灼见的，这就使他们的知识面和阅历区别于那些浅薄的炫耀者而迸发着智慧的火花。

（四）超人的想象力

策划人员应当具有丰富的想象力。所谓想象力，其实就是浮想联翩的能力，即人运用其发散思维将一个事物与其他许多事物联系起来加以思考的能力。想象的实质是对已有的知识、经验、记忆表象进行改造、重新组合,从而创造新的形象的过程。丰富的想象力,是创造性思维的核心,是产生奇谋良策的“金翅膀”和“合成器”。古往今来,凡思想活跃、善于策划和创造发明者,无不具有丰富的想象力。

(五)灵活的头脑

策划人必须有一个高度发达的头脑。书读得多,如果只是生吞活剥,形不成智慧,那最多是一个“两脚书橱”。能够把丰富的知识灵活多变地应用于社会实践,那才是现代“智多星”。

策划,其实就是为商家出谋划策。而商战,从某种意义上看就是斗智。没有睿智头脑的企业家,一定是个“常败将军”;没有睿智头脑的“策划家”,一定做不出克敌智胜的策划来。

灵活多变地把知识应用于社会实践,这是对策划人的基本要求。

(六)严密的操作力

策划人要具有严密的操作能力,要对运筹策划方案做到全面部署。如策划中的人际关系对策、策划实施中的资金对策、策划实施中的大众媒介关系对策、策划实施中的障碍因素及消除对策、与策划实施有关的政府机构对策、与策划实施有关的法律问题等,都要做到心中有数、运筹有序。

(七)良好的角色感

策划人所做的工作主要是整合和综合性的工作,他能高屋建瓴,总监全局。但策划人更多是通才,而不是全才。策划人提出的是指导思想,具体问题需要依靠具体领域的专家,发挥所长,贡献所能。所以,策划人需要有良好的角色感,善于分工协作,激发众人的积极性和聪明才智。

(八)健康的心态

这一点既关系策划人的先天遗传,更相关于其后天修炼。策划人深知良好的心理素质是游刃于现代社会的资本,应促使自己心理的正面因素,即包容力、承受力、忍耐力和等待力等,能动地激发出来。

(九)非凡的文采

有了思维能力,产生了好的想法,还必须用文字清晰、准确、流畅地写出来。当然,策划案的文字表达能力与一般的写作能力有所不同,而且远不只是“笔头好”那么简单。这是因为在表达过程中,其本身就是一次绝好的再思考、梳理与系统化的过程。能把思维用语言符号即文字清晰、准确、流畅地表达出来,就说明策划人已经把问题想通理清了,而且更为重要的是,其策划案还必须能打动客户的心。

(十)敏锐的信息捕捉能力

拥有良好的信息搜集渠道,能够敏锐地把握点滴有用的信息,对于一个要同时从宏观和微观局面把握情况,以便从中寻求灵感、进行创造与策划的现代策划人来说是至关重要的。这可能决定其创意是新鲜、先进的还是过时、落伍的,是能立竿见影地解决问题还是进一步使问题恶化。作为一个现代的策划人才,必须具备良好的信息观察能力、捕捉能力。

基于以上要求,可以看出,策划人是“整合资源”的人,策划所需要的人才是“通才”,要具备优秀的综合素质。

策划人的才能特征由于时代的要求显得更加明显。传统做学问强调在某一方面钻研很深，皓首穷经，并且特别强调自己的“独创性”和“纯洁性”。但这一方法在现代信息社会受到了极大挑战。信息社会各种资源不仅数量巨大而且更新速度极快，许多课题容不得仔细钻研。特别对于策划工作来说，它注重的是“组合利用”和“融会贯通”的素质和能力。要成为策划人才，必须具备宽广的综合素质，并在此基础上发挥创造力。因此，一个合格的策划人应该是“综合素质高且创造力强”的人。

第二节 策划人的基本能力要求

策划是一种跨学科的行为，因此，作为策划人应该具有综合能力。这其中具体包括创意能力、创新能力、市场调研能力、组织能力、洞察能力、整合能力和执行能力。

一、创意能力

在当今的社会主义经济条件下，市场是一切财富的源泉。谁不研究市场，谁就将在商战中败北，而要在商战中取胜，最大的法宝就是创意。

创意是脑力的创造性思维，是人们面对一个具体问题所进行的异于他人并导致新颖而有效地提出解决方案的思维过程，创意是镶嵌在创造学、投资学、思维学、经营学、预测学、心理学“皇冠”上的一颗璀璨“明珠”。在现代经济生活中，创意之花处处争奇斗艳，芬芳袭人。要想懂得策划，必须懂得创意。

创意作为创造性思维不是一种单一的思维形式，而是多种思维形式的总和。它不是一般性的思维活动，而是一般思维的继承和发展，是对事物的本质发展、发展规律和事物的相互联系更系统、更深刻、更全面、更新颖的发现、理解和把握。

创意是企业策划人心智的最高体现，是企业策划人驾驭知识、驾驭信息的整体能力。创意能力首先要求策划人必须运用形象思维描绘出企业策划全局的框架，然后再用简洁的语言描绘企业策划的概要，并能够充分把握人力资源、物力资源、财力资源、社会资源以及各种可以动用资源的变动趋势和发展趋势。

创意如同建筑中的框架结构，是企业策划的重要因素。创意是否合理，将决定企业的成败。例如，微软公司在1998年对陷入危机的苹果电脑公司注资1.5亿美元，使昔日竞争对手的险情有所缓解，这一创意震惊了世界的同行。那么，比尔·盖茨这种做法的意义何在？

首先，他的这种创意旨在使微软公司在商业性竞争中寻求新的能量补充。毕竟，苹果公司曾经是一家辉煌的电脑霸主，尽管元气大伤，但其潜在势力仍然不可低估，况且，许多电脑公司在苹果公司乏力的时候，谋求与其合作。而微软公司的一些主要竞争对手，如IBM公司、Oracle公司、Sun公司，特别是网景公司，都在借助和苹果的合作来与微软公司明争暗斗。因此，比尔·盖茨的这种创意，有可能提高微软公司经营的安全度。

其次，如果苹果公司彻底垮了，微软公司操作系统软件的市场占有率将达到约92%。按照美国《反垄断法》的规定，如果某一个企业的市场占有率超过一定标准，而且市场中无对应的制衡产品，它就要面临反垄断方面的调查。一旦苹果公司不存在，按《反垄断法》，微软公司就要受到美国司法部门和联邦贸易委员会的质疑。如若这样，微软公司为这场诉讼要付出的费用将大大超过它能从苹果公司让出的市场份额中赚取的利润。

再次，在网上浏览器方面，由于网景公司捷足先登，占领了大部分市场，微软公司一直在暗中寻求机会，试图夺回自己在网络电脑方面的优势。现在，由于与苹果公司的联手，微软公司就可以将自己生产的互联网搜寻器附装在每一台苹果电脑的包装盒里，用户如果想用网景浏览器，就得自己去买软件，自己安装，很不方便。这就为微软公司的互联网搜寻器增加了竞争获胜的筹码。

最后，比尔·盖茨的创意还在于拉苹果公司入怀，以缓解其他大的软件公司联手开发的Java 程序语言所造成的威胁程度。

可见，作为策划人，创意能力是最基本的素质。

二、创新能力

策划与创新就像一对形影不离的孪生兄弟，任何高明的策划都离不开创新。市场变幻莫测，竞争日趋激烈，现代策划者必须要善于从实际出发，敢于承担风险，不断创新。唯有及时抓住问题，解决问题，创造性地开展工作，才能使自己立于不败之地。夜郎自大、故步自封、墨守成规者是不可能成为优秀的策划者的，即使策划人不是一位非常有创见的策划者，也应善于发现和运用别人的创造力。因此，可以说创新意识是现代策划者的基本意识，创新能力是现代策划者的最本质的能力。创新既不是想入非非，也不是关起门来苦思冥想所能得到的、重在创造性的思维。创造性思维虽是一种复杂的、高级的心智活动，但绝不是神秘莫测、高不可攀，仅属少数天才所有的。

三、市场调研能力

策划人的灵魂就在于他能够准确预测和善于把握历史发展的机遇，不失时机地成为引领市场潮流的领导者。

市场调研能力是指策划人对市场现状的分析进而预测未来趋势的能力。它要求策划人要有深谋远虑、未雨绸缪的战略眼光。市场调研能力如何，会直接影响策划的结果。

四、组织能力

组织能力是指策划人能够根据策划本身的要求将策划资源进行有机结合的能力。它包括对策划人才的找寻、策划资料的搜集、策划方案的制订等，也就是对人、物、事的统筹安排。因此，策划经理人的组织能力是否强，将直接影响企业策划结果。

具体来讲，策划经理人的组织能力包括内部组织调配和外部组织协调，以此达到共同策划、制作、实施的目的。

组织能力除了要求企业策划人具有极强的组织纪律性和团队协作精神之外，还要求企业策划人必须具有较强的组织领导能力——统率力。在任何一个企业策划活动中，任何一个人的能力总是不能够代替所有人的能力；况且，个人能力再强，如果没有团队的合作，也难以发挥作用，有时甚至会起到相反的作用。可见，企业策划是一项集体活动，需要策划团队中每一个策划人的通力合作，才能形成策划效益——有效的策划结果。

五、洞察能力

洞察能力就是指策划人能够全面、正确、深入地分析认识客观现象的能力。企业策划人的洞察力对于策划结果的质量具有直接的影响。

策划人应该具备统观全局、全面分析的能力，具备能够透过现象抓住本质的能力，以及着眼发展、科学预见的判断能力。只有这样，策划人才能够保证策划的针对性，找到解决问题的关键所在，获得策划的成功。

"察人之所未察，见人之所未见"是对策划人洞察力要求的具体描述，策划人应该善于从过去和现在的资料文献中发掘具有创意策划的重要素材。

洞察力有时也被称为对事物发展变化的敏感力和分析力，也称观察力。这是策划人应具备的最基本素养。

六、整合能力

策划人不是比别人更高明，而是在于把各种资源要素整合在一起，协调各方面的力量形成合力，达到策划目的。

有一位策划人曾经给策划下了这样一个定义：策划，就是利用自己的头脑将别人的金钱、别人的产品、别人的信息都归己所用。正如被誉为"策划之神"的美国百货业巨子约翰·华那卡在实践经验中总结的成功策划方程式那样：成功的策划 ＝ 他人的头脑＋他人的金钱。

这也说明作为策划人，应该具有整合的能力。

策划人的整合能力，基于他的理性思维能力，即在一定理论指导下的系统思维，还在于策划人对信息情报资源的大量、合理、高效的占有能力。所以策划人的整合能力是有前提的，只有在他占有足够多的信息，并且在具有理性分析之后进行合理的取舍，才能使策划活动具有创新性和创造性。

七、执行能力

策划人在构思之后，自然就应当采取实际的行动，策划人不仅要勤于思考，更要敏于行动。有时实际操作能力甚至成为策划方案能否成功的最后关键之所在，何况策划不仅是制订策划方案，还必须设计出切实可行的操作流程和方式，尤其是基层的策划人员在必要时要指挥、监理甚至具体操作执行。

如果说作为总策划或首席策划，主要的工作是解决定性与定位的问题、考虑整体的战略问题，那么作为一般的策划人员，则主要是更多地考虑定量的战术和具体问题，他们要参与许多实际的操作过程，如市场调研、信息收集反馈、广告制作与监测、媒介的组合、销售队伍的培训、营销组合及推广等。因此，"纸上得来终觉浅，绝知此事要躬行"，仅仅是空谈，无法成为一名成功的策划人员。

第三节 影响策划人员的不良因素

根据现代策划的特点和要求，作为一个出色的策划者，要想策划出超凡脱俗的经典方案，最主要的是要冲破旧的观念和习惯势力的影响，尤其应摆脱以下一些不良因素的制约和束缚：

一、破除畏惧心理

人的创新活动在本质上是传统的，而传统的东西又总是比较强大的。这就特别需要策划者去克服畏惧心理，一往无前地去拼争，在强手如林的策划世界中争得一席之地。

二、克服习惯势力

思维定式的积极面在于保持思维活动的稳定性和一致性，表现为知识经验的积累和思路的流畅；其消极面在于阻碍人类思维的灵活性，反映出思维活动的惰性和呆板，表现为思路的陈旧和狭窄。一个策划者只有利用其积极的一面，克服其消极的一面，才易于形成正面的判断，产生出奇制胜的效果。

三、相信自己，打消自卑

在创造难题面前，人之所以会产生自卑，其主要原因就在于对创造的本质缺乏正确的认识，过高地估计创造活动的难度，过分相信已有的原理或结论。

在真正的创新活动中，人是没有高低贵贱之分的，也没有难以逾越的鸿沟。只要相信自己，敢于向权威和现实挑战，善于思考问题，不怕失败，就一定能收到意想不到的奇效。

四、摆脱怠情，勤奋自励

从历史上看，创新总是与勤奋者、勇敢者为伴。那些贪图安逸而不肯吃苦，缺乏不达目的誓不罢休的顽强精神的人，不会成功。对策划者来说，在仰慕创新者的辉煌战果时，切莫忘记其过程的艰辛。要知道，创新者的每一个进步、每一次成功，都是血汗铸成的。策划者只有以不畏艰险的胆量和毅力，勇敢地接受人生的挑战，不怕挫折，不怕失败，尽心尽力地去参与社会竞争，才能为人类社会的进步作出自己应有的贡献。

被西方传媒誉为“蓝色巨人救世主”的 IBM 公司总裁路易斯·格斯特纳的创新能力就使得 IBM 重振雄风，取得辉煌的业绩。

绰号“蓝色巨人”的 IBM 公司，鼎盛于 20 世纪 80 年代后，曾经雄居于《财富》杂志评选的世界 500 强的第二位，长期以来 IBM 执世界计算机产业之牛耳，被视为美国科技实力的象征和国家竞争的堡垒。但是，进入 20 世纪 90 年代后，整个计算机产业的竞争格局发生了重大的变化，由少数大公司垄断技术、瓜分市场的昔日美景已经散尽，个人电脑和工作站技术发展迅速。但 IBM 公司没有及时进行创新，仍坚持以大型主机系统为核心的经营战略，错失良机。从 1991 年开始公司连续三年严重亏损，1993 年更是创下了美国企业年度经营亏损 81 亿美元的天文数字。股东的信心严重受损，股价一路下滑，从 1987 年的 175 美元跌到 1993 年的 41 美元的最低谷，美国舆论称之为“国家的灾难”，就连刚上台不久的克林顿总统也对此深表惋惜，这时的 IBM 已经到了最危急的时刻。前任总裁埃克斯引咎辞职，而路易斯・格斯特纳临危受命，接任 IBM 公司总裁职务。

这位靠经营香烟和快餐起家，对计算机外行的人，正是靠着不断的创新，使 IBM 恢复了往日的辉煌。

他认为 IBM 公司最需要的是一种远见，而这种远见来自于创新。他在接任总裁后，对人事、技术、营销、合作等各个方面进行破旧立新。经过 4 年的努力，1997 年 IBM 公司的营业额为 785 亿美元，取得 68 亿美元的税后净利润（IBM 公司易主的 1993 年亏损达 81 亿美元），股价也达到了空前的 185 美元的水平，比最低的 1993 年翻了 4 倍。由此可见，策划人应该具有捕捉信息和不断利用信息进行创新的能力。

第四节　策划人才的协作精神要求

对于现代策划从业人员来说，良好的协作精神是非常重要的。因为现代意义上的策划早已不是传统的“一个好点子”，或某个人物的“灵光一闪”。现代策划已演变成一个系统化的工程，需要各有所长的人才组成策划团队，同心合作，共同攻关。一个好的策划方案一定是策划团队精诚合作的结果，一个优秀的策划人才也一定是善于与他人合作、善于在交流和互补中谋求成功的人。因此，有志于策划事业的人一定要注意培养协作意识，而就策划行业来说，它所要求的协作精神主要有以下几个方面：

一、寻找团队积极的品质

在一个团队中，每个成员的优缺点不尽相同，应该积极寻找团队成员中积极的品质，并且学习它，让自己的缺点和消极品质在团队合作中被消灭。团队强调的是协同工作，较少有命令和指标，所以团队的工作气氛很重要，它直接影响团队的工作效率。如果团队的每位成员都去寻找其他成员的积极品质，团队的协作就会变得很顺畅，团队整体的工作效率就会提高。而且在整体的策划活动中，每个人所做的事都可能只是整个策划方案的一部分，或是某一个步骤，只有每个人按预定的方法和方式完成各自的工作，策划方案的实施才可能真正成功。所以，一个缺乏团队精神的策划人员是不容易融入团队并做出优异成绩的。

二、积极倾听他人的意见和建议

积极的倾听是一项需要掌握的重要技能，它比只是尽量看起来对别人正在说的感兴趣更为重要。它包括聆听人们正在说什么，观察他们的面部表情，察觉到他们的犹豫并对他们的谈话作出反应。

倾听是交流过程的重要组成部分。发送者把他的想法或念头编译成某种形式传达给接收者，接收者必须将其准确地破译成理解信息，接收者通过反馈的方式告知发送者已经收到并理解信息。有效的倾听要求倾听者态度积极、表示理解、认可他人、敏感并且专注。策划人必须有开放而积极的态度，有效的倾听意味着在回应他人之前真的想听取他人的想法。

策划人倾听他人谈话时要注意以下几点：

(1)尽量客观地看待其他人的举止言辞。

(2)避免对他人妄加评论。

(3)承认谈话者的意见和建议的价值，即使自己并不同意他们的意见。

(4)给谈话者尽可能充分的时间来表达他们的想法。

(5)利用眼神展示你的真诚。

只有真正听取他人的意见和建议，才可能使策划方案更具有客观性，更具有切实有效的实际操纵能力，也更加符合市场的内在规律，并利于策划方案的有效成功。

三、时常检查自己的缺点

策划人应该时常检查一下自己的缺点，比如自己是不是对人冷漠，或者言辞锋利。这些缺点在单兵作战时可能还能被人忍受，但在团队合作中就会成为其进一步成长的障碍。团队工作中需要成员在一起不断地讨论，如果策划人固执己见，无法听取他人的意见，或无法和他人达成一致，团队的工作就无法进展下去。

团队的效率在于配合的默契，如果不能达成这种默契，则团队合作不可能成功。如果策划人意识到了自己的缺点，不妨就在某次讨论中将它坦诚地讲出来，承认自己的缺点，让大家共同帮助自己改进，这是最有效的方法。当然，承认自己的缺点可能会让策划人感到尴尬，但最终还是会得到他们的理解和帮助。

四、征询不同经验或观点的人的意见

具体而言，可以从这些细节来入手，询问团队成员是否得到了领导以及周围其他人的公开、公平和真诚的对待。在团队形成不久，首先识别出他们认为最重要的困难并提出克服的办法。询问小组是什么阻止他们完成任务，征询他们关于如何克服困难的建议。强调综合性活动(诸如整个工作单元、团队等)。使用决策制定工具集中各种各样的观点，轮流发表意见(无领导小组技术)，采用唱反调的方法、德尔菲法(每一轮连续的讨论都会使观点更明确)等。在各种水平上互动，找出那些经常与自己意见相左的人。

五、保持足够的谦虚

团队中的任何一位成员都可能是某个领域的专家，所以，策划人必须保持足够的谦虚。任何人都不喜欢骄傲自大的人，这种人在团队合作中也不会被大家认可。策划人可能会觉得在某个方面他人不如自己，但更应该将自己的注意力放在他人的强项上，只有这样才能看到自己的肤浅和无知。谦虚会让策划人看到自己的短处，这种压力会促使自己在团队中不断地进步。

以上是协作精神的一些具体要求，但若想做到以上几点，还需要有一些心理素质及能力上的保障：首先，要培养健康的心理素质。这包括有必要的包容力、心理承受力、忍耐力等，因为策划是一件需要创意的事情，难免有观点和想法交锋的碰撞；而且策划由创意到实施有一个漫长的过程，其中难免会遇到许多困难，这需要策划人员以坚韧的毅力、健康的心态去面对。其次，要有良好的角色意识和实际操作能力。策划人要是一个“通才”，但并非“全才”，因此策划人要有良好的角色意识，善于分工协作，发挥各自的优点，形成整体合力。另外，良好的实际操作能力是协作的基础，因为策划实施过程中需要有方方面面的运筹把握，没有实际操作能力是行不通的。

第五节　策划人才的心理素质要求

策划是一项兼具艺术性与实践性的工作，从问题的研究到创意的形成再到策划的实施，这中间需要一系列艰辛的脑力劳动和体力劳动的付出。在这一过程中，势必会遇到各种各样的困难和阻力，可能来自主观策划思路上的堵塞，也可能来自具体实施过程中方方面面的障碍。这就需要策划人以良好的心态去面对困难，迎接挑战。因此，是否具备良好的心理素质，也将是一个人是否适合从事策划工作的重要检测标准。通常情况下，一个合格的策划人员要具备以下几方面心理素质上的要求：

一、保持自信

强烈的自信心以及追求目标实现的必胜信念是事业成功的基础，是人们行为的内驱动力，也是创新思维不竭的源泉。一个创意与策划人员，如果对自己从事的事业充满信心，那么成功的信息就会传入他的脑海，使他处于一种积极亢奋的心境。在这种情况下，一种强大的精神力量就会自然而生，人的潜能也会得到充分发挥，此时一切克服不了的困难、摆脱不了的困境，都不再是不可逾越的障碍，甚至还可以创造奇迹。

日本有所企业管理学校，其中的一门课程，便是要求学生们在一天中最热闹的时候，站在东京繁华的大街上向行人大声喊叫“我是天下第一”，用以增强学生的自信和朝气。据说从这所学校毕业的学生，大多成为成功的企业家和企业管理人员。作为一位策划人员，也应当拥有这样的勇气和信心，不要害怕被他人否定，在自己确定一项方案之后，就应当有勇气接受他人的批评与挑战，否则永远也做不出令自己满意的方案来。

二、积极果断

所谓果断，是指在复杂多变的困难条件下，辨析事情真相，机智灵活地衡量利弊，并迅速果断地作出决策和积极地贯彻实施。果断是创新心理的行动表现，是创新意识的外在化、行为化。我们知道，行动需要决策，然而任何决策都有风险，有百分之百把握的决策，其实已失去了决策的意义。只要有 60%的把握，就应当当机立断，不能有半点的犹豫与彷徨。智慧的头脑必须以果断的胆魄为翅膀，才能飞抵创意与策划成功的彼岸。

缺乏果断的判断是一种自卑的畏惧心理，持有这种心理的人总是谨小慎微、不敢冒险、不敢竞争，凡事总要三思而后行，结果就因为缺乏创新进取的能力而满足于现状，从而失去了成功的机会。所以，作为一位策划人员，应当克服这样的缺点。

三、坚韧不拔

所谓毅力，即坚韧性，是指人们为了实现一定的目的而去克服困难的心理过程和行动，是指人们坚定不移、不达目的誓不罢休的精神状态。毅力具有两个基本特征:坚持性和方向性。人的一生何其短暂,每一个创意与策划目标的完成,都是高强度的智力与意志活动,创意与策划人如果没有在一定时间里围绕某一目标持久而专一的热情与不达目的誓不罢休的决心,是不可能有真正的创新与成功的。

在创意与策划过程中,势必会遇到各种各样的阻力和困难,这时策划人能否一如既往地坚持下去,就取决于其毅力。在别人都已停止前进时自己仍坚持,在别人都已失望放弃时自己仍进行,在大多数人都反对时自己仍我行我素,这是需要相当大的勇气的。倘若策划人总能坚持自己的意志,总能忍耐,那么最后的成功必将属于他自己!

四、处变不惊

策划人必须具备应变能力。现代社会瞬息万变,尤其是经济市场更是变幻无穷,在一个企业中,与这个瞬息万变的市场打交道最多的就是策划人。策划人这一职位的特殊性,要求他不但要习惯面对瞬息万变的市场环境,而且还要能够对眼前的变化迅速做出相应的反应,即拿出自己的策划对策。这就要求策划人必须具有很强的随机应变的能力。一个人对某件事物处理的正确程度,与这个人的智商水平、经验以及他在这件事上所花费的思考时间成正比。也就是说,一个人的智商水平越高,处理各类事物的经验越丰富或者他在这件事情上的思考时间越长,那么,他对这件事物处理的正确程度也就越高。

如果一名策划人想要提高自己的随机应变能力,我们认为,他可以在以上三个方面多下下功夫。就智商水平而言,虽然有人说是天生的,但是,有科学实验证明,通过后天的不懈努力和锻炼,人的智商是可以进一步提高的;至于经验,虽然和一个人的年龄以及阅历密切相关,但通过大量的阅读和主动的学习,可以弥补一个人在年龄和阅历上的不足;而从表面上看,思考时间似乎和随机应变能力是冲突的,但是,如果我们变换一种思考方法,就可以使思考时间成为随机应变能力的有益补充,即一个人要勤于思考、善于思考,率先对事物的变化进行预测,然后,多花时间想出各种应付方法并权衡利弊,这样,在事物突然发生时就可以较为自如地进行处理。

课后练习

1. 策划人应掌握哪些知识水平和业务素养?
2. 策划人才的基本能力要求有哪些?

案例思考

这是一场面试的最后阶段。招聘企业是世界500强的大公司,招聘岗位是高级营销人员,待遇十分优厚。而经过几轮PK,最后站在考官面前的是4位各方面表现都很优秀的名牌大学毕业生。

严肃的考官公布了最后一条考题:"假如你是一个花店的老板,2月14日情人节你进了许多玫瑰花,但在这一天你没有卖完,那么在2月15日,你怎样才能把剩下的玫瑰花处理掉？”

这看似是一个很随意的问题，但又联系实际，很能考察应聘者的销售、思维、应对及创新能力。

第一个面试者思考了一会，很自信地说：“由于玫瑰花很快会失去新鲜感，所以我必须在 2 月 15 日这天把玫瑰花卖出去。我会动员我的员工，让大家带上玫瑰花去街头、饭店、酒吧推销，我还会在酒吧里搞一个活动，我会主打温情牌，大声喊出我们的口号——‘明天我依然爱你’。”

对这位面试者的销售创意，几位考官反问：“你说的这些卖花方式，去街头、饭店、酒吧推销，在 2 月 14 日那天你肯定都做过，在最正确的时间、最正确的地点，你的玫瑰花都没有卖完，你有把握 2 月 15 日用同样的方式把玫瑰花卖掉吗？”该面试者无言应对。

第二个面试者是个女孩，她说：“我会降价处理，2 月 15 日，卖 10 元一朵的玫瑰花，我会 5 元一朵叫卖。这样利润当然会少了点，但这不仅能把玫瑰花处理掉，还会提高我们花店的人气，让顾客收藏我们店，吸引回头客！”

对此方式，考官评判说：“降价是商界的大忌，是最没有智慧的销售方式，也是最危险的。你今天降价，明天还需降价，你只有在不断降价中才能卖掉东西，长此以往，结果可想而知。”

第三个面试者是一个看上去很成熟的毕业生，他说自己大一就创建了自己的团队，大二加入了学生会，大三有过半年的销售经历，大四曾在有名的大企业做过实习生。他说：“2 月 15 日，我选择去中小学校门口卖玫瑰花，当然不是让学生之间送玫瑰花，而是通过学生送给他们的父母。现在的学生口袋里都有钱，学生的钱也是最好赚的。买一朵玫瑰花送给父母，可以表达感恩，也可以买一朵玫瑰花让爸爸送给妈妈，能够提升父母的情感，让家庭显得温馨。”

对这个面试者的创意，有位考官予以点头，肯定了他的思路，但考官又为面试者担忧：“中小学生是对世界认识还未成熟的群体，是最不能把握的，家长、老师都控制不了他，你怎样才能确保让他主动掏钱买玫瑰花？”

该面试者同样不知所措。

现在就剩第四个面试者了。他在回答考题之前，首先说：“我想这个考题本身就是一个陷阱，对我来说是一件不存在的事。因为我既然进了那么多玫瑰花，就有把握能在 2 月 14 日售完。假如不能售完，这本身就是一个失败的销售者。”他的话令考官眼前一亮。该面试者继续说：“假设玫瑰花在情人节那天没有卖完，那第二天我会去火车站、机场推销我的玫瑰花。因为刚刚下车、下飞机的人前一天大多在旅途中度过，没有和爱人在一起，所以这时候我就选择他们作为我的待购人群，向他们推销玫瑰花。让他们带一朵玫瑰花回家，或者是去见自己爱的人，我想他们是乐意的。”

他的回答让考官叫好。自然，最后应聘成功的，也就是这位了。

有一句名言叫“要么创新，要么死亡”，说得并不为过。一个人、一个企业，如果没有标新立异的精神和独树一帜的追求，如果不打破陈旧的思路和固定的模式，如果只是一味地因循守旧，不能创造性和批判性地发展，那是很难有所成就的。

[要求]　通过这个故事，请思考，我们在日常的策划工作中，应该怎样提升自己打破思维窠臼？

本章实训

读书的2/8原则

此原则可以作为短时间内通读全书的方法。2/8原则是区别对待二元事物的一个最常见的原则。比如，一个企业有两大类产品，一类赚大钱，一类赚小钱，赚钱的总数是大钱占80%，小钱占20%，但是，销售掉的产品数量却是赚大钱的产品仅仅销售了20%，而小钱产品却达到销售数量的80%。这就是2/8原则最常见的表达方式。

一本图书也一样，有80%价值的部分可能仅仅占20%的页码，这些精华内容构成了本书的80%的价值。这就是2/8原则。那么，作为读者，你应该如何来阅读这本书呢？

通常一本书最有价值的是作者的思想，然而思想的总量总是较少的，但是，为了阐述思想，作者通常要花费大量的多达80%的文字和笔墨来叙述观点的形成过程，或者证明其观点正确的事例，这些文字通常是感性的，通常是非常容易阅读的，是趣味横生的内容，是读者不用调用左脑就可以轻易理解，并唤醒右脑中的感性印象的内容。通常这些内容不过是作者的写作技巧，却不是其真正有价值的思想观点。但是，人类不习惯做困难的事情，或者只要有阻力，物体之间就是要形成摩擦，从而阻止物体之间相对运动。读者与作者不过是一种互相理解的相对运动，当内容形象、感性的时候，相对运动容易发生，读者会不断延续阅读的惯性，一旦阻力较大，通常是作者的真知灼见，需要读者用左脑思考一下才可以理解和领会的时候，读者的阅读速度明显下降，由通常的每分钟阅读400字的速度下降为每分钟阅读80字。

因此，2/8原则阅读法是指一种阅读时间的分配，根据读者的阅读能力并结合内容来进行的一种有效率的分析。比如读者擅长形象思维，那么就跳跃来阅读，选择其中的感性内容来阅读。如此阅读，虽然没有机会品尝作者的真知灼见，但是，你完全可以通过自己的悟性瞬间开窍，豁然开朗，突然明白了作者的核心意图，这也是一种阅读境界。如果读者擅长理性思考，那么也可以跳跃地阅读那些核心的、关键的部分，都是作者的思想，这样的阅读如同在与作者交谈，思想的碰撞也许可以让你发现这些思想居然也可以应用到周围的生活中，于是，这本书就升华了，可以启发你更多的思路，从而超越作者，从读者的层面上升到评论者的层面，这通常是20%的文字带来的收获。

1. 在曾经读过的书中，哪一本对你影响最深？

2. 在阅读的过程中：

(1)你一次连续阅读最多的一次，阅读了多少页？

(2)你开始认真阅读是从第几页开始的？

(3)你估算一下这本书总共阅读了多少页？

(4)不要翻阅图书，你估算一下，你可以记得这本书中的几个故事？(有情节的，有细节描述的，大量的形容词的)

(5)不要翻阅图书，你估算一下，你可以记得这本书中的几个观点？(或者结论，看法，总结性的语句等)

(6)你是否进行过跳跃阅读？如果有，最大的间隔页码是多少页？

(7)你是否在阅读时做过任何笔记,哪怕是写在书中的,请统计一下你的笔记的字数,有多少字?

(8)你知道身边认识的亲朋好友中有几个人在阅读这本书?

(9)你知道与这本书内容类似的任何一本书吗? 知道几本?

(10)你知道这本书的作者自己最感兴趣的是哪个章节吗?

3. 请填写现在从老师处领到的书籍名称,并对名称进行名词解释。

4. 如果你是本书的作者,你会如何构思本书的结构? 请写出大纲。

5. 将自己的大纲与目录对照,发现不同之处,并找出自己和作者在思维上的差异。

6. 花一周的时间通读全书。要求:

(1)能复述本书的结构及主要内容;

(2)能清楚对其中的某一章节进行深入讲解;

(3)将深入讲解的章节制作成 PPT(最多不超过 10 页),在 15 分钟之内陈述完毕。

集中优势精力原则

首先,在一段时期内将所有的精力都集中在一个主题上,不能杂。

锁定一段时间内,集中攻克一个主题,比如有关执行的主题,或者有关时间管理的主题。在任何主题下可以发现两种类型的图书:一种是学校采用的教科书,一种是店面图书。这两者有基本的区别:前者比较抽象,后者比较形象;前者比较系统,后者比较凌乱;前者比较理论,后者比较具体;前者是概念,后者是实用。在一个主题内建议选择两种类型的图书同时展开阅读。

其次,在一个具体的时间片段内,集中在一本书的几个章节上,不能动摇。

根据 2/8 原则,一本书中 80%的精华仅仅占 20%的页码。因此,在一个时间片段中,比如一个小时,集中突破这 20%的页码。这 20%随机可能发生在书中的任何一段,通常不会在第一章,也不太可能在最后一章。有几个线索可以让你快速锁定精华部分:(1)概念线索。(2)研究脉络搜索。(3)结构线索。(4)附录线索,如前言、序、后记、推荐等。(5)作者线索,如目录、索引、提要、注解等。

最后,集中优势精力的具体体现,即行动方法。

我们将阅读分为三个类型:第一种是了解信息类的阅读;第二种是辅助工作的、结合实际具体工作的阅读;第三种就是建立完整的体系,知识结构的阅读。当然,第三种阅读需要投入的精力相对来说更大,更加类似学术研究类型的阅读。

层级递进原则简介

第一:一本书阅读中的递进要诀

拿到一本商业图书,首先要决定阅读的次序,读者都是从一本书的开篇按照页码次序按部就班地阅读的,没有完成第一章的阅读,就不进入第二章,因此,许多读者在一本书的阅读过程中,永远停止在了某一页上,这一页之前的页面被翻过多次,因此页边都已经磨损,而这一页后面的页面没有翻阅过,如同新的一样。其实,高效率的阅读并不一定要按照页码的次序展开,这里介绍三个阅读次序线索:一个是兴趣线索,一个是难易线索,一个是实用线索。兴趣线索就是随便翻开一本商业图书,快速浏览,发现自己感兴趣的主题,就从那里开始阅读,完成一个兴趣部分后,可以重新快速浏览,寻找下一个兴趣点。第二个阅读次序线索就是难易线索，一本商业图书有表达作者观点的部分，也有用故事情节、描述性用语来解释例子的部分，如果你觉得阅读观点容易，那么就找这本商业图书中涉及的所有观点；如果你更加偏好阅读故事、阅读情节、阅读案例，那么你完全可以就阅读这本书中所有的案例。这个线索既有基于兴趣的导向，也有基于学习目的的导向。第三个线索就是实用线索，从图书中寻找结合你的具体工作最密切的内容开始阅读，如果不能做到举一反三，那就找最贴近你的情况的细节来阅读，而不要立刻阅读你不熟悉的领域的内容。否则会严重破坏你的阅读"胃口"，从而给你的阅读能力造成永久性伤害。

任何一本商业图书不过就三个核心内容：一个是商业现象的提炼和解释，以及可以参考使用的技巧或者方法(如从优秀到卓越、基业长青、高感性事业、蒙牛内幕、联想风云、商业书信手册等)；一个是商业思想的阐述和讲解(如水平营销、整合营销传播、销售巨人、企业行动纲领)；一个是商业体系的构建和发展(如运营与变革管理、战略大客户管理的七个关键、平衡计分卡、品牌三部曲、营销三部曲、战略三部曲、思考三部曲、系统思考)。基本来说，所有的商业图书都可以采用以上推荐的方法，不过需要你熟练，至少先从一本书开始尝试这个方法。没有任何人规定，除了学校教育以外，一本书必须要完全读完，只要书中有一个打动你的细节，有一个启发性的观点，有一个结合实际的联想和应用，这本书的购买价格已经得到了回报，这才是恰当的商业图书的阅读心态。不要强迫自己必须完整地阅读完一本书，支离破碎的阅读、随机阅读都是现实的阅读模式，三个线索都是可以借鉴采纳的阅读技巧。

第二：一个领域阅读的递进要诀

比如对客户采购行为的充分了解这个选题，就属于在一个领域中强化自己的见识，以及体验作者的感触，在选择领域内图书时要做到两个关注，分别是理论与实际结合程度的关注，以及领域广度与深度的关注。

就客户采购行为这个主题来说，属于单一选题的递进，需要培养在图书中寻找勾勒主题的框架的技巧，需要逐渐培养阅读旁通的技巧，既要掌握平级水平扩展内容的能力，也要就水平高低之间进行判断、鉴别。你可以通过以上的各种图书来尝试攻克客户采购行为这个领域。当然，对一个作者的理解和学习也可以通过作者不同年代的作品来递进，如大卫·艾克有《管理品牌资产》《品牌领导》《创建强势品牌》这样的三本不同年代完成的作品，就三部曲展开来理解一个作者的思想脉络，并把握其核心见解以及本质，从而勾勒出这个主题的框架，并通过寻找作者不同阶段对品牌的理解和诠释之间的差异化来构建自己的阅读范围。

这就是阅读递进原则的第二个方面，阅读商业图书切记不要贪多，从一个小的主题开始，首先要培养阅读的能力，以及对商业图书风格、文字形式，以及观点阐述和案例描述的习惯，形式的熟悉，不在于对内容的透彻理解，而在于对方法的掌握。你今天可能已经不记得几何定理了，但是，对空间的认识却牢固地建立在头脑中，这才是重要的。

第三：一个方法的递进

这是阅读的最高境界，也是最难掌握的阅读技能，涉及阅读的方法论的层面，需要透彻理解演绎法，从而掌握阅读的关键核心技能。演绎法是按照现有的事实、例子，以及已经公认的公理进行符合逻辑的推演，从而得到相应的新的看法和预测，或者是对一个主题的预测，或者是对一个作者的预测。或者是对不同主题背后共同逻辑的关联性启发，这是阅读的纵深层次的扩展，是阅读的最高境界，演绎手法在阅读中的应用可以跨不同的书籍、不同的主题、不同的领域。寻找不同主题之间的关联，构建系统的立体框架，从而把握阅读以及应用的核心方法论。

操作要求：

1. 请画出所读书籍的结构图。

2. 请记录其他学友就所陈述内容的提问。

3. 针对学友的提问，结合本周学习的阅读中的集中优势精力原则和层级递进原则温故而知新。

第五章

营销策划创意

其实，生活中，我们过多关注于自己工作或生活中的小城大事，也许平常很少注意的细节、很少留意的事情总是在或多或少的不加思索和考量的过程中产生和形成。尽量多地释放和平衡自己，我们或许能收获更多……

营销策划是一种创新行为，要创新，就要把创意贯穿于营销策划的过程之中，创意成功与否是营销策划成功与否的关键，从某种意义上说，创意是营销策划的灵魂。

第一节　创意的含义

创意是生存之父，创意是历史之母，创意是文明的发端，创意是文化的源泉，创意是科学的动力，创意是命运的契机……可以这样说，无论是文学、绘画、音乐、舞蹈、体育、政治、教育、经济等，几乎任何方面都离不开创意。

所谓创意，包含两层意思：一是指创造欲望，是人们心理上的一种强烈的发现问题和解决问题的冲动；二是意想不到的能带来效益的解决问题的方法，也就是创造性组成的一连串的"点子"。

何谓一个好创意？其判断标准主要有：别人没有想到；别人不会快速地复制与模仿；别人不会用更进步的方式加入竞争；是否会自己借钱来投资。

由定义可以引出创意以下三方面的内涵：

(1)创意来源于独特的心智，令竞争者无法模仿。创意必须以市场营销策略为依据，但高明的创意又不是市场策略的灌输，不能把营销策划简单文字化。

案例 5—1　"壁画小镇"

这个小镇从1858年起，就一直靠伐木业为生，当时伐木业很兴旺，小镇一直都发展得很不错。但是随着林木业的萧条，到了20世纪80年代初，小镇最大的一家纸浆厂也倒闭，没有工作，大家都开始搬离这座小镇，于是人口急剧减少，几乎就要成为一座空城。如何才能够拯救这座小镇？那么多游客到岛上来玩，都会去维多利亚来游玩，而这个小镇离维多利亚又那么近，如何才能够吸引到维多利亚游玩的游客，也能够顺便到小镇来游玩一下？

一位名叫卡尔·舒尔兹的加拿大人在罗马尼亚旅游时，在一座古修道院的墙上看到壁画，受到启发。回国后，他带头联合一批工商界人士提出一项小镇复兴计划，他们认为不能完全依赖传统产业来支撑小镇经济，发展观光产业是出路之一。

卡尔·舒尔兹想出的点子也很奇特，就是以很低廉的成本在墙上绘画，因为没人用过这种招式复兴经济，卡尔·舒尔兹等人认为，如果壁画质量达到世界水平，必定会吸引旅客的好奇及注意，在经过小镇时会止步浏览。他于是排除万难，默默耕耘，并力邀当时最好的画家共襄盛举，而壁画主题定为陈述"小镇的过去所为"！由于此方法奏效，游客数量不断攀升，更多画家加入义工行列，小镇还每年举办壁画节，庆祝活动定在每年7月第一个周末举行。

如今这里已经成为世界最大的户外壁画和雕刻作品聚集地。这座"曾经繁荣的小镇"通过壁画实现了经济转型。小镇日渐繁荣。这座位于温哥华岛上的小镇蜕变为童话般的所在，成为世界上罕见的壁画展厅，享有"户外艺术画廊"之美称，并被英国航空选为最值得推荐的观光地区。

(2)创意是用新的方法组合旧的要素的过程。这就提示了创意的本质——"创意其实就是在不断寻找各种事物、事实存在的一般或不一般的关系(要素之间的关系)，然后把这些关系重新组合、搭配，使其产生奇妙、变幻的创意"。

案例 5—2　互联网+红包

2015年1月26日，支付宝钱包8.5版本更新上线，APP图标上出现"亿万红包"的字样。用户在支付宝钱包的首页点击"新春红包"就能进入红包页面。红包形式有个人红包、接龙红包、群红包和面对面红包四种。红包可通过支付宝钱包的联系人列表发给自己的朋友，可分享给朋友和群，也可随机将红包分成多个小红包，以玩游戏的形式抢红包。红包是一种祝福，是一种美好向往，钱多钱少不是最主要的。在春节期间，网络红包的新时尚还能增添不少新鲜的喜气。

(3)真正使营销策划方案实施取得奇效并影响到消费者购买与否的是创意的内容，而不是它的形式。策划创意并非一个投机取巧的小花招，它是一条通向消费者、打动消费者的捷径，真正决定购买行为发生的，归根结底还是为之策划创意的产品。

互动一：连连看

连连看是我们都很熟悉的一个游戏：用三张纸写下名称、地点和行动，经过混合后重组，可能会得到各种结果，这个游戏其实是许多伟大创意的源头。

互动二：换个词

以“我爱你”为例，这个句子由三个词“我”“爱”“你”组成，现在把这三个词中的第三个换掉，当然也可以另外换其他两个词，就会得到一个个新的句子，比如：我爱汽车、我爱小狗、我爱巧克力……请你对新得到的句子给出一个合理的解释。“我爱汽车”，是不是有很多人都热衷于研究各种汽车？世界上有众多的汽车俱乐部。“我爱小狗”，所以有狗狗俱乐部、猫咪俱乐部。

第二节　创意的要求

创意作为一种创造性的辩证思维，具有不同于其他思维的要求。

一、积极的求异性

创意思维实为求异思维。求异性贯穿于整个创意形成的过程之中，表现为对司空见惯的现象和人们已有的认识持怀疑、分析和批判的态度，并在此基础上探索符合实际的客观规律。

二、睿智的灵感

灵感是人们接受外界的触动而闪现的智慧之光，它是在人们平时知识积累的基础上，在特殊情况下受到触动而迸发出来的创造力。灵感是随机迸发的，是不可刻意乞求的。但灵感是思维的积累，有知识、材料的积累，才有灵感的迸发。灵感产生于有准备的头脑。

三、敏锐的洞察力

敏锐的洞察力是创意者提出构想和成功地解决问题的方案的基础。缺乏洞察力，就会遗弃和漏掉大量的创意资源。

四、丰富的想象力

想象是表象的深化，想象力是人们凭借感知而产生的预见、设想。想象力是发展知识的源泉，也是推动创意发展的源泉。想象力包括联想、环想、设想、幻想，它是思维无拘束的自由驰骋，也是智慧的发散和辐射。想象力应该奇妙。只有出奇，才能在“山重水复疑无路”时，“柳暗花明又一村”；只有美妙，才能产生诱惑力和色彩斑斓的世界。

创意是营销策划的生命。没有创意的策划是生硬的拼凑或无趣的模仿；只有蕴含创意的策划，才是富有鲜活个性和持久影响力的策划，才是真正意义上的策划。

案例 5—3　××口香糖

嚼了××口香糖后牙齿健康得连汤匙都可以咬断 。人的原始冲动就是异想天开，但往往也是创意的来源。

案例 5—4　某减肥产品

这种减肥可乐连猫喝完后都苗条得可以钻老鼠洞。

案例 5—5　百事可乐

它并没有正面强调百事可乐有多么好喝，而是从侧面通过一个拟人的角色——“冰块”，连“冰块们”都争先恐后地想要跳入百事可乐的海洋中游泳！这既是“拟人”的应用，又是“联

想”的应用,令人不禁想起炎热的夏日,而口干舌燥。

案例 5—6 鱼罐头

罐头盖的一圈圈纹路似乎在形成水面一圈圈的涟漪,波纹的正中间浮现着一个鱼漂,还有一丝若隐若无的钓鱼线连在上面,体现了罐头里是实实在在、非常新鲜、刚刚上钩的鱼。

第三节 创意的表现形式

思维是人脑对客观现实概括的直接和间接的反映,它反映的是事物的本质与事物间规律性的联系。营销策划的创意过程不仅是一个充满思想与情感认识的过程,也是一个冷静与理智并存的思维过程,往往是多种思维活动的融会贯通,具有敏捷、灵活、变化等特点。创意在营销策划中的基本表现形式有以下几种:

一、形象思维与逻辑思维

形象思维又称直觉思维,是创意者依据现实生活中的各种现象加以选择、分析、组合,然后进行艺术塑造的思维方式。形象思维的过程中始终不能脱离具体形象,通过对社会生活进行深入观察、体验、分析、研究,再通过想象,运用典型化的方法塑造富有意义的艺术形象。生动性、具体性、实感性是这种方式的特点。

逻辑思维是通过采用科学的逻辑方法,准确而有条理地提示事物的本质,总结事物结论,与形象思维截然不同,是在人们认识过程中借助概念、判断、推理反映事实的过程。

案例 5—7 农夫果园差异化策略

由三种水果调制而成,喝前摇一摇。“摇一摇”形象直观地暗示消费者它是由三种水果调制而成,摇一摇可以使口味统一;另外,更绝妙的是无声胜有声地传达了果汁含量高——“因为我的果汁含量高,摇一摇可以将较浓稠的物质摇匀”。“摇一摇”的背后就是“我有货”的潜台词。

案例5—8 雕牌洗洁精——让盘子唱歌

"会唱歌的盘子才是干净的盘子",雕牌洗洁精的广告巧妙地用"唱歌的盘子"来表现产品的特点,直达消费者心底的干净感受,形象生动,印象深刻。

二、正向思维与逆向思维

正向思维是指人们沿袭某些常规去分析问题,按事物发展的进程进行思考、推测,是一种通过已知来揭示事物本质的思维方法。它具有常规性、传统性等特点。这种方法一般只限于对一种事物的思考。

逆向思维也称求异思维,是一种从相反的方向来考察事物,或者干脆把思考对象颠倒过来进行思考的方法。在创意过程中,这种思维对司空见惯的、似乎已成定论的事物或观点的反面深入地进行探索,引导人们透过事物的现象探究其本质,树立新思想,创立新形象。对同一事件的不同报道角度与主题的选择上往往体现了不同的思维方式。

(一)逆向营销思维的概念和特点

逆向营销思维就是归纳,强调从个别到一般,并且思维切入点比较特殊。因此,逆向营销思维方式可以定位为战术归纳战略、战术支配战略的反向思维方式。比如,企业的广告宣传等沟通战术应当支配并驱动企业的战略。纳粹德国陆军元帅隆美尔曾经说过:"如果战略不能在战术上得以贯彻,再好的战略也没有用。"

逆向营销思维的特点,可以从战术和战略的角度分析。

这里的战术,也可以叫创意。创意战术,是一种竞争性的心理上的进攻角度和视角。而所谓的战略并不是一种目标,而只是一种目标导向(Guide)。在逆向思维中,这些特点应当了解清晰。

战术是逆向营销思维中产生实际成绩的谋略,而战略则只是逆向营销思维中产生最大战术压力驱动的企业内在导向机制。比如,飞机设计中什么最重要?发动机还是翅膀?都不是,而是两者之间的关系。两者之间的关系决定了飞机能不能起飞。逆向营销思维中,战术解决的是飞机能不能起飞的问题,战略解决的是飞向哪里的问题。

(二)逆向营销思维过程中应当注意的问题

在逆向营销思维过程中,应当注意以下四个方面的问题:

一是产品本身的问题。逆向营销思维要求策划者面对市场,而不是产品本身;要求产品必须适应市场,而不是市场适应产品。

二是价格问题。逆向营销思维要求策划者在制定价格的时候,考虑的是市场本身,而不是同行或对手。

三是服务问题。在服务方面,逆向营销思维要求服务的差异性。

四是渠道问题。

总之,逆向营销思维只有在上述四个方面的一个或几个方面发生变化的情况下,才能进行符合实际的自下而上的战术行动。一般情况下,如果自上而下地思考,制定战略,然后再根据战略去制定战术,就会发现结果一定会有许多不同的战术。当然,大多数战术并没有什么执行的实际效果。而来自市场方面的四个要素的任何变化,逆向思维者都会在最短的时间内按最单一的战术和战略去应对，并且成功率很高。

三、垂直思维和水平思维

垂直思维又称收敛性思维，是指人们根据事物本身的发展过程来进行深入的分析和研究，即向上或向下进行垂直思考。这种思考方法就是传统的深思熟虑，思考重点是深度而不是广度，要求思考问题的人目标集中、用心专一，以思维的逻辑性、严密性和深刻性见长，它至今仍然是创意最经常、最基本的思考方法。

水平思维是指摆脱对某种事物的思维定式，从与某一事物相互关联的其他事物的分析比较中，另辟蹊径，寻找突破口，重新建构一种新概念、新创意的思维方式。这里强调的是寻求看待事物的不同方法和不同路径。

案例5—9 "采乐"去屑，挖掘药品新卖点

在漫漫十年的时间里，以营养、柔顺、去屑为代表的宝洁"三剑客"——"潘婷"、"飘柔"、"海飞丝"，几乎垄断了中国洗发水市场的绝对份额。想在洗发水领域有所发展的企业无不被这"三座大山"压得喘不过气来，无不生存在宝洁的阴影里，难以重见天日。后来的"舒蕾""风影""夏士莲""力士""花香"等更让诸多的洗发水品牌难以突破。"采乐""出山"之际，国内去屑洗发水市场已相当成熟，从产品的诉求点看，似乎已无缝隙可钻。而西安杨森生产的"采乐"去头屑特效药，上市之初便顺利切入市场，销售量步步上升，一枝独秀。

"采乐"的突破口便是治病。它的成功主要来自于产品创意，把洗发水当药来卖，同时，基于此的别出心裁的营销渠道——"各大药店有售"也是功不可没。

去头屑特效药，在药品行业里找不到强大的竞争对手，在洗发水的领域里更如入无人之境！"采乐"找到了一个极好的市场空白地带，并以独特产品品质，成功地占领了市场。

"头屑是由头皮上的真菌过度繁殖引起，清除头屑应杀灭真菌；普通洗发只能洗掉头发上的头屑，我们的方法是杀灭头发上的真菌，使用8次，针对根本。"以上独特的产品功能性诉求，有力地抓住了目标消费者的心理需求，使消费者要解决头屑的根本时，忘记了去屑洗发水，想起了"采乐"。

四、顿悟思维与灵感思维

顿悟思维是指对一个问题未经逐步分析，仅依据内因的感知迅速地对问题答案做出判断、猜想、设想甚至直接领悟事物本质的一种思维方式。直觉思维的主要特点有：(1)突发性——突如其来，稍纵即逝；(2)偶然性——偶然激发，难以预料；(3)不合逻辑性——并非依照逻辑规则按部就班地进行，可以是荒诞、怪异、变形，等等。

灵感思维是指人们在对某个问题百思不得其解的时候，由于受到某种偶然因素的激发而进行的快速、顿悟性的思维。它不是一种简单逻辑或非逻辑的单向思维运动，而是逻辑性与非逻辑性相统一的理性思维的整体过程。

案例5—10 米老鼠的诞生

美国人迪士尼曾一度从事美术设计，后来他失业了。原来他和妻子住在一间老鼠横行

的公寓里。但失业后，因付不起房租，夫妇俩被迫搬出了公寓。这真是连遭不测，他们不知该去哪里。一天，二人呆坐在公园的长椅上，正一筹莫展时，突然从迪士尼的行李包中钻出一只小老鼠。望着老鼠机灵滑稽的面孔，夫妻俩感到非常有趣，心情一下子就变得愉快了，忘记了烦恼和苦闷。这时，迪士尼头脑中突然闪过一个念头。他惊喜地对妻子大声说道："好了！我想到好主意了！世界上有很多人像我们一样穷困潦倒，他们肯定都很苦闷。我要把小老鼠可爱的面孔画成漫画，让千千万万的人从小老鼠的形象中得到安慰和愉快。"风行世界数十年之久的"米老鼠"就这样诞生了。

五、联系思维与倾向思维

联系思维是指运用事物存在着普遍联系的哲学观点，努力发现事物之间的联系，寻求新的发展机会的思维方式。

倾向思维一般是指通过接触到的某一事物，从一定倾向出发的思维模式。这是一种基本思维方式，因为人们在思维过程中，往往是以一定的目的、倾向而进行的思维活动。

案例 5—11　沃德曼和自来水笔

1884 年，沃德曼是欧洲一家公司的职员，一次他好不容易从几位竞争者中胜出，为自己的公司拉到一笔生意。但是当他递上一瓶墨水和一支当时人们使用的羽毛笔，请对方在合同上签字时，不料从笔尖滴下几滴墨水，把合同给弄脏了。更糟糕的是，合同上的关键字句被染得模糊不清。沃德曼只得请对方稍等片刻，让他去重新拿一张合同纸来。可是就在沃德曼离开的那一会儿，另一家公司的业务员乘机抢走了这笔生意。这使沃德曼十分沮丧，他认为问题出在那支羽毛笔上。强烈的悔恨与愤慨的感情，变成了一种巨大的力量，他决心研制一种使用方便、墨水能自动地均匀流出的笔。经过努力，沃德曼终于发明了自来水笔。

第四节　创意的产生过程

一、创意的构想

一个好的创意是从"联想"开始的，通过联想的万花筒，就会有千千万万个创意涌现出来。这种联想常称为创意暗示或灵感、模糊的印象、灵机闪现等。

当然，一个策划案并不是只能容纳一个创意，而是可以同时容纳几个策划创意。此外，针对一个策划主题，往往不只做一个策划案，而可能做出多个策划案来。

获得策划联想之后，便进入将其酝酿成具有实现可能性的策划创意，以便放在策划方案中。

并不是所有的联想点都能成为策划创意，而是必须做一番过滤、再加工、组合等，首先选出能够转化为策划创意的联想点。

如果联想点不是很多，那么可以直接进入策划创意的阶段；如果点子太多，就必须做一番选择、过滤，可以通过讨论和印象予以区分。将联想点一一写在卡片上，讨论如果将其转化为具体策划创意结果会如何。

另一种联想选择法是任由实际制作策划方案的人来挑选。在进入策划方案构想阶段的时候,仔细检查卡片,将合意的、有兴趣的留下,并进行联想创意化、策划方案化等一连串的作业。

二、创意线索的寻找

有了创意灵感,就要试着设定策划主题,在策划主题设定完毕后,主要考虑的是以什么样的创意来构成策划?而构成策划核心的创意又该如何想出来?这时就要设法搜集创意的线索。

不管有多么丰富的创意,如果不能将这些创意纳入策划案中,化为可能实现的创意,便不能称为创意。问题在于是否能够顺应策划主题,适时想出有效的创意。

构成策划的创意构想、构成创意的灵感启示,以及着眼点的探求方法之优劣与能力,对策划者来说都是非常重要的要素。

这里具体介绍几种寻找创意线索的方法:

(一)临时收集信息法

寻找策划构想或创意灵感的方法大致分为两种:一是从已有的知识、情报中探求,二是通过个人或集团的智慧而产生。

所谓已有的知识、情报,是指发表于杂志、书报上的知识,或登在专业刊物上的信息等。另一种通过智慧而产生创意是指将存在头脑中的信息,以及由外部收集所得的情报,加以选择、加工、变形、组合,从而整理出具有异质性的信息。

因此,要想寻找、产生灵感与创意,首先就要努力学习以掌握熟练运用既存知识与探求情报的方法。

(二)用体力寻找

用体力探寻的方法,不只是到书店或图书馆,还得拜访同业前辈及不同行业的人士,并多听座谈会,在会中勤发问,甚至到海外考察。此外,依策划主题的需要,有时也有必要访问厂商、批发商、零售商和消费者,不断努力下功夫,从各种关系人士处获得各种希望和灵感暗示。

用体力寻求创意的具体方法有:(1)建立经济报纸、行业刊物等的剪报资料;(2)专业杂志、相关杂志等的剪报或摘要抄录;(3)收集相关图书、学会报告;(4)收集竞争产品、周边领域产品的说明书、业务员手册等;(5)出席相关研讨会;(6)出席展示会、展览会、样品展销会等;(7)与相关部门商品、技术、销售专家交流;(8)与销售部门、中间商交流、面谈等。

通过这些渠道所得的情报、启示,或当时所想到的创意,可以收集、制作成资料剪贴簿或备忘卡,再一一整理。不过必须注意下列几点:

(1)对象范围不要只限于理论性的。凡和自己职务范围、兴趣范围乃至周围环境相关的事物,只要有点意思或值得注意的信息等,都可以毫不犹豫地列入收集范围。

(2)情报采用分类保存和活页处理。收集的情报、知识、构想等,一定要一张张、一项项分开保存,不要贴牢在剪贴簿上。这些信息可以拼印分类、整理在大纸袋里,而分类项目刚开始也只要大略区分就可以。剪报和备忘录做散页处理,是为了便于自由组合、对调顺序、抽取夹入方便起见。此外，印象性的分类，是为了策划时，可以凭印象从可能有关的分类中，获得最多的启示或构想。

创意和启示往往较缺乏理论性，而多具有感觉性或灵感性要素，因此资料分类不以理论而以印象区分更便于应用，也比较能发挥作用。

(三)现场寻找创意线索

注意，在寻找创意线索的时候不要与策划所必要的现场状况背离，而与事实不符。

不要忘记彻底调查为什么需要策划的事实所在。并且为了防止由关键语法和核对表法所获得的联想与现场实际情况脱离，必须下功夫使其密切结合。

案例 5—12　变色对策的策划

有一家涂料厂商，在推出新产品时，出货两三个月，现场(商店)就发出抱怨，说是“产品在店里变色了”。

于是公司内部召开紧急会议，决定：第一，火速收回全部产品；第二，找出变色的确实原因，紧急开发不变色新产品。

但营业部人员在现场发现只有极少数产品变色。于是决定中止全部商品的回收，只需查明变色原因。当他们仔细观察变色实物时，发现表面附着了大量油腻的灰尘，将灰尘除去之后，就露出完全没变色的表面了。当他们把产品发生变色情形的几家店铺记入地图时，发现这几家店铺都是面对汽车交通量极大的主要干道，也就是说，只是含有因汽车所产生废气的灰尘附着在产品表面。

最后的解决方案是，既不必收回全部产品，也不必紧急开发新产品，只要在这些交通量极大的主要干道外的店铺特别是大店铺多注意包装，或放进容器里，经常擦拭容器表面就可以。于是他们决定以后的全部商品都用透明纸包装，事情便可解决。如果不认清事实真相，那么变色对策的策划就可能走错方向了。

三、创意的产生

创意产生其实是人脑中意识活动的结果。人脑凭空不会产生创意，只有在获得外界信息的前提下，对信息进行整理、加工、组合，从而激发出暗示、灵感、突发念头等层次的“联想”，酝酿成可能实现的构想乃至结构的层次，再予以整理、琢磨出来的，才是“创意”。下面介绍几种常用的头脑思维练习方法。

(一)创意思维常用练习方法

1. 头脑风暴法

头脑风暴法可分为直接头脑风暴法(简称头脑风暴法)和质疑头脑风暴法(也称反头脑风暴法)。前者是专家群体决策尽可能激发创造性，产生尽可能多的设想的方法；后者则是对前者提出的设想、方案逐一质疑，分析其现实可行性的方法。采用头脑风暴法组织群体决策时，要尽力创造融洽、轻松的决策气氛，一般不进行评论，使人们突破逻辑思维的层面，使潜意识中富有创意的想法被表达出来。

头脑风暴法的操作程序为：

(1)准备阶段。负责人应事先对所议问题进行一定的研究，弄清问题的实质，找到问题的关键，设定解决问题所要达到的目标。同时选定参加会议人员，一般以5～10人为宜。然后将会议的时间、地点、所要解决的问题、可供参考的资料和设想、需要达到的目标等事宜一并提交与会人员，让其到会前能有目的地进行准备。

(2)热身阶段。这个阶段的目的是创造一种自由、宽松、祥和的氛围，使大家得以放松，进入一种无拘无束的状态。主持人宣布开会后，先说明会议的规则，然后随便谈点有趣的话题或问题，让大家的思维处于轻松和活跃的境界。如果所提问题与会议主题有着某种联系，人们便会轻松自如地导入会议议题，效果自然更好。

(3)明确问题。主持人简要地介绍有待解决的问题。介绍时须简洁、明确，不可过分周全，否则，过多的信息会限制人的思维、干扰思维创新的想象力。

(4)重新表述问题。经过一段讨论，大家对问题已有较深程度的理解。这时，为了使大家对问题的表述能够具有新角度、新思维，主持人或书记员要记录大家的发言，并对发言记录进行整理。通过记录的整理和归纳，找出富有创意的见解，以及具有启发性的表述，以供下一步畅谈时参考。

(5)畅谈阶段。畅谈是头脑风暴法的创意阶段。为了使大家能够畅所欲言，需要制订的规则是：第一，不要私下交谈，以免分散注意力。第二，不妨碍他人发言，不去评论他人发言，每人只谈自己的想法。第三，发表见解时要简单明了，一次发言只谈一种见解。主持人首先要向大家宣布这些规则，随后导引大家自由发言、自由想象、自由发挥，使彼此相互启发、相互补充，真正做到知无不言、言无不尽、畅所欲言，然后将会议发言记录进行整理。

(6)筛选阶段。会议结束后的一两天内，主持人应向与会者了解大家会后的新想法和新思路，以此补充会议记录。然后将大家的想法整理成若干方案再进行筛选。经过多次反复比较和优中择优，最后确定1～3个最佳方案。这些最佳方案往往是多种创意的优势组合，是大家集体智慧综合作用的结果。

互动：头脑风暴游戏

目的：(1)培养产生创造性的观点，(2)理解创造性思维的意义。

人数：5～7人一组

时间：15分钟

材料：矿泉水瓶子

场地：不限，最好是带沙发的舒舒服服的休息室

任务：在1分钟以内尽可能多地想出矿泉水瓶子的用途，每组选一人记载本组所想出的主意的数量，在一分钟之后，推选出本组中最新奇、最疯狂、最具有建设性的主意，想法最多、最新奇的组获胜。

规则：(1)不许有任何批评意见，只考虑想法，不考虑可行性；(2)想法越古怪越好，鼓励异想天开；(3)可以寻求各种想法的组合和改进。

讨论：(1)你是否会惊叹于人类思维的奇特性，惊叹于不同人想法之间的差异性？

(2)头脑风暴对于解决问题有何好处，它适于解决什么样的问题？

2. 六帽思考法

六帽思考法是英国学者爱德华·波诺(Edward de Bono)博士开发的一种全面思考问题的模型，是指使用六种不同颜色的帽子代表六种不同的思维模式。

白色思考帽:白色是中立而客观的。戴上白色思考帽,人们思考的是关注客观的事实和数据。

绿色思考帽:绿色代表茵茵芳草,象征勃勃生机。绿色思考帽寓意创造力和想象力。人们思考的是还有哪些不同的创造性的新想法。

黄色思考帽:黄色代表价值与肯定。戴上黄色思考帽,人们从正面考虑问题,表达乐观的、满怀希望的、建设性的观点。

黑色思考帽:戴上黑色思考帽,人们可以运用否定、怀疑、质疑的看法,合乎逻辑地进行批判,尽情发表负面的意见,找出逻辑上的错误。

红色思考帽:红色是情感的色彩。戴上红色思考帽,人们可以表现自己的情绪,还可以表达直觉、感受、预感等方面的看法。

蓝色思考帽:蓝色思考帽负责控制和调节思维过程。它负责控制各种思考帽的使用顺序,它规划和管理整个思考过程,并负责做出结论。

六帽思考法的应用步骤:(1)陈述问题事实(白帽);(2)提出如何解决问题的建议(绿帽);(3)评估建议的优缺点,即列举优点(黄帽),列举缺点(黑帽);(4)对各项选择方案进行直觉判断(红帽);(5)总结陈述,得出方案(蓝帽)。

互动:分小组用六帽思考法分析近期某一行业热点问题。

3. 思路提示法

思路提示法也称十二聪明法,目前已在多国流传应用,就是把原有产品通过加一加、减一减、扩一扩、缩一缩、变一变、改一改、联一联、学一学、搬一搬和反一反等方法来寻找创意的方法。

案例 5—13　生活中的思路提示法

把普通的鞋子加一加就变成短靴,减一减就变成拖鞋。把传统时钟缩一缩就有了闹钟,再缩一缩就有了手表。把传统百货店扩一扩就有了百货商场,再扩一扩就形成了购物中心。

4. 其他创意方法

(1)脑力激荡法。脑力激荡法是最为人所熟悉的创意思维策略,该方法由奥斯本(Osborn)于1937年所倡导,强调集体思考的方法,着重互相激发思考,鼓励参加者于指定时间内,构想出大量的意念,并从中引发新颖的构思。脑力激荡法虽然主要以团体方式进行,但也可在个人思考问题和探索解决方法时采用以激发思考。该法的基本原理是:只专心提出构想而不加以评价;不局限思考的空间,鼓励想出越多主意越好。此后的改良式脑力激荡法是指运用脑力激荡法的精神或原则,在团体中激发参加者的创意。

(2)三三两两讨论法。此法可归纳为每两人或三人自由成组,在三分钟限时内,就讨论的主题,互相交流意见及分享。三分钟后,再回到团体中作汇报。

(3)六六讨论法。六六讨论法(Phillips 66 Technique)是以脑力激荡法作为基础的团体式讨论法。方法是将大团体分为六人一组,只进行六分钟的小组讨论,每人一分钟。然后再回到大团体中分享及做最终的评估。

(4)思维导图法。思维导图法(Mind Mapping)又称为心智图法、脑图法,是一种刺激思维及帮助整合思想与信息的思考方法,也可以说是一种观念图像化的思考策略。此法主要采用图志式的概念，以线条、图形、符号、颜色、文字、数字等各样方式，将意念和信息快速地以上述各种方式摘要下来，成为一幅心智图（Mind Map）。结构上，具备开放性及系统性的特点，让使用者能自由地激发扩散性思维，发挥联想力，又能有层次地将各类想法组织起来，以刺激大脑做出各方面的反应，从而得以发挥全脑思考的多元化功能。

（5）曼陀罗法。曼陀罗法是一种有助于扩散性思维的思考策略，利用一幅九宫格图，将主题写在中央，然后把由主题所引发的各种想法或联想写在其余的八个圈内，此法也可配合“六何检讨法”从多方面进行思考。

（6）逆向思考法。逆向思考法是可获得创造性构想的一种思考方法，此法可分为七类，如能充分加以运用，创造性就可加倍提高。

（7）分合法。分合法（Synectics）是戈登（Gordon）于 1961 年在《分合法：创造能力的发展》（*Synectics: the Development of Creativity*）一书中提出的一套团体问题解决的方法。此法主要是将原不相同也无关联的元素加以整合，产生新的意念/面貌。分合法利用模拟与隐喻的作用，协助思考者分析问题以产生各种不同的观点。

（8）属性列举法。属性列举法（Attribute Listing Technique）是克劳福德（Crawford）于 1954 年提倡的一种著名的创意思维策略。此法强调使用者在创造的过程中观察和分析事物或问题的特性或属性，然后针对每项特性提出改良或改变的构想。

（9）希望点列举法。这是一种不断地提出“希望”“怎样才能更好”等的理想和愿望，进而探求解决问题和改善对策的技法。

（10）优点列举法。这是一种逐一列出事物优点的方法，进而探求解决问题和改善对策。

（11）缺点列举法。这是一种不断针对一项事物，检讨此一事物的各种缺点及缺漏，并进而探求解决问题和改善对策的技法。

（12）检核表法。检核表法（Checklist Method）是在考虑某一个问题时，先制成一览表，对每项检核方向逐一进行检查，以避免有所遗漏。此法可用来训练员工思考周密，及有助于构想出新的意念。

（13）七何检讨法（5W2H 检讨法）。七何检讨法是“六何检讨法”的延伸，此法的优点是提示讨论者从不同的层面去思考和解决问题。所谓“5W”，是指：为何（Why）、何事（What）、何人（Who）、何时（When）、何地（Where）；“2H”是指：如何（How）、何价（How Much）。

（14）目录法。目录法比较正统的名称是“强制关联法”，意指在考虑解决某一个问题时，一边翻阅资料性的目录，一边强迫性地把在眼前出现的信息和正在思考的主题联系起来，从中得到构想。

（15）创意解难法。美国学者帕纳斯（Parnes）（1967）提出“创意解难”（Creative Problem Solving）的教学模式，是发展自奥斯本所倡导的脑力激荡法及其他思考策略，此模式重点在于解决问题的过程中，问题解决者应以有系统、有步骤的方法，找出解决问题的方案。

（二）创意的产生方法

创意的成功可以使策划满盘皆活，而产生创意需要一定的方法，故掌握创意的产生方法是营销策划人员不可或缺的一项重要技能。创意的产生方法一般可以归纳为三个方面：组合、改良和用途。

1. 组合

组合，就是把旧元素加以新的组合。用一位因创意而扬名全美国的广告大师(詹姆斯·杨)的话形容就是："创意完全就是旧元素的新组合"。

以组合的观点来分析"创意到底是什么"可概括为"创意＝A＋B"，即：

创意＝情报＋情报

创意＝情报＋物

创意＝物＋物

2. 改良

所谓改良，就是把旧产品缩小、放大、改变形状或改变功能。所有的产品，除了第一代是新发明外，以后都是经由"改良"逐步完成的。

改良，在策划中的含义就是将旧产品或旧事物改进，使其具有新的功能。"改良"是创意的重要来源，近似哈佛大学李维特所说的"创造性模仿"。创造性模仿绝非仿冒，它的基本精神正如管理学大师彼得·德鲁克所言："创造性模仿者并没有发明产品，它只是将创始产品变得更完善。或许创始产品应具备一些额外的功能，或许创始产品的市场区间欠妥，须调整以满足另一市场。"

3. 用途

这里的用途就是发展事物的新用途，或是改变事物的用途。事物本身无任何改变，只是换了个角度或换了一种眼光去看待该事物而已。这是认知的改变。

第五节 创意产生的自我训练法

经济学家张五常在一次接受我国香港《号外》杂志的访问时，回想他一边写博士论文一边学摄影的往事，正当他的学术成就纷至沓来之时他的摄影作品也屡获嘉奖，左右逢源而又分身乏术，不由感叹："如今我知道莫扎特的感受了。"

人的创造潜能之雄厚远超过我们想象。只要经过有计划的训练，你也可能找到"莫扎特的感受"。

一、观察训练法

创意的第一个基本动作是"观察"。当你看到的东西不一样，你想的东西也就与众不同。"观察"不是天赋，而是一种耐心的训练，必须经过长期有意识的练习才行。

观察力的训练没有捷径，必须给自己设定强迫性的"观察"课程。一个策划人应该随时利用机会，锻炼自己的观察能力。

比如，你可以在休息时间观察同事打电话的姿势，把它们分别记录下来，并且分类；你可以利用外出就餐的时间，盯住一个食客，观察他吃饭的每一个细节，回家把它记录下来，并指出那个人最特别的地方。

再如，逛街的时候，观察每家商店的服务员，把他们的衣着、年龄、特征记录下来，试着追究他们的外观与店里卖的东西有什么关系。

有了观察的能力，有了细节的记忆，你还要对抗“习惯”，反手刷牙就是培养你对抗习惯的能力。然后，你就可以把“反手刷牙”训练带入工作，开始想这些问题：我做这项工作已经很长时间了，每天都是这样办的，能不能改变一下方法呢？我每次总是把甲类的工作交给张三去办，把乙类的工作交给李四去做，是不是可以给他俩换个机会呢？我们一向相信这样做广告是对的，可是这真的对吗？还是仅仅出于一种习惯？除了我们一向采用的行销渠道之外，我们还有另外的途径接触到消费者吗？

二、图像记忆训练法

“专业创意人”詹宏志主张：“你除了要观察，还要把画面‘背’下来。”为什么要记忆画面？因为画面里充满了细节，而语言式的记忆只有抽象的要点，没有细节。想要创意源源不断，就要训练自己具有图像记忆的本领。脑中不但有文字记录，还有一批“影片”，可以边看边找，为自己提供无数组合创意的材料。

比如，你现在闭上眼睛，尽可能详细地想下面的指示：“现在你要从教室回家，请从头到尾想完这件事。”

问题：你知道自己是用语言思考还是用画面思考吗？

在你刚才的想象中，有站起来的动作吗？有收拾桌子的动作吗？教室里还有其他人吗？你穿过走廊了吗？你刚才的想象中，有这些画面吗？或者考虑到这些情况了吗？

在回家的路上，路上热闹吗？车多吗？路过哪几家商店？生意好吗？

回到家，碰上同学了吗？带钥匙了吗？进去后，谁在呢？

怎样训练图像思考或者图像记忆力？方法是重新演练你的本能，把图像思考的能力找回来，你可以每晚用 15 分钟回忆白天发生的一件事情，用图像思考把它回忆一遍——记住，要一幕一幕地回忆；如果看了一场电影，睡觉前试着在脑中“重放”一次，尽可能地仔细，最好闭上眼睛，眼前仿佛就是一个彩色宽银幕。一开始，你可能会为图像思考的缓慢而感到不耐烦，但是请不要放弃，这些训练不是要用来取代语言思考，而是唤回你的本能，用来帮助你弥补文字思考的不足。

三、重新定义法

“认知的改变”是重要的创意来源，不但个人的认知每天都在变，整个社会的认知每天也在变，但它的变化是渐进的、缓慢的、不惹人注目的。当认知发生改变的时候，我们对问题的界定与解释都应跟着改变。那怎样训练自己“重新定义”的能力呢？

举个简单的例子：

假如我是一个早晨卖豆浆的人，那我的问题是如何把豆浆、油条做得好吃，降低成本并招徕顾客。

假如我是一个供应早餐的人，我可以卖咖啡、油条还有豆浆煎饼套餐吗？

假如我是一个供早晨外出人士方便快速进食的人，那豆浆店是最方便、最快速的去处吗？要是有很多人来不及，我是不是可以设计一种容器，使人们很方便地在车上享用？或者，我应该更进一步，使他一边进食，一边奔往办公室、教室，有没有一种“早餐巴士”的可能？

上述例子，首先是按你的习惯来下定义，然后扩大定义容纳的范围，再下一次定义；然后再扩大，再定义；再进一步扩大，再下定义……到你的视野完全变化为止。这种方法称为“渐距推远”。

渐距推远法是重新定义的方法当中最有用，也是最常用的。但这并不意味着它是重新定义的唯一的方法。有时候，重新定义是横向移动的；有时候，重新定义是再造一个新的、全无关系的新定义。

创意人不但要练习渐距推远法，也要想想“平移”的可能。最主要的，必须保持“不断定义”的习惯，不断有新的解释，不断把旧的变成新的。

四、杜拉克式的问句

杜拉克是个奇特的“顾问家”，或称“咨询师”。他的顾问对象经常是世界各地的国家政府和名列前茅的国际公司。杜拉克式提问训练法是杜拉克在担任公司顾问的时候，会推开客户带来的各种疑难杂症，然后问：你真正想做的是什么？你为什么要去做？你现在正在做什么？你正在做的跟你想要做的有什么差别？德鲁克不去理会过去发生过多少问题，只问你现在真正想要做的是什么，为什么要做这些事情，你现在正在做的事情跟你想要做的事情有没有什么差别。很多顾客带着问题而来，回答了这四个简单问题之后，就自己带着问题回家了。

杜拉克式的问句，其核心是让我们集中精神于真正的问题。

正如一些老话所说的：“如果你能陈述问题，问题就可能得以解决。”“好的问题，就等于解答的一半。”但通常人们就是花很短的时间就提出问题，却花费很长时间来试图解决这个不清楚的问题。而实际上这样的思考可能并没有紧扣真正的问题。那么，应该如何问一个好问题？第一，问题要浅；第二，问题要清楚；第三，判断问题的重要性。

一家创新公司的特征就是“很少有答案，可是经常有问题”。所谓好的问题，有三个关键点，分别是：如果要跟上形势的发展，必须问正确的问题；如果要超越对手，必须问正确的问题，并找出正确的答案；如果要保持领先，必须在正确的时间内问正确的问题，并找出正确的答案。

五、创造性模仿

杜拉克在他的《创新与创业精神》一书中，引用哈佛大学教授李维特的词语“创造性模仿”，作为一种企业策略。

“创造性模仿”同样适用于策划创意。“前不见古人，后不见来者”的创意毕竟是不多见的。绝大多数创意都是改良、模仿的。

但创造性模仿绝不是消极的模仿，一定要有积极的观念和精神。它的目标是创造，而不是模仿。创造性模仿者通过对他人创意的了解，重新组合、改良，产生不同功能、价值的“新”东西，这就是创造。

从策划新产品来看，除了第一代产品，以后的进步可以说都是创造性模仿的结果。创意者需要经常拆解别人的创意，了解其他创意的“零部件”，才有可能找到自己的创意。

世界上改变人类工艺和科技的发明主要来自于德国、英国和美国，但是日本人通过有效的模仿把这些发明用到极致。比如，日本人把别人发明的汽车缩小了，把汽车的空间变小，因此更省油。你可以不是发明者,但你可以是改造者。也就是德鲁克讲的"聪明的创意"(Bright Idea),它是生成的、独创的,然而我们生活中大部分的创意并不是"发明",而是"有效的模仿""改良性的主意"或者"拼凑式的创造",这一类不聪明的创意有时候可以通过读书、研究而得到预期的结果。

案例 5-14 使鹅卵石变成高档工艺品

美国有一位青年,有一次他在海滩上散步时偶然被一块美丽的鹅卵石绊了一下,于是产生了一个创意:如果把这些漂亮的鹅卵石变成商品多好,接着他就想到要在上面刻上"我爱你""爱情永恒""永远想你""忍""你爱我吗"等字样,使它成为一件件高档工艺品。他把创意变为了现实,最后成了百万富翁。

不单单是"物"的相干,也可以是"物"与事、"物"与文化、"物"与只要能够联系,甚至不相干的也要相干。这个创意就是鹅卵石与文化、与商品相干。

案例 5-15 打气筒与副食店的相干

武汉某主要街道上的一家小副食店,店主为了把从门前经过的客人留住,就在门口放了一把自行车打气筒,并在黑板上写着:"免费打气,用完后请放回原处。"于是,每天都有许多上下班从这儿经过的人在此打气,久而久之就形成了习惯,人越来越多。一把打气筒不够,店主就又加了一把。时间长了,该店每日的销售额也比过去增加了30%。

打气筒和副食店没有任何相干之处,而用打气筒给行人提供方便从而又"留住"顾客的创意,就是使看似毫不相干的东西有机地相干,从而达到了提高销售额的目的,"醉翁之意不在酒"。

课后练习

1. 阐述创意的含义。
2. 创意的具体要求是什么?
3. 创意的表现形式具体有哪些?
4. 请简述创意的产生过程。

案例思考

乔治·路易斯说过一句话:"创意是什么?创意就是让10万元的东西看上去像100万元。"其实,大师无心误导他人。我们深刻思索就会明白,大师是劝慰人们要深度开发潜质,而后打造品质,而后塑造价值甚至物超所值,这才是创意。这样说,如果有人还是不太明白,下面一个真实的案例或许会让人有所启发。

2008年我国汶川地震之际,笔者在一家大型国际家居广场担任策划顾问。国难当头,大家群智群慧、精心策划了"慰汶大行动——家居产品1元起价竞拍爱心捐赠活动"。拍卖会上有一款名品书柜柜门断裂,虽经修复不影响使用,但是外观极不养眼,黏合剂留下一道明显的疤痕。人们台前查验，纷纷锁眉、摇头、咂舌。工作人员也甚是担心，甚至有人担忧100 元钱都没人要。

面对此景，客串现场拍卖师的笔者突发创意，如是演绎："亲爱的各位爱心人士：下面这件拍品有一条很难看的疤痕，虽然不影响正常使用，但是我相信没人轻易会选择这样一件瑕疵商品。但是今天在这个特别的日子里，它却有可能创造一个感人的神话。因为它饱含浓浓的爱国之情，也饱含我们对同胞的深情厚谊；因为它也许会是世间最美丽的疤痕，因为它也许会是教育孩子最好的成长故事；因为它也许会让亲朋好友对您的所作所为肃然起敬——因为商品有价，爱心无价！……原价1 800元的名品书柜现在 1 元起拍，每次最低叫价 50 元——多举一次牌，就给我们的同胞带来一份新的希望……"话音未落，场上突然异常热烈。

"200 元！300 元！400 元！500……1 500 元，1 700 元成交！"十几人争相加价，孩子家长更加踊跃；最终，一位爱心爸爸叫价成功。

在爸爸鼓励孩子把钱投进捐款箱后，笔者指着那个疤痕问孩子："难看吗，孩子？"孩子奶声奶气地："难看。""你高兴吗？""高兴。""难看，还高兴？""爸爸说一定要买下来。""你知道爸爸为什么要买它呀？""买了(它)，灾区的小朋友就有了家。"这一句回答，全场人热泪盈眶，雷鸣般掌声许久不息……拍卖会后，工作人员透露：这个书柜啊，免费送人也许都有人不要……这款原价1 800元的名品书柜节假日曾打折低至1 580元啊……1 700元！神话！""创意"确实演绎了一次无可厚非的神话。

故事虽时过境迁，不知是否给您带来了一丝感动？一点儿心动？一种新的启发？一些新的思考呢？此刻，不知是否感到也许乔治·路易斯是对的……

这是一个很难形成合力的切蛋糕时代，屠户太多；照猫画虎，照葫芦画瓢；一个好不容易找到一个清澈的蓝海，马上上来一群抡大刀、舞剑、耍小刀的，没刀的甚至会选择用针来扎；红海渐浓之际，挺不住的就把兵器、家伙事儿往海岸边一叉，任其锈迹斑斑直至放任自流、自取灭亡……

红海之际，大浪淘沙；智者小胜，德智兼备者大胜，德智兼备者久盛！

因为我们深信：创意永远是一种德智兼备的智慧，创意永远会让德智兼备者驰骋于一个又一个清澈的蓝海……这也许就是中国，甚至是这个世界未来的希望！

[要求] 请谈谈你对创意的理解。

本章实训

我的创意环境

形式：集体参与

时间：20 分钟

材料："我的创意环境"（见附录）

场地：不限

应用：创造力培养

目的：

(1)向学生介绍“环境能够影响个体的创造能力”这一概念；

(2)帮助学生设法发现他们变得有创意所需要的特定环境。

程序：

(1)通过说明我们的环境能够影响我们的创造能力来介绍这个游戏。在这个游戏中我们将把注意力转向能够激励和回报创意努力的环境的创建。

告诉参与者大多数有创造力的人都需要一个增强创造力的特定的环境或必须例行的行为。一些名人都具有使他们保持旺盛创造力的东西。例如：

- 莫扎特(18世纪奥地利作曲家)在谱曲之前需要锻炼。
- 萨姆尔·约翰逊(18世纪英国作家)则要有一只喵喵叫的猫、橘子片和茶。
- 埃曼纽尔·康德(德国哲学家)常常喜欢在床上工作，并将毯子弄成特殊的样式。
- 哈特·克莱恩(20世纪美国诗人)在一台手摇唱机上演奏爵士乐。
- 约翰·希勒(18世纪德国诗人)需要将他的书桌塞满烂苹果。
- 阿基米德(古希腊数学家和发明家)认识到放松的重要性，并经常在浴缸里解决他最难的问题。
- 萨姆尔·克莱(超级计算机的创制人)在创意思维受阻时，会在自己房子下面挖洞。

与使自己感到有创意的环境或物进行亲密接触。也许是某种香味(季节的变化、肉桂味、烤面包味)，景色(日出、山脉、假日图片、花卉)；也许是某种声音(海浪声、爵士音乐、寂静)，味道(巧克力、橘子、卡普希诺)或是某种感觉(凉爽的玻璃、舒服的汗衫、春风拂面)。什么能使你变得更有创意呢？

(2)分发资料“我的创意环境”。将你自己的创意环境的需要作为例子，以及你自己的特殊需要与大家分享。

我的创意环境需要是：

- ______________________________
- ______________________________
- ______________________________
- ______________________________
- ______________________________

(3)给学生5分钟时间来完成分发给他们的资料“我的创意环境”。

(4)大组讨论交流。

讨论：

(1)什么颜色会让你心情愉快？

(2)空间的大小会对你的心情造成怎样的影响？

(3)何种饮料会让你平静下来？

总结与评估：

通过活动使大家充分认识激发创意或妨碍创意的因素，从而有意识地去注意这些因素。如果能够在环境中创造更多激发我们创意的因素，我们的创新也就会变得相对容易些。

我的创意环境

你需要什么才能使你变得更有创意？请列出你创意环境里的必要元素。如：一天里的什么时段你最有创意?

1. ____________________
2. ____________________
3. ____________________
4. ____________________
5. ____________________

第四篇

信息处理篇

第六章

营销策划公司的工作流程

第一节　营销策划公司的运作

一、展业流程

(一)开拓新客户,电话邀约

标准电话话术:

(1)如果客户没有间歇的提问时,整个电话交流最好在3分钟内完成。

(2)突出介绍公司的优势特点、服务项目和服务过的客户。

(3)一定要留下客户的公司名称、联络人、联络方式和基本需求意向——如果对方不留,可以不提供任何资料。

(4)在资料发送(传真、电邮)后的5分钟,通知客户联络人。

(5)让你的声音更职业化和表达更有逻辑,因为客户会根据你的声音判断你的能力和水平。

除此之外,还有下列常用方法:

(1)通过系列培训扩大公司影响。

(2)与专业机构(经贸委、企业家协会、高新开发区管委会)建立广泛的联系。

(3)编制"××管理导报",选择重点客户发放。

(4)用电子邮箱发送公司简介和服务项目。

(5)查看专业杂志和报纸,了解最新企业推介。

(6)请客户推荐当地绩优企业。

(7)编制客户需求调查问卷,收集客户信息和需求。

(8)制订系统的广宣计划——"让酒香飘出巷子"。

(9)鼓励顾问在专业的杂志和报纸上发表咨询手记。

(二)联系拜访对象→确定拜访时间、对象

拜访是合作的开始:

(1)如果客户同意你去拜访,那这个案子已经有成功的希望了!

(2)如果有必要,在拜访前发一份拜访事宜函——因为客户有很多的事情要做,以免他忘记了这件事。

(3)在拜访之前,问自己三个问题:第一,我去的目的是什么?第二,我准备得充分吗?第三,我能让客户对我感兴趣吗?

(4)在离开公司前,给自己1分钟的时间照照镜子,这样可以发现自己有很多需要修正的地方——按照顾问的形象标准。

(5)遇上堵车可能会误点时,提前10分钟告诉客户。

(6)快到客户那里时,提前5分钟电话通知他——他会把时间留给你,而不会在和你交流时不停地有人来请示工作。

(7)拜访后回到公司,不要忘记写一封感谢信给客户——这样可能会有意想不到的收获。

(8)分析拜访的内容并做记录,据此评价合作的可能性和客户等级可以节约不少时间。

(三)拜访前信息资料查询准备,研讨演练打击策略

主要工作是市场需求分析(提案写作前),访谈计划安排,访谈提纲编写。

(四)拜访→争取提案机会→拜访业务技术分析报告

(1)第一印象非常重要。顾客产生好感和信赖的六种礼仪态度规范如下:表情要求面带微笑、言词要求简洁清楚、动作要求敏捷灵活、工作要求干净利落、态度要求朝气蓬勃、仪表要求庄重典雅。

(2)拜访结束后,建立基本的客户档案。

(五)拜访之后,主谈者要进行谈判技术分析

(1)分析此次会谈,事前准备如何?哪方面准备得较好?准备不足之处在哪里?有哪些改进办法?

(2)主谈者重点把握如何?是否按照计划进行并分析原因。此次会谈发挥如何?好的地方、不足之处、改进办法都有哪些?此次会谈经验及三方面收获是什么?同事的建议是什么?

(3)技术分析时间为每次拜访市场回公司第一时间。

(4)建立客户联络履历表。

(5)编写提案的建议。

①如果策划人提出的方案非常优秀,并且得到了客户的认同,那么这个合同就签定了!

②不要在方案中讲什么大道理,只需要深入的分析、再分析。

③方案不是要打击客户，更重要的是告诉他改善的方法。

④你会有时间去听一个长达3小时以上的讲课吗？如果你都不愿意——请不要折磨你的客户！

⑤当客户的问题太多时，应帮助他解决关键的20%问题，同样，方案也是这样的。

⑥用专业的分析方法和工具——企业提供的是专业顾问。

⑦多用图表——因为它比文字更直观、更容易理解。

⑧对改善方案不用讲得非常详细——留一点悬念给客户，效果会更好。

⑨留有余地，将服务的项目不要只限定在某一点上——多给客户一些选择。

(6)检核修正提案→内部提案演练。

(六)提案讲解→跟进推动合作

(1)访谈→编号访谈报告→提案写作工作交接。

(2)报价的依据和技术。

客户非常关心的是价格，常见的报价依据是：项目类别、改善难度、服务时间、顾问人数和顾问级别。

告诉客户：企业收取的服务费用只是帮客户进行改善所取得的效益中的一小部分。

报价的时候，一般给客户两种选择——综合套餐报价和单项报价法，而单项报价的价位高出综合套餐报价同样项目的30%以上。

采用分解报价法：将服务的项目分解成主要工作项，分别予以报价，这样，单位项目的价位低，客户容易接受，实质总体价格没变。

(3)使提案的过程卓有成效。

谁都会在方案上下功夫的——企业的竞争对手也不例外。

一定要记住：策划人提供的方案客户不一定详细地看过，公开的提案机会是策划人制胜的最好时机。

不要让提案的过程成为一次朗读——与其这样，还不如策划人在旁边监督客户看文本方案。

掌握好节奏，策划人的声音应清晰、富有韵律。

用眼睛控制参会的人员。

如果提案时间超过2.5个小时——无论策划人讲得多好，效果都会打折扣。

在提案的时候，加上5～10个与提案内容有关的问题，客户会很认真地听下去。

在提案完毕后，用5分钟的时间给客户提问——客户会很乐意的。

建议在提案后，用1个小时给客户做一个小的团队游戏——策划人一定是高手。

(七)签订合作合同

(1)不要忘了带上两份合同文本，还有公章。

(2)如果策划人不是老板，最好带上一份老板亲笔签名的授权书。

(3)不要设置模糊语言，客户会更精通寻味文字。

(4)如果有可能，带上助手，协助召开一个小型的签约仪式，并摄影——如果把照片放大，送给客户——他一定很高兴。

(5)第一时间把签约的好消息告诉公司——因为每个人都在期待。

(6)如果客户付款,说服客户采用电汇和开支票——有一大笔现金在身上不是一件好事。

(八)合同及服务费用说明拟订

主要是进行服务内容、方向、服务期、操作人数的规划,签约后项目工作内部交接。

(九)检核项目操作工作,确保服务内容正确及服务效果

定期给客户节日传真函、贺卡、定制杂志、报告会,促进与客户之间的关系,保持联系。

二、搜集资料清单

(一)外部环境状况

(1)与民营企业有关的政策法规以及企业所处行业的政策法规。

(2)可能的金融支持。

(3)估计未来两年内的市场容量和市场覆盖率。

(4)主要竞争对手的市场占有率和经营战略。

(5)主要供应商及其提供的产品。

(二)企业内部状况

1. 经营者

包括:文化程度和受过的训练,主要经历,近两年内提出的方针、战略、理念或口号等,近两年内公开发表的言论,媒体的报道、评论,最近两次主持的项目的过程记录,最近三次主持的决策过程记录,是否拟定接班人,接班人在企业的作为。

2. 企业概况

包括:企业发展历程,产权制度,企业价值观,经营理念,企业长期和近期目标,股东成员,资本构成,资产和负债状况,企业最有利的资源,对企业最大的威胁,各级员工对企业的看法。

3. 财务状况

包括:近两年的资产负债表、损益表、利润表、流动资金表,资金占用表,近一年的资金预算,成本核算表,近两年内的融资数额、方式及其使用情况。

4. 经营战略

包括:有否战略目标,企业近两年内制定的战略以及这些战略制定过程的记录,这些战略实施的计划书,战略实施各个阶段的记录,指导战略的战略思想,基层员工对企业战略的认识、各层管理者对企业战略的看法。

5. 人事管理

包括:员工的构成(年龄、性别、文化程度),各级管理人员的素质(文化、工作业绩),各部门人员配置状况(每个部门岗位以及每个岗位的人员),职位说明书,工资和福利制度,员工培训制度,激励约束方法和制度,绩效考评制度以及其他相关的人事制度,人员流动状况,员工对薪酬的满意情况调查报告。

6. 管理组织

包括:旧组织结构图,目前的组织结构图、组织内管理者职务和权责范围,管理人员考核表,主要信息沟通渠道、近两年内发生组织冲突及其解决过程,最近一次重大问题的决策过程，近一年内企业会议记录。

7. 市场营销

(1)产品状况：品种、组合、寿命周期、细分市场、核心产品，以及是否有新产品开发。

(2)市场地位：各产品市场占有率、市场覆盖率、市场覆盖的地区、最近两年市场调查资料。

(3)近两年内营销计划：预计销售额、预计销售成本、主要营销手段、主要销售渠道、新增销售渠道、计划扩展的地区。

(4)分销模式：分销渠道图，渠道成员的激励方式，近两年内渠道冲突及其解决。

(5)销售促进：近一年内进行的销售促进活动，促销的预算和费用，近一年企业所做的广告(广告内容、所用媒体、广告预算和费用)。

(6)销售人员：销售人员的培训情况，促销人员的考核表，促销人员的激励方式，销售人员对企业产品和营销的看法。

第二节　诊断的要领框架

一、营销策划中的诊断

诊断的直接目的：策划师的第一件事情就是判断做对的事情，第二件是如何把事情做对。找到问题的本身，比解决问题要重要得多。

诊断的目的是深入而细致地思考并分析客户面临的问题和追求的目的，识别引起和影响这些问题的因素和要点，并且为找到解决问题的方法准备所有必要的信息。一个同样重要的目的是研究提出的问题与客户组织达到的总目的和结果之间的关系，进而弄清客户进行革新和有效解决问题的潜力。

诊断任务应该从在头脑中建立一个清晰的概念框架开始。在没有这样一个概念框架的情况下进行规模大、耗资多的调查是一项冒险的事情。在任何一个组织中，策划人会遇到许多重要程度有差别、性质不同的问题：技术性的与人为的、显而易见的与隐藏的、意义重大与微不足道的、现实的与潜在的。他(或她)会听到许多关键性的意见，如主要问题是什么，如何处理这些问题。在诊断问题的过程中，策划人会冒着许多风险，包括选错方向，过于受其他人意见影响以及收集一些令人感兴趣却不必要的情况，却遗漏了基本事实，忽视了复杂问题的某些重要方面或将注意力集中在新的机会上。

诊断有时被认为等同于对大量资料的收集、分解和分析，其中包括许多与本项任务目的无关的资料。然而，这是一个误解。没有资料和事实就没有诊断。但是，以下两点也同样正确：(1)诊断包含的内容比资料收集和分析要多得多；(2)有效的诊断限于经过选择的资料，并且始终集中在项目的目的上。

原则上，诊断问题不包括解决问题。解决问题是下一个阶段即行动计划阶段的任务。诊断甚至会得出这样的结论：这个问题不能解决，或者不能完成追求的目的，或者不值得花费精力去解决这个问题。

二、对问题和目的重新审定

在初始阶段准备的并在签订合同阶段得到证实的策划计划,已经为诊断提供了指导原则和基本的时间表。然而,在诊断工作实际开始以前,可能需要加以修改和调整。在准备阶段结束和诊断阶段开始之间可能有几个月的时间间隔,而这期间客户的处境和想法可能已经发生了变化。

此外,许多策划合同建立在对问题和目的的笼统和模糊的定义基础上。当工作真正开始时,策划人可能发现客户还想询问其他事情或者对合同正文中使用的笼统和不精确的术语有不同的理解。出现这种情况常常是因为就项目开始一起工作的人并非就是谈判和签订合同的人(既包括客户方也包括策划方)。因为他们对问题和目的的初始定义存在着极大差异,所以只对打算做的事情进行解释是不够的。

因此,在开始诊断时,对问题和策划的目的进行重新检查和重新审定总是有用的。为此可能要安排与客户的特别会面。经验显示,在绝大多数策划任务开始时,对目的和时间表进行一些调整是不可避免的。

三、诊断中有关人的因素

另一个重要的现象就是事实上营销策划人员参与到客户组织中,提出能使改革得以实施的问题,有可能立即对客户组织产生影响。通过逐步的全面分析,诊断会使客户对革新的需求增强认识,并且更加明确地指出需要这种变化。如果管理得好,在策划任务中,资料收集和分析工作能够让客户组织中越来越多的职员参与,就会加强他们"掌握了问题"的感觉。结果,客户组织中的人员在诊断结束时要比开始时能够更有所准备以适应这些必要的变化。

这样也可能带来有用的学习效果。客户组织及其职员不仅感觉到正是他们自己在发现企业的全部实情并且提出了改进建议,而且获得与策划人共同分享自己提出的诊断方法的信心。客户解决问题的潜力在诊断过程中大大得到加强。如果错过这个机会,再开始请求人们参与研究和完成行动计划就太迟了。

这样也可能产生一定的负面影响。有些客户对于使用策划人一事在组织内部保持秘密。但是能否保持这一秘密是令人怀疑的,而且更严重的是,试图这样做可能会引起对策划人和整个咨询过程的怀疑。组织中的非正式传播网(所有的组织都有"小道消息")会迅速地散播消息。在客户和整个组织之间缺乏正式的交流时,非正式传播网将传播有负面影响的消息,这种情况将严重地抑制策划人有效地完成工作的能力。

除非客户准备接受策划人,否则全部的关系从一开始就注定不能实现。因此,在可能的情况下,客户应当使组织对于引入策划人一事有所准备。因为客户并不总是意识到这种需求,所以必须让策划人在初始阶段就安排行动过程。显然,这种准备过程本身就是对组织的干预。这要求策划人从一开始就小心翼翼地全力对待。

对存在困难的组织进行诊断是一件棘手的事情。但是在任务组织中,诊断都可能揭露客户引以为耻的、不能处理的以及宁愿对外来人甚至公司内部其他成员隐瞒的各种情况和各种关系。因此,策划人可能非常需要具有一种能够为客户做任何有益事情的洞察力。诊断棘手情况需要更多的机智老练。

另一种可能的负面影响是在新方法真正形成、通过检验和广泛应用之前工作方法本身的变化。通常，这种变化即使有好的意向，也不是真正的改进。如果误解了项目的目的，即使真诚地变革工作方法，也并不能得到策划人和管理者的欣赏。

这些情况以及与之相类似的误解可以通过诊断过程的不断反馈而予以避免。客户和他（她）的职员需要知道任务是怎样进展的、已经确定了哪些情况、正在形成哪些解决办法以及哪些调查结果是初步的——需要进一步调查和证实——或者哪些调查结果是最终的，能够作为行动的基本依据。对于诊断可能建议的行动方式以及行动开始的时间，既不能模棱两可，也不能持怀疑态度。

另一方面，策划人获得的反馈是客户对其反馈的反映。策划人应当在整个营销策划阶段尽可能寻找这种反馈。

四、对目的和问题的诊断

出现问题的前提是：(1)在真实的（过去或现在的）与潜在期望的（过去、现在或将来的）两种情况之间存在差别；(2)有人关心这种差别并想改变它。正是这种差别确定了策划人想要处理的问题。

为了证实这种差别或差异的存在，我们要比较两种情况。找出过去和现在实际发生的情况，即现实的处境，并不是很难的。要确定未来可能会发生的情况，即理想的和期望的情况，则是极其复杂的，但它却是诊断问题必不可少的要素。因为只有采用这种方式，才能描述和分析问题，才能让策划人的工作集中在目的、将来的机会和改进措施上。

例如，在某个公司中，出现在策划人面前的问题是几种重要产品质量下降，并且抱怨质量问题的顾客人数和频率增加。通过对某策划项目可能目的的讨论，确定了以下一系列目的：(1)恢复原有质量水平并阻止质量下降；(2)防止顾客的抱怨；(3)改进质量管理；(4)让顾客更满意；(5)形成高素质生产者的形象；(6)在质量方面成为某一行业的国际领先者。

选择的中心目的是“让顾客更满意”。它包括许多更精细的目的，如改进产品质量和保证质量管理，但是排除泛泛的以及可能过于野心勃勃的目的，诸如在质量方面成为某一行业的国际领先者。此外，人们普遍认为需要通过售后维修服务、为顾客提供信息、售货技师的行为、产品的现代化实践等内容来寻求改进。这使得某次诊断以及策划师和客户随后的行动能够集中在一个清晰和现实的目的上。

客户的问题可以通过以下五个主要方面或特征来确认：

(1)本质或特性。必须描述问题的本质或特性（如业绩差、缺少有能力的职员、缺乏怎样利用闲散资金的想法、改进售后服务的愿望等）。必须确定用来进行对比的标准是什么以及如何去证明这个标准是合理的。譬如，我们凭什么说工作成绩差？按照什么标准认为差？问题的各种不同的症状也必须加以描述。

(2)组织机构中的位置和实际的场所。在什么机构单位（科、部、子公司）以及处于什么样的场所（车间、住宅、商店、办公室）才能观察到这个问题？其他还有哪些单位受到或者可能受到影响？问题是如何扩散的？它影响到外部的关系了吗（例如，同顾客或供应商的关系）？

(3)问题的“所有权”。哪些人——经理、专业技术人员、工人——总是受到影响并首先对解决这些问题感兴趣？谁最可能制造麻烦？

(4)绝对量和相对量。采用绝对的术语(如损失的工作时间或金钱、生产能力中未充分利用的量、潜在的将来利益)表示问题如何重要？采用相对的术语(如与其他问题或总成交量作比较)表示问题如何重要？它怎样影响出现问题的单位和“有问题”的人？对于整个组织来说，它具有怎样的重要性？当这些问题解决后，这个组织实际上会得到什么？

(5)时间观点。问题从何时开始存在？它已经被观察到一次、几次还是经常发生？它出现的频率如何？它的发展趋势是什么，是问题已经得到控制，还是更加严重或减轻了？对这个问题将来的变化趋势能做出什么预测？我们正预见将来的问题吗？

此外，诊断还将确立以下目的：(1)问题出现的原因；(2)其他重要的联系；(3)客户解决问题的潜力；(4)进一步行动的可能方向。

诊断中的一个关键性的任务是认清问题产生的要点和因素。其目的是理解这个问题，而不是仅仅指出一个或更多的表面错误。以对这些原因可能是什么的初步了解或假设作为诊断的开始。这将有助于对可能的原因作出假设。形成尽可能多的假设是有益的，但是不要搞表面推测。然后，资料的收集和分析将主要集中在这些假设的原因上，并排除那些与情况不符的假设，同时加入和客户访谈过程中出现的或来源于其他渠道的新假设。严谨的科学工作方法应当在此得到应用。寻找支持某种假设的资料很困难并不意味应当排除这种假设。最后，策划人应当能够在与问题有某种方面联系的多种影响因素中找出真正的原因。

第三节 诊断的主要步骤

当策划人为诊断工作制订详细计划时，就能使用上述提到的一般框架，牢记行动的范围和方法必须适应问题的本质和复杂性以及客户的形象和态度。诊断主要是在上述范围内寻找——问题的答案，追寻的目的，问题本身的性质和特征，产生问题的原因，其他的重要关系，客户解决问题的潜力，以及进一步行动的可能方向。根据在准备阶段最初的问题诊断中所获得的信息，以及咨询师在开始阶段与客户合作所能作出的推测和假设，行动就开始了。假设和暂时的回答将被明确的答案所代表，并且对缺少的资料也将予以收集和评价。

在规划诊断阶段时，确定客户在每一项活动中参与的程度和形式是必不可少的。如果已经选好诊断过程模式，客户和他的集体将担负起收集和分析资料的重要责任，而策划人主要起催化作用，使客户清楚采取的方法并吸引其注意力放到提出的问题和应当引起注意的情况下。然而，在其他的例子中，策划人将进行大量的诊断工作。作为一个普遍的原则，规劝客户及其职员逐步提高对诊断过程的参与程度是有好处的。

一、问题识别过程中的误区

简短地回忆客户、策划人在确定问题时所犯的某些共同错误是有用的，因为确定问题的方法常常会限制解决问题的能力。

(一)误解问题的症状

这是最具有普遍性的错误。虽然一些困扰管理层的非常明显的问题(如销售额下降、缺乏创新思想、旷工)被看成是问题,其实这些可能是更深层困难的症状。

(二)问题原因的先入之见

一些管理者和策划人认为:由于他们的经验,他们清楚地知道问题的原因"必定"是什么,并且认为分析情况不能真正揭示任何新的内容。

(三)仅仅从某一个技术的角度看问题

当诊断是由对某一技术领域(如工程、会计和行为科学)具有很强的背景和偏爱的管理人员或策划人来做,而且他们又无视管理问题具有多学科的性质时,这种情况就会频繁地出现。

(四)忽视了组织中各个部门对问题的看法

例如,策划人可能接受了高层管理部门提出的解说,而没有调查下级部门是怎样看待这个问题的。

(五)问题诊断半途而废

由于时间和费用的限制,或者其他原因,策划人可能试图过早地对诊断工作得出结论。他(她)不再去了解进一步的问题和机会,而这些却可能直接相关于客户最初提出的问题。

(六)未能明确中心目的

目的定得很空泛,而策划人却浪费时间和精力去调查许多最终将会被忽略的问题。他(她)致力于寻找错误的问题或者完全不现实的建议。

同样的方法和步骤顺序也许并不完全适合每一种情况和每一个策划人的个性。每一个客户组织是独一无二的,并且每一种策划人和客户之间的关系也是如此。普遍的规则也适用于诊断工作计划。例如,杰罗姆·福茨(Jerome Fuchs)用下面的话描述了他的经历:

"我个人的方法与我发现的最有用技术交织在一起。我并不试图去分析或者把资料划分成情况调查、分析和综合,而是让它像开始进来时那样在内部流动。我让它在每一个阶段上积累到一定程度直到开始形成一种模式。仅仅在这时,我才开始对原始情况材料进行加工并进入分析阶段。当我得到完整的情况时,我希望它们足够清晰以至于能够反映出这项研究的最终结论。"

二、确定必须调查资料

任何策划工作都应以事实为基础。为了清楚地了解背景、精确地定义问题并把他们的建议与现实联系在一起,策划人需要进行大量的调查。收集资料也许是策划人工作中最令人兢兢业业的也是最令人头痛的阶段,但是没有替代的办法。

当诊断开始时,大量的资料会从在准备阶段进行了初步问题诊断的同事们处转交到运作的策划人手上。论断阶段将进一步深入,并且将非常详细地确定问题和收集资料。

收集资料的类别将依咨询任务的领域、问题的定义和任务的目的而定。

三、为收集资料做计划

非常详尽地确定需要调查什么,从而为收集信息做好准备。有经验的策划人要不断提供筛选的原则,尽管他们知道在这个阶段,与做初步诊断以及磋商任务的同事们相比,他们需要更详细和更确凿的情况。他们得益于任何一个组织中都存在数不胜数的事实信息,但是过多的信息很容易变得难以处理和无法在任何任务中充分利用。

收集资料所需的费用也不容忽视，特别是当某些资料不容易得到时，必须制订特殊计划（如观测资料、特殊的记录保存、大量访谈进行收集）。但是，事实的定义及来源一定不要限制得太死。如果太死，那很可能把那些可以从中得出重要信息的事实排列在外，而这些事实又常常是在一些预想不到的地方才能找到的。在策划任务的初期，策划师尽量将其收集情况的网口撒得大一些，经过初检，去粗存精，再补充一些其他资料等等。

在确定资料范围过程中，策划人应当时刻记住，目的既不是为了研究，也不是为了确定过去失误的责任。诊断的目的是动员对某一问题采取行动。这种行动将改进组织的情况。

要收集和调查的事实必须在与客户特别是与客户机构中那些了解情况（即知道保存有哪些档案资料，其可靠性如何，哪些资料必须从别的地方去找）的人员密切配合之下，才能确定下来。这一步包括对资料的内容、详尽程度、时间期限、包括范围、分类及制表标准的定义，如下面所述。

资料收集可能是一个冗长的过程。在复杂的情况中应当遵循某些逻辑，例如保证每一步骤（收集营销和销售资料）都为下一步骤（收集生产资料）提供信息等等。这种情况应当反映在与客户达成一致意见的工作计划中。

为收集资料做计划也包括决定问题的哪些方面以及什么样的关系不需要详细的资料。当策划人根据经验，在全面资料的基础上并通过与其他组织中相类似的情况进行比较就能得出可靠的结论时，就涉及这种情况。

客户可能不理解为什么策划人坚持要收集到某几种信息。当客户认为这项任务应当局限在某一技术范围内而且策划人不应当涉及其他领域时，这种情况就会经常发生。策划人就要解释为什么他（她）想获得这些与正在处理的问题可能有某种关系的各种事件、情况和问题的资料。这也会便利客户认识到他没有注意到的各种关系，并为策划人的方法提供更进一步的证据。

四、资料的内容

每位有经验的策划人都深悉，即使是表面相同类型的资料，在不同的部门中也可能具有截然不同的含义或内容。例如，人们可以根据几种不同的方法对“有进展的工作”加以解释：它可能包括也可能不包括某些项目；其财务价值可用几种不同方式来确定。对各类雇员（经理、技术人员、监督人员、行政人员、生产和其他工人等）所下的定义同样受到许多变化因素的制约。在那些有固定传统的老公司中，由于它们自己有一套与这些公司所在的行业中普遍流行的术语不同的专门名词，从而使下定义更为复杂化了。在那些财务统计和企业报告都必须遵守政府规定的国家中，各类部门在管理工作中所采用的资料具有较高的一致性。即使如此，还是可能发现许多不同之处，生产领域的情况尤其如此。

（一）数量问题

关于数量问题，策划人应当对度量用的单位作出具体规定，如产品的数量、重量或体积。策划师还应定出精度的界限，如必须接近或者达到100。精确度取决于使用数据的目的。规定操作时间的标准，其精确度可能要求接近秒数，其允许误差不超过5%。与此相对照，对每年总产量的预测可能要求接近1 000，其允许误差不超过10%。如果策划人在收集资料之前，未能定出精确度的界限，那么，他（她）就不能取得所希望的数据，而且有时还得重复记录过程，例如，要求的精确度应该用秒来记录，但是操作时间却用分、十分之一分或者百分之一分来记录了。

（二）详细程度

关于详细程度，对情况要求的详细程度通常要高于初步诊断调查中对使用资料的要求。一般的诊断起源于合计数字（如机器生产工作消耗的总时间），要是有所改进则需要占有更详尽的资料（如每操作一次机器运转的时间、某种类型或某些车间的机器用于生产的时间）。也可能需要了解有关个人及其对有关问题态度的信息。在策划开始阶段，策划人在评价由详细情况产生出的好处时会遇到困难。因为在收集资料之前，他（她）不知道这些资料将会揭示出哪些缺点或是哪些改进的机会。他（她）可能会指出需要仔细检查的问题。要不然，策划人可能首先开始收集粗线条种类的资料（如所有工人请病假的总天数是多少）。这些资料的分析将引出更详细的某些种类的资料（如在冬季的各月中按年龄分组的病假天数）。这样，资料的收集，在策划人充分了解现实情况提出改进方法之前，可以分几个阶段进行。

（三）时间周期

确定时间周期同样重要。例如，为成品设计一种库存管理系统，策划人就必须知道已经售出的产品数量。他应该按多少年计算销售量？间隔时间是多少？其答案可能是要求算出最近三年里每个月的销售量。时间周期应当足够长，以满足公司去建立一种行动模式，能够表明增长或下降的速度并揭示由于季节变化或经济周期而出现的波动情况。在那些生产大型生产资料的企业中，从产品的设计、制造到安装的时间间隔可能长达几年，因此与那些生产日用消费品的企业比较，时间周期应定得更长一些。

时间周期应该是可比的：各月或各周都应包括同要郊外的工作日，等等。发生意外的时间排列在外。运转过程中发生重大变革（强引进新产品与放弃老产品）之前的时期应当与正常时期分别加以检查。

选择接近任务开始的一段时期清楚地表明仅是策划人的到来就可能影响结果。在特殊的例子中，在策划人开始提出问题但没有采取任务实际措施之间这段时期，原材料的浪费就开始大幅度地下降了。

显然，时间周期的选择应当考虑过去记录的可使用性及客户在记录过程中可能已经引入的变化。

五、包括的范围——找到问题的关键因素

至于包括的范围，策划人必须决定是收集所有的信息（关于所有的产品、全体雇员、整个单位及其生产过程），还是有选择地收集。一般来说，只需收集几项能够说明当前大部分活动的重大项目的资料，并且这些项目在未来很可能变得非常重要（有前途的新产品等）就足够了。如果生产力明显地受已经成为“瓶颈”环节的一组机器的限制，那么，解决这组机器的问题就成为解决该部门其他大多数问题的关键。在其他情况下，只需收集具有代表性的样本。

六、资料的整理和制表

最后，收集情况的准备工作还应包括根据资料的最终用途决定如何对资料进行加工和

制表。典型的分组为：

(1)关于事件——时间、频率、速度、趋势、原因、后果(如过去的一年中每周的每一天发生的由特殊原因引起的事故数量)。

(2)关于人——年龄、性别、国籍、家庭状况、资历、职业、工龄、收入(如具备特定教育资历的女性雇员在过去五年中的年平均收入)。

(3)关于产品和原材料——规格、价值、技术性能、来源(如在过去的12个季度末存货清单中按品种和规格分的原材料价格)。

(4)关于资源、投入、产出、工序和步骤——运作费用(销售、消耗、生产)、位置、控制中心、地理分布、设备的使用(如在过去的24个月中，每月选定的工序加工出的指定零件的数量)。

以摘要的形式整理情况，策划人要计划如何把它们制成表格。在每个标题(如每位经理的责任)单独的一页纸或卡片上，可以在有选择的标题下加注说明和途径。调查表得到的答案可能列在"汇总的调查表"上，即使用与分给调查对象的问卷有同样模式的调查表。工序和步骤可以用一个符号链来表示，例如系统分析人员或工作研究中使用的各种活动符号。符号的开头最好用图形画出。数字通常在表格中标出。

提前使用计算机处理资料也许有用。这需要选择适合的模型和程序，如果没有一个模型和程序能够满足这一特定分析目的以及计算机处理中要求的数据编码，就需要精心设计新的模型和程序。

策划人的最初记录一般都是冗长的和推测性的，此时主要是在探索并集中情况。当调查过程变得清晰了，情况的记录也就变得更有条理了。一般的记录可能被图表或其他分析方法所取代。有关资料列表和分类的最初决定就此得到论证和改进。

策划人有序地保存记录的方法以及为了检索信息如何把资料归档的方式有助于保持工作的规范并便于管理者参考。记录的含义应当在事情过了几个月后和记录的当时一样清晰。如果数字没有按其特有的方式具备准确的含义，就不应记录下来。

七、获得情况的来源和方法——判断信息的准确或真实

总的来说，策划人随时可以得到三种形式的情况：记录、事件和环境、记忆。这些来源中的任何一种，既可能是内部的(在既定组织内)，也可能是外部的(出版物、统计报告、关于客户和竞争对手的数据、局外人士的意见)。

记录，是以可阅读的或者可以转录的形式贮存的各种情况，包括各种文档(档案、报告、出版物)，计算机文件，胶卷，缩微胶片，磁带，图画，图片，图表等。记录中的情况可通过检索和研究获得。

事件和环境，即可以观察到的活动和他们周围的环境。因此，这种情况可以通过观察得知，并把观察到的结果记录下来。

记忆，是所有储存在客户组织中工作的人们头脑中的信息，与人联系在一起，或者仅仅是能够为咨询师提供使用(如供比较之用)。这一知识宝库包含各种已经得到充分证明的情况、经验、意见、观念、印象、成见和见闻。所有这些资料都是以咨询师看不见的文字、数字和图画的形式储存在人们的头脑中，然而策划师却可以通过面访、发放调查表、专题报告等方

式得到它们。

如果同样的信息可以通过直接和简单的方法获得，精明的策划人就能避免求助于间接的和耗费时间的方法收集信息。在许多事例中，这种方法意味着访问群众，向他们请教。在产业公司和其他组织中工作的各级人员掌握着数量极大的关于他们组织机构的信息，并且几乎每一个人都可以提出一些必要的和可行的革新建议。但是，如果不请教他们，他们是不会提供这些信息的。

八、记录资料的检索

检索记录在案的资料的过程中，需要避开一些误区：

许多记录是不可靠的，实际上歪曲了实际情况。这种情况十分普遍，如对有故障、停转及被淘汰的机器的记录，原材料可能没有用于指定的产品等。工厂计划和设计应该安排资料更新，但实际上很少能够做到。组织和操作手册也许还保留着一些早已弃之不用的有关程序的详细说明。如果输入不完整和不可靠的数据，即使相当高水平的计算机系统也可能提供误导的资料。如果策划人或者客户本人存有疑虑，在使用之前应对现有记录加以核实。

在企业和政府的各种机构中，不同的部门对于相同的活动、投入或产出具有不同记录的情况是很普遍的。这些部门在保持记录方面可能都或多或少地是仔细而又严格的，但这些记录在采用的标准和记录资料的口径方面可能互有差别。

记录中采用的标准和数值是随时可以修改的，策划人必须找出所有这些修改。

九、专题记录

如果需要的信息很难在已有的记录中获得，或者获得的记录不可靠，那么就需要建立专题记录。专题记录应有一定的时间限制（比如一个月或两个月）。一般来说，可委托在某一特定部门工作的客户职员记录数据并将记录交给策划人。为了经济起见，这种记录应当简单明了，其延续时间不能比可靠性所要求的时间更长。每个人在开始时都应知道这段时间将持续多久，以及为什么必须采用专题记录。

十、观察

在没有现成记录的情况下，观察是策划人用来获得信息的方法。一件事情发生时，他的观察常常是针对各组，而不是针对个人的。然而，如果策划目的是去帮助某个人更好地改进工作，那这种观察就可以集中在他个人身上。例如，某个组织中的高级雇员曾经面对人际关系的问题。这个客户就可能找一位外部咨询师，在不同情况下观察他（她）的行动，并提供帮助（例如提出个人劝告）使他（她）在管理过程中处理好人际关系。

另外，策划人能够观察到各种社会交往方式。哪里是人们聚在一起说话并交换各种信息的场所？谁和谁有经常性的工作联系，或者非正式的联系？谁和谁相互躲避？这些联系产生什么样的交往方式？

策划人通过观察经常可以得到的信息包括：(1)工厂、仓库和办公室的布局；(2)操作活动、原材料和人员的流动；(3)工作方法、工作节奏和纪律；(4)工作环境（噪音、光线、温度、通风、秩序和整洁情况）；(5)高级和中级管理人员、监督人员、专业人员和工人的态度和行为；

(6)人与人之间、组与组之间的关系。

鉴于大多数人在被调查时会感到不自在，因此策划人在开始观察他们的活动之前，必须特别注意使他们轻松自在。首先，策划人应当告诉被调查对象他(她)想要干什么。他(她)绝不应在没有提醒的情况下就开始对工人或其他雇员进行观察。策划人应该说明调查的目的，让他清楚并非为难某一个人，他唯一目的在于取得关于某项活动是怎样进行的可靠信息。和这些被观察对象交换看法，允许他们有机会指出所有影响该项活动或者工作关系的因素，并鼓励他们提出改进的建议，这样就能够取得他们的合作。他们应尽可能在被观察的情况下像平常一样活动，不要故意比平常做得好些或差些、快些或慢些。如果出现了任何不正常的情况，观察应停止，并在情况恢复正常之后再重新进行。

如果对生产过程、操作程序和生产工序进行观察，策划人就可以告知为达到这一目的而开发的许多方法中的一种，并且附上文字说明。

当观察的任务主要是处理人员问题以及个人之间与集体之间的关系时，策划人就必须深入了解客户职员的态度和行为。在执行其他任务时，策划人可不必深入了解上述方面。尽管如此，策划人应当观察到人们的倾向、爱好和成见，使他能够在必要时清楚这些内容是怎样影响他所关心的问题，并且能够取得他们的合作。这种观察贯穿于整个策划过程的始终。观察从初次见面获得第一个印象时就已开始。这些情况可以在以后的接触中加以核实。在相当大程度上，策划人收集到的关于态度和行为方面的资料，是在访问过程中回忆过去、交换看法或提出改进措施的副产品。然而，在那些不直接涉及个人品质的访问中，策划人当场记录各种印象容易分散他自己和客户的注意力。为此，他应当在心里记录并在事后追记和分类。

在做这些的同时，策划人应当注意下述情况：经验；信仰；自信度；志向；爱好和厌恶；特别的兴趣或动机；被访者尊敬的人和鄙视的人；社交能力；合作意愿；管理方式(专制独裁、互相磋商、放任自流)；具有创造性见解和创新的程度；接受新观念的能力；对变革的积极性。

加上考虑这些个人性格和态度的问题，策划人就有更多的机会了解客户组织中影响各种变化的因素。

十一、专题报告

在执行任务过程中，可以请求客户组织中的个人或小组提供帮助，对问题的某一特殊方面提供意见，或以专题报告的形式写出书面建议。报告的内容包括作者能够提供的任一支持性信息。这种方法是有选择性的：与客户合作的过程中，策划人可选择那些对于疑难问题能够有特殊见解、知道各种隐患并能够提出好的想法的人。然而，如果客户组织中，有人主动提出准备一篇专题报告，虽然应该受到欢迎，但要谨慎对待。

调查表在策划过程中，为了从数量众多的人群中(如进行市场调查)，或者从彼此极为分散的人们那儿(如从整个地区的用户处了解到设备出现故障的原因)获得一定数量的简明情况，发调查表是有用的。一般来说，这种做法只能收集到一些简单的情况，要收集所有信息是不行的。

附上请被调查人填写并退回的说明后，调查表即可分发出去。调查人员也可向人们提出问题并把他们的回答记录在问卷上。以上每种形式都需要向被调查人员作详细说明：为什么要向他(她)提出这些问题？谁在向他们提出问题？提问者将如何对待这些回答？被提问的还有哪些人？

在草拟调查表之前，策划人应明确决定需要什么信息，如何使用这些信息，怎样将这些答案进行汇总和分类。然后，简单明了的问题就能从模糊不清之中整理出来。答案最好用"是""不是"或者用数字来表示。如果需要长一点的答案，应当把可能的回答都列上，要求在合适的答案上面做标记。问题应当按逻辑顺序排列，使得每一次回答都能引出下一个问题。

如果对调查人理解问题和明确回答问题的能力有所怀疑，那么调查表就要进行审核。

十二、采访

(一)采访的过程

在策划过程中，同记录数据检索一样，采访肯定是数据采集中应用得最广泛的技术。

在采访中提问题比使用调查表具有的优势是它可以对每一项答案进行核实并作仔细斟酌。问题可以相互补充和相互支持，证实、更正或否认前面的回答。它还会引出有关的事情，常常揭露出一些未曾料到的关系、影响和限制因素。采访还可以灵活应变，如果问题提了一串所要求的资料并未得到，可以根据被调查者的回答再提另一串问题。

策划人不仅可以从直接回答中得到信息，而且如果他(她)很机敏和留神，还可以从推理、评论、题外话、意见、轶事、态度以至他们使用的手势中得到想要的资料。众所周知，非言语表达的信息可能是非常重要的！

策划人应在有效采访的一般原则指导下访问他人，这些原则在各种教科书中均有描述。

在制订采访计划时，策划人要确定他想从谁那里、在什么时间、在什么地方、如何去获得什么样的信息。

1. 采访情况

策划人在记录他想要得到的情况时，应考虑到被访者可能拥有的知识范围。例如，一位负责生产的经理不可能确切地了解用什么信贷条款和顾客谈话，而一位地区销售经理也可能不了解计划中的机器保养情况。对于背景信息，一般讨论也就足够了。另一方面，有助于解决问题或可提供改进措施的信息，则需要详加考察、探索和理解(工人对于简化工作程序以期提高产量的态度)。

2. 采访对象

采访对象显然应该是那些与研究的内容有关的人。例如，如果想要了解开票手续，那么负责票据工作的职员就是最理想的信息源。为了得到充分的合作并避免出现轻视任何人的现象，策划师应当首先找负责经理，并让他(她)指定被采访者。以后，策划人也可以转请其他人员予以补充或证实。在初次采访期间，他(她)可以询问谁能提供有据可依的信息。

3. 采访时间

如果按符合逻辑的顺序安排采访，收集到的信息就具有更大的意义。例如，如果通过采访熟悉了产品，接下来对产品制造程序的采访就变得容易。因此，采访应该有顺序性，每一步采访都能建立在前面信息的基础上。在采访前，应先对记录加以仔细研究，以避免采用耗费时间的访问方式去收集那些在另一种形式中已经掌握的资料。不能忽视被访者能够提供的采访时间以及他当时的情绪。

4. 采访地点

选择采访的地点应考虑:接近要研究的活动的地方;方便被调查人;避免喧闹和中断。

一般来说,人们在自己熟悉的环境中,会更加随便,没有拘束。在这里,他们会把所有的情况和盘托出。只有在被访人的工作地点存在着诸如噪声、地面狭窄或被频繁地打断等严重弊端,策划人才应邀请他(她)去别处会面(如在咨询师在客户处的办公室)。

(二)采访的有效规则

1. 采访之前

准备一些能够揭示希望得到的情况的问题(这种提纲仅仅作为采访能够包括所有必要话题的指导和检查手段,而且并不有碍于对有关话题的探讨)。

了解被访者的职业和个性。

告诉被访者讨论的目的。

2. 采访期间

开始时,对被访者做进一步的详细解释并且请示帮助解决问题。

在轻松和愉快的气氛中开始采访,一定要确保在开始时由你来打破冷场。

提出的问题要能够引向希望得到的信息。只要不离题太远或者不过于琐碎,就应该允许被访者按照他(她)自己的思路讲下去。

通过更进一步地提出问题鼓励被访者畅所欲言,做一些审慎的评论去补充被访者的陈述,并且通过微笑、点头表明提供的信息确实是令人感兴趣的等。

除了这些鼓励性的插话外,不要打断对方的讲话。也不应对当时的现场状况表现出挑剔的样子,因为这可能引起被访者的反感。应避免争论或者过急地要求提出改进的建议。

当问题回答得模糊时,可以采取一种不过分的和愉快的方式去寻求问题的答案直到完全弄清为止。注意非语言的信息、感觉和印象。

在采访进行之中记录情况和看法(取得回答者的同意),而在采访之后记录印象和感觉。

离开前,核对记录下的情况。感谢被访者给予的帮助,只有这样才能为以后必需的采访留有余地。

3. 采访之后

通读采访记录,列出需要进行核对的各点并把可靠的信息转录进本项任务的分类资料记录中。

如果适合,可把打印的概要送给被访者进行核对。

从一次采访中得到的信息可用来为另一次采访准备问题(如相互印证或提出试探)。

(三)采访的方式

被采访人和策划人的个性、彼此间的关系以及会见的环境不同,会形成不同的采访方式。

在采访过程中,策划人可能遇见许多意想不到的抵触,如被访者不回答问题、答案含糊其词或者过于一般化、对于策划会使用的方法表示怀疑等。

如果这样的事情发生,策划人应当立即考虑是不是由于过分的或不得体的提问,或者由于提出的问题在被访人看来是平庸的或疏于准备,因而触发了抵触情绪。这时直接请求被访者谈一谈他(她)对这次采访的看法可能是个好办法,可能会打破僵局。然而,当被访者明确拒绝合作的情况下，这种方式就没有多大的意义了。

十三、资料收集会议

在诊断中，另一个可能是为策划人安排一个特别的集体采访式的会议。这种会议的目的是收集与所考虑的问题相关的资料。专题讨论会必须小心谨慎地进行，因为很有可能这种讨论会在能够收集到充分的资料以前就转入一般或详细地讨论可能的解决办法。

收集资料应当涉及所有以任何形式与问题有关的人。有时，策划人可能建议还应当邀请与问题没有直接关系但其存在有助于收集资料的人。然而，收集资料的会议规模不宜过大，因为规模过大可能使一些参加会议的人受约束或者阻碍必要信息的共享。为了形成资料收集过程中必要的更加亲密的气氛，最好安排几次小型会议，并且和某些人组织单独的会议，使他们发表不愿在上级或其他同事面前公开的意见（如监督人员在生产部门和人事部门经理不出现的情况下会更公开地发表意见）。

十四、资料收集中的文化问题

对文化因素的敏感性，是策划过程中一种普遍存在的现象，对于资料收集活动是非常重要的，这是因为在资料收集过程中策划人与客户组织中许多不同的人和不同的集体交往。就这方面而言，策划人必须把国家和组织的文化牢记在心。即使一个组织内不同部分存在的“微观文化”也可能影响采访的进行方式或者是否能够有效地观察这个集体。尽管策划人在确定不同集体的文化准则时面临很多困难并需要耗费大量时间，但这一过程是必不可少的。

（一）资料收集中的文化因素

文化偏见的存在阻碍了资料收集方法的使用。在英语不是第一语言的某一国家里，策划人通过常用步骤准备要分发给一大组人的调查表。当对资料进行检查时，令人惊奇的是答案完全一致。当策划人向客户组织中的一些成员探究原因后发现，在那个国家里，对用回答问卷方式提供他们所认为的调查人需要的信息是一种习惯，而按其他方式做是不礼貌的！这些回答者都很精明地选择了策划人需要的答案并都提供了。

（二）情况分析

没有分析的资料是不能使用的，分析资料的目的不仅局限于研究和评估。策划过程的最终目的是发动和完成变革，而情况分析应该促使我们越来越接近这一目的。

对现实，即条件、事件及其原因的正确描述仅仅是分析的一个方面。另一个较重要的方面是明确能够做什么，客户是否有潜力去做它，以及从设想的变革中能够获得哪些未来的收益。

因此，在分析与综合之间没有截然的界限。对于由部分构成整体的意义而言，综合是从分析情况中得出结论，并提出措施建议。这一步在情况分析时就开始了，情况分析逐步向综合前进。其实，对于一位经验丰富的策划人来说，分析和综合是一枚硬币的两面，是同时进行的。策划人无须每执行一项策划任务时，都要通过对各个部分的综合来得出新的整体——理论知识和实践经验有助于他（她）在进行分析的同时进行综合。

如果策划人了解一条普遍的规则，并能够确定观察到的问题不受这条规则影响，他（她）

就得使用演绎法。不是通过收集和分析大量的情况去确定某一事例中适用什么规则，而是在相反的方向上着手，即设想这一规则阐述的关系也存在于正在处理的事例中。但是策划人要避免进入资料和过去的经验可能为他(她)设置的陷阱中。例如，在分析肤浅的情况下，就匆忙下结论，或者尚未对情况深入研究，就抱有固定的看法(如"这恰恰是我以前多次看到过的情况")。用另外的词语表示，就是使用归纳法的地方不能使用演绎法，或者反之。但在实际的策划工作中，这两种方法像分析和综合一样是互相结合和互相补充的。

(三)情况分析的一个微型案例

在一家制造业企业里，生产记录和观察表明，由于机器出现故障并停工造成一大部分生产能力的浪费。等待正式维修人员赶到现场，就是长时间停工的原因。事实上，尽管该企业下面的几个故障分布在大城市的各个区，但维修服务设施却集中在一个地方，其组织机构也集中在一个向生产部门经理汇报的单位内。策划人可以建议将维修机构分散(例如每一个车间都配一个维修工，或者分建几个维修中心，每一维修中心都要靠近一组车间)。就这一点而言，策划人首先考虑了等待维修工人的时间，因为分散化需要增加维修工人的数量，但并不能保证充分利用他们的时间。下一步人们发现，生产部门经理反对分散技术服务设施，并且通常比较喜欢集中。在一瞬间，策划人可能误认为这是解决问题的主要障碍。但是，他想出了另外一个主意，即重新考察一下机器停工的技术原因以及工人对待机器故障的态度。他收集了更多资料，并发现机器操作者的工资与机器的有效工作时间之间没有挂起钩来。他还发现，大多数的停工是由小差错引起的，而操作者只要稍加训练就可以自行排除某些小毛病。策划人在他的建议中终于把注意力集中到如何改进工资制度的问题上来，其目的在于促使工人把机器停工保持在最低限度之内，同时，还考虑训练具有最低保养和维修技能的技工，考虑对维修服务中心的职能进行某些调整。

十五、编辑资料

在进行下面叙述的分析工作之前，资料需要经过编辑和审查。这一阶段包括检查资料的完整性，核实记录和描述的清晰性，排除或改正错误，以及确认符合资料收集中的统一格式。

最显而易见的例子就是生产过程的记录：如果 19 项记录显示 4 分钟或 5 分钟的持续时间，那么一项持续时间为 12 分钟的记录就不能用来计划平均数。但是在十分不同的背景下，这种情况也会发生。例如，在财务工作中，一般管理费用并未精确地分摊在不同的产品下，或者说一个账单可能包含了本应属于其他账单里的账目。

有时交叉核对是有用的。例如，从一次采访中获得的信息可以用后来的采访证实。在另外的情况下，不可能交叉核对，那么策划人的经验和判断以及从客户的职员中得到的意见，就有助于在资料用于分析工作之前"净化"资料。

十六、分析整理过的资料

分析那些经过分类工作制作好和整理好的资料，其目的是识别各种关系、比例和趋势。在资料分析中采用不同的技术，取决于问题的性质和策划的目的。普遍的方法是使用各种统计技术(如平均数、离散、频率分布、相关和回归等)以及其他各种方法，包括运用数学模型或图解技术。

(一)统计分析

统计分析或其他定量分析只有在能够识别定性关系的地方才具有意义。例如,两个变量之间的联系可以用相关性来度量,但是却不能解释这种关系的本质和原因。

这一分析的主要目的在于查明由数据描述的各种因素和事件中,是否存在着一种特殊关系;如果存在,就要检查其实质。如果可能,这种关系应予量化并定义为一种函数(数学名词)。这里,一种或多种相关变量对一种或多种不相关变量,存在着一种特定关系。目的在于发现和明确这些真实存在的而并非仅仅偶然的关系。举例来说,策划人可能从来自不同公司的资料中发现工作母机的大修费用与其采购价格有某种关系。如果把这种关系定义为一种函数,他就可以对其他使用类似设备的公司进行大修的费用及对生产成本的影响进行预测。

(二)因果分析

因果分析的目的在于找出各种条件和事件之间的因果关系。这种分析,对规划变革和制订改进措施是关键。如果已知引起某些情况、结果和问题的原因,就可以更加深入地研究这些原因并集中对这些问题采取措施。

但是如何才能发现因果关系呢? 应当记住,在大多数的情况下,策划人在开始调查时应当对某个问题的可能原因做一种或几种假设。作为一个策划人,应当用大量的知识和经验去进行因果分析,并且对可能的主要原因应有一种想法。为证实这一点,需要对正在检查的全过程或全系统以及整个组织背景有一种全面的、综合的观点。

策划人还会面临要找出不同正常的因果关系的情况。但是,也确实存在这种情形,例如,一位来自工业化国家到发展中国家工作的策划人可能会发现一定的文化因素与一个机构的经济活动之间存在因果关系,而这些又都是他以前在研究和工作中不知道的(例如,旷工的各种不同原因或者影响工厂内部任务分工的各种因素)。很有必要在收集信息的基础上,有条理地进行这一工作,详细地审查是否一个假定的原因真的产生了实际观察到的结果。在理论上,一个理想情况是排除一种假设的原因并没有导致结果的消失,这就表明我们还没有找到主要原因。例如,在环境条件恶劣的车间工作的工人容易疲劳,因此每日工作三四个小时后产量明显下降。如果改善这些条件(如通风或灯光)后,产量没有增加或只是略有增加,就必须查找另外的原因了。原因也许是营养不良。因此可以说,恶劣的工作环境可能加重了这种情况,但并不是主要原因。

(三)力场分析

力场分析是库尔特·李温(Kurt Lewin)提出的一种方法,能够用于察看各种关系及影响其变化的因素。采用这个概念,一个组织中各种事情的目前状态被看成是一种平衡状态,维持这种平衡状态的是相反方向上作用的两组力:驱动(推动、促进)力趋向变化,而阻止(阻碍、妨碍)力阻碍变化。

在分析工作中,要区分这两种力量以及每一个被评价力的相对力度。两组力不能保持平衡时,变化就会发生(例如,增加一个或多个新的力或者增加或减少一个已经存在的力的力度)。当一种新的状态形成时,就会在驱动力和阻碍力之间建立一种新的平衡。这一过程会不断进行下去。

(四)比较

比较是一种基本的分析工具,它与上面讨论过的一套方法密切相关。比较,是策划人特别感兴趣的方法,它有助于确定未来的标准(潜在成就的),并因此为研究适应将来形势的建议提供指导。就这一点而言,比较应当求助于组织外部甚至部门和国家以外的范例、模型和标准。策划人应当考虑多变的条件是否允许进行这样的比较,特别是进行超出一般判断时,即向客户提供应该怎样做的具体建议时。

公司间的比较通过与其他公司的类似资料或者与部门的标准对比对总的业绩指标进行评估。基准测试是一种分析能力较强的方法,其原因在于它能够针对组织内部的具体过程、操作和职能。许多公司已经用它来识别共同研究同一基准项目计划的其他组织达到的标准,比较经验和条件,以及提出具体的改进建议。

(五)分析未来

因为所有的策划工作的核心在于措施和过程,所以它必须面向未来。策划工作是为客户争取生存或为能够获得更高利润的公司寻找新的商业机会,关键的问题总是:未来的机会是什么?为实现目标我们将来需要做些什么?重点放在改正错误还是开辟全新的路径?

未来的定位为情况分析提供了特殊的依据。策划人除了收集实际存在的实情资料外,还要收集或建立还不存在的情况下的资料。他们要评估这些数据,并对客户要采取令人满意的行动过程提供建议。

因为未来与过去和现在的相关联,所以这种陈述是大致正确的。许多将来的事情和关系可以预测。所以对描述环境和有关组织的资料进行发展趋势的分析是必不可少的。所有的策划人,无论他的策划任务是关于经营战略还是关于某一特定技术就像简化生产记录这样的问题,均关注发展趋势。

遗憾的是,未来趋势分析中最常用的方法是简单的外推法。人们趋向于把未来简单地设想为过去趋势的延伸,这是由于人们不能或不愿考虑这种趋势是否真的能继续发展以及哪些新发展能够从根本上改变它们。在技术、社会和其他方面迅速变化的时期——我们生活在这样的时期里——过去的趋势不会一成不变地继续下去是很正常的事。

针对未来趋势,来源于多种外界信息源的资料需要仔细地检查并估价其可靠性。例如,为高能源密集型生产过程的企业做工作的策划人获得了有关正在建设的能源新增生产能力、它们计划完工的日期以及电力价格方面可以预测的变化等信息。他应当认识到新建电厂可能会延迟几年完工,并且它们的实际成本要比原计划的成本高,同时也应当认识到能源价格受许多因素影响,包括政府的税收政策。这将对电力消耗量大的客户单位研究未来的成本结构产生怎样的影响?制订可供选择的方案并估计其实现的可能性是必要的。

考虑客户单位未来的发展时需要仔细地分析。周围环境的变化将会影响这些发展。例如,分析产品生命周期的时间尺度时,必须考虑能否使用某一特定部门经常使用的曲线,或者技术上的进步是否会迫使你使用另外一条曲线,计算机工业的发展速度已经充分地证实了上述现象。

上述情况也同样适用于比较分析。有些比例数据可能已不那么重要甚至没有任何意义了。零售业中,不管是小商店、大百货公司还是超级市场或自选市场,每个雇员销售额的比例都是有意义的。然而,由于自动控制销售装置的出现,即使只是用电子控制和收账设备取代了出纳员，每个雇员销售额的比例就失去了意义。这时，每平方米售货面积的销售额或者每投资1 000美元的销售额，就变得更加有意义了。总的来说，能够评价全部因素生产率的比例比劳动生产率等比例，变得更重要了。

(六)综合

对于一个策划人来说，分析方法和综合方法是一枚硬币的两面。随着情况分析的发展，策划人采取的方法将越来越多地涉及综合法——如果整个过程或机构需要进行革新，他(她)就要鉴别基本关系、趋势和原因，并区分基本与次要的事件和因素，并确定必须进行革新的因素和条件。特别是，当策划人向前看并帮助客户确定为组织机构未来发展做准备的行动计划时，他就要像综合分析专家那样做。

在策划工作的实践中，综合要比单纯的分析困难得多。许多庞杂的分析报告，虽然是基于大量的事实并提出了很多问题，但是很难使用，因为它们缺乏综合，同时也没有指出关键性的措施。提出的所有措施不可能同时或以同样的精力付诸实施，措施开始于随便的方式或者很快就弃之不用。

十七、反馈给客户

动员客户参与收集资料和其他的诊断工作。其目的是在任务的早期阶段建立策划人和客户之间真正的合作关系，并防止客户这方面出现各种各样的消极态度和反应。如果客户对正在进行的一切知道得很少，并且策划人的调查结果和结论又来得过于唐突，发生这种情况是难以避免的。因此，在诊断阶段，需要向客户及时反馈信息。

(一)反馈的内容

反馈提供给客户的信息能够：告诉客户一些关于他(她)的组织机构中存在的新的和有意义的事情；使客户理解策划人采取的方法和调查研究的进程；提高客户对这项任务的积极贡献；帮助策划人停留在正确的轨道上，或者必要时重新确定调查的方向。

反馈的概念表明它涉及的不仅仅是有用的信息，而且还涉及策划人与客户协作过程中收集、分析和筛选出的信息。

在诊断过程中使用的反馈其实就是一种诊断的方法。这种假定就是专门挑选和提供的信息将激起客户方面的一些反应，因此，策划人应该牢牢记住什么反应是自己想产生的：自己需要有关这个论题的更多信息吗？自己正在寻找客户不愿意谈的新论题信息吗？客户会批评自己收集的资料吗？自己想通过展示报警似的资料而震醒麻木的客户吗？

给客户反馈同时也是一种用于推动变化的干预技巧：这是所需要的吗？自己是否有充足可靠的信息反馈给客户并能够达到激起变化的目的吗？存在形成过早变化的危险吗？要警告客户提防这个危险吗？

(二)反馈的时间

反馈不仅仅是通报完成的工作。因此，应当在反馈能够为具体目的服务的时刻进行。例如，反馈告知客户：虽然到目前为止收集到的资料已经表明，存在一些在最初任务的协商和计划期间未能预见到的新问题和新机会，或者虽然策划人认为有充足的信息能够排除某些开始阶段提出的假设时，但是他更愿意与客户讨论这些情况。采取“许多小步骤”战略的策划师，每当他(她)有充足的信息去决心采取下一步骤时，都会给予反馈。

(三)反馈的对象

原则上,反馈应当给予那些策划人期望能够从他们那里得到与有关问题相关的进一步的帮助、更多的信息或者有所行动的人。经常应当强调的是,如果反馈过于受限制(只限于经选择的个别人或少部分高级管理人员),那么期望别人乐于帮助策划人是不现实的。有些专家把这看成是一个策划道德问题:如果人们能够提供信息并且表明他们对这项任务感兴趣,他们就有权利知道关于如何使用他们的信息的反馈。理论上,所有被访人在采访后很快就应该收到一些反馈。

实际上,对此存在一些限制。有些信息显然就是机密,并且不能在大范围雇员中公布。决定谁能够以及在哪个阶段了解到策划人的发现也是一个策划策略问题。例如,原先曾拒绝给策划人提供信息的个别人,如果明白策划人将同他们共享信息,就可能转变态度。

(四)反馈的方式

策划人希望表明,他(她)们不是在浪费时间,而是要分享重要信息。但是其目的不是哗众取宠。策划人应当有选择性地分享那些有意义的、客户真正关心的、可能会产生反应并能调动客户积极性的信息。

给予反馈不是告诉客户策划人知道什么。这是一个在报告和与客户交流过程中始终能够观察到的普遍原则。当收集的信息中包含一些对于客户来说确确实实是新的因素,或者能够显示在因果之间的未知联系或者隐含的优势和劣势时,对于这些问题给予反馈是明智的。

给予反馈不是评价客户。因此,策划人应当避免进行价值判断;正是客户才能够以公平的态度从提供给他的精选信息中得出这样的结论。要时刻牢记策划的目的。例如,仅仅谈策划人遇到的问题和困难,以及更多的问题和更多的困难就不是好策略。反馈也要指出客户解决问题的潜力,并且提出可能想到的要点。

(五)反馈的形式

不应过分强调需要精心准备资料和要使用的反馈形式。给客户组织中的重要成员以具有个人特色的口头反馈是很普遍的。另一种形式是成文信息(如临时报告或备忘录)。许多策划人喜欢与客户组织中的不同小组举行反馈会议。这些会议可能提供有价值的补充信息,并且帮助策划人把调查集中在关键问题上。这些会议对身边的问题以及策划师采用的方法总会表现出各种各样的态度。

十八、结束诊断阶段

诊断阶段的最后为反馈提供了重要的机会。在提出诊断报告以前,策划人可能发现举行一次或多次反馈会议去评论主要的调查成果是有益的;这会帮助他们识别分析中最后的差距,并且也让客户做好接受将正式递交给他们的结论的准备。

即使这项任务继续进行(即如果清晰地表明从诊断工作到行动计划阶段,再到完成阶段之间可以平衡过渡),递交有关任务的主要诊断进度报告也是必要的。对于客户来说,策划诊断的周期可能很长并且费用较高。许多经理也许不曾参与过深,尽管他们对这项任务将产生的成果感兴趣。一个好的进度报告当然会受欢迎。应当清楚地告诉客户是如何集中进行这项工作的,诊断是否已经进一步证实了所做的这些选择或者发现了新问题和新机会,以及今后的行动方向。

然而，如果没有下一阶段的策划任务，如审计管理和组织机构的综合诊断研究，就要求策划人证实和分析情况。但是因为某种原因，客户不希望策划人超出这些范围。在这样的事例中，诊断报告也将是任务终结报告。

如果这项任务继续下去，在开始行动计划（例如设计新的信息系统或者车间布局和计划实施）之前获得客户的同意是必不可少的。策划合同经常详细说明，在诊断阶段末与决定是否和如何继续这项任务之前，确切地会有什么事情发生。

课后练习

1. 营销策划公司的展业流程是怎样进行的？
2. 简述营销策划公司的策划诊断步骤。
3. 诊断的要领框架包含哪些内容？
4. 诊断过程中怎样对目的和问题重新界定？
5. 诊断的主要步骤是怎样开展的？
6. 资料收集中的文化问题要注意哪些方面？

案例思考

如何做到在一个星期之内“摸清”一个行业

在一周之内“摸清”一个行业依然不可能成为这个行业的顶尖专家，也不可能成为这个行业的一个高管。但是，你能了解一个行业的全局，现今状况、过去、未来一段时间内可能的发展趋势，熟悉那个行业的行话，拿捏这个行业的基本信息。

“了解一个行业”这件事本身不太可能快速完成。不过，如果我们只是想摸清楚最基本的情况，可以通过询问以下几个关键问题着手。这些关键问题围绕着一个根本问题：这个行业的链条是如何运转的？

1. 这个行业的存在是因为它提供了什么价值？
2. 这个行业从源头到终点都有哪些环节？
3. 这个行业的终端产品售价都由谁分享？
4. 每个环节凭借什么关键因素，创造了什么价值获得它所应得的利益？
5. 谁掌握产业链的定价权？
6. 这个行业的市场集中度如何？

而信息获取的渠道，则包括：(1)金融投资机构的行业报告；(2)咨询公司的分析报告；(3)行业交流网站或论坛的热门帖子；(4)业内企业的培训课件；(5)参加行业展会或者论坛；(6)从业者的私下交流。

其中(1)～(4)，都可以通过网络搜索获得。

有限的五个工作日，必须高效加以利用。对策划人的建议是分三步走：(1)确保自己不会乱开黄腔；(2)让自己进入这个行业的对话；(3)争取提出令人眼前一亮的观点。

第一步，阅读财务报表。

进入一个新的行业，首先应该了解这个行业里的领导企业——很可能正是策划人马上需要去服务的企业。了解一个领导企业最直接的方式，就是读它的财务报表。上市企业的财务报表都是公开的，并且通常会附上很有用的董事长致投资者函。阅读一份财务报表，就可以了解很多基本的信息：这家企业的所有权性质、主要业务、主要客户、收入结构、成本结构、员工规模、人才结构、战略方向、主要风险……即便策划人真正想了解的企业是非上市企业(如华为)，它也必定与其最主要的竞争对手(如中兴)有很多相似之处。所以，阅读财务报表可以让策划人对这个行业里的主要玩家有一个基本的了解，不至于提一些太离谱的问题或者建议。

花一天时间读完一两家企业的财务报表之后，接着就得下点死工夫，读一本这个行业的综述性书籍。读这种书的目的，第一是更深入地了解这个行业的商业模式和惯例，第二是掌握一些行业里的“术语”。

第二步，进入行业对话。

要进入一个行业的对话，就得了解这个行业当下的趋势。有些人会推荐和行业里的朋友聊天。但作为一个时间紧迫的策划人，更适宜的方法是以研究材料为主、与朋友聊天为辅。

行业趋势的最佳来源是麦肯锡之类管理咨询公司做的行业分析，譬如《麦肯锡季刊》(McKinsey Quarterly，http://www.mckinseyquarterly.com)发布的研究报告，以及《经济学人》(The Economist，http://www.economist.com/)的行业分析。从这两个网站搜出最近五年所有与你关注的行业相关的文章，花一两天时间通读一遍，应该就能把握这个行业的脉搏。

与此同时，在这周时间里，让自己浸泡到这个行业的上下文中。办法很简单：订阅一堆与这个行业、与你想要针对的目标企业直接相关的新闻 RSS，把其他的 RSS 频道都暂时屏蔽，所有的空闲时间都用来看这个行业、这家企业最近发生了什么。

第三步，以我为主，提出观点。

关键在于把自己的专业、技能、知识、经验与这个行业的情况相结合，提出一点别人没有提过的东西。

所以，在做了前两步功课之后，至少给自己留出一整天的时间来回答这样三个问题：(1)这个行业所面临的痛点有哪些？(2)哪些痛点对于业内人士是最紧迫的？(3)如何把自己的专业技能与这些痛点结合起来？

其中，前两个问题的答案应该是相对客观的。也就是说，可以把麦肯锡的寿险行业分析打印出来，扔掉最后的“解决方案”部分，然后结合自己的专业领域，尝试给它所列举的几大痛点寻找解决方案。“提出观点”这部分，就是专业人士站在自己专业领域的命题作文，能不能讲出亮点，不仅要靠快速理解目标行业的“小聪明”，最重要的还是看在自己专业领域里的造诣。

本章实训

行业分析

每个行业都包含了多个维度的内容，如行业历史、现状及未来、市场容量、消费规模、与经济、政治的相互影响方式和程度、行业内企业的生存状况、行业人才的分布及动态等，当我们需要短期内摸清某一行业时，都是基于当前工作的实际需求来进行的。因此，下文主要是从一个猎头的角度来说明如何做到一周内摸清一个行业。

猎头的工作流程一般如下：

客户提出招聘需求→猎头进行职位分析→确定匹配人才来源(行业/企业)→设定人才搜寻计划(即如何接触到目标人选)→评估潜在人选→推荐匹配人选面试→合格人选入职

通常，从猎头接到一个新的职位委托到推荐第一批匹配人选给客户所需时间为7～10天，这就要求做单的猎头顾问，在一周之内摸清一个或两三个行业，挖掘客户需要的人才并对其进行综合评价。实现的整体思路和操作可简述如下：

1. 圈定对应行业，或拓展至相关行业。

(1)客户提供行业基本信息，如竞争对手；

(2)咨询相关行业内朋友；

(3)通过互联网、行业杂志、产业报告等，了解行业上下游企业的产品/服务/业务模式等。

2. 确定行业内TOP 5或TOP 10企业名单，并关注名单排序的标准，及近几年排名变化。

(1)咨询行业内朋友；

(2)参考每年的Fortune Top 500；可适当拓展了解近3～5年排名变化情况；

(3)通过互联网、行业协会、上市公司信息披露等渠道查询企业排名(如销售额、增长率、零售终端数等)，同时关注企业的战略调整、市场布局、新产品发布、收并购信息等；

(4)查阅PE/VC、证券等金融机构的行业/企业分析、案例分析、产品分析、行业预测等报告。

3. 锁定所列企业组织架构中的对应岗位的目标人选，通过各种渠道接触到目标人选。

(1)联系/咨询行业/企业内的朋友，或朋友的朋友；(人脉资源)

(2)搜索猎头公司自身数据库人才资源；

(3)第三方人才库资源(如linkedin、微博等)；

(4)ColdCall(陌生电话)。

重点：

一是联系到的每一个人，都详细沟通，最大限度地通过这些人挖掘其所属企业、竞争对手的具体岗位/员工/业务/产品/服务等的数据和信息；

二是及时转化吸收所得信息，并用于此后所联系到的人，同时相互印证这些信息的准确度、可靠性。

当做到第2点的时候，其实已经可以了解到一个行业的70%～80%(笔者凭经验估计)甚至更多，而大多数人可能会觉得第3点的实现有些困难，其实情况并没有你想象得那么糟糕，因为你有很多的朋友，而你的朋友又有很多朋友，更别说“六度分割理论”带给你的无限人脉资源，只要你想挖掘，你现有的人脉资源带给你的信息就能使你在已有的70%～80%的基础上增加10%～20%，保守地说，这个时候你已经是这个行业的半个专家了。

举例说明如下：

为一家国际 Top 3 的糖业集团寻找华南区总经理的人选。启动项目后，我们按照客户的要求，根据职位的任职资格，进行如下操作：

1. 圈定行业

首先，在网上搜索“制糖企业”“糖业排名”之类的关键词，从搜索结果中了解到国内制糖企业几乎为本土民企和国企，并分为以蔗糖为主的南方和以甜菊糖为主的北方制糖企业。

其次，从“制糖行业分析”“糖业研究报告”的搜索结果中，了解到糖业在中国的产业布局、优势省份、产品特色、产业上下游产品等，了解到糖业上游的种植（甘蔗、甜叶菊的种植）、中游的制造（榨糖厂、渣料处理等）、下游的分销（食品加工企业、饮料生产商、食品添加剂公司等、现货/期货市场等）。

最后，拓展到产业上下游相关联的国际集团在华开展相应业务的公司，如国际食品集团、国际四大粮商、雀巢、百事、正大饲料等企业所属的行业。

2. 确定行业内企业名单

(1)国内糖业公司：洋浦南华、广西农垦、贵糖、东亚糖业、南宁糖业、凤糖、英茂糖业等；

(2)国际四大粮商 ABCD、国内的中粮；

(3)根据 FortuneTop500，根据企业产品分类，确定其中的食品制造或零售企业名单：Nestlé、Pepsi、Kraft、Coca-Cola、ABInBev、Tyson 等。

3. 根据企业名单摸排对应岗位的目标人选，并最大限度获取企业/行业信息，丰富前两步的内容

因本文主要以摸清行业为目标，故第 3 步不再赘述。通过前 1、2 步的信息收集、整理、分析，加上第 3 步的信息细化及相互印证（亦可称为人脉资源利用），我已经在不到一周的时间内摸清了一个行业，甚至相关行业的情况，并基于此，完成客户的委托。

依照以上方式，选择一个自己感兴趣的行业，进行初步分析。

第五篇

实践篇

第七章

营销策划案(行动)的推销与实施

第一节 营销策划书的推销

当一个营销策划方案推出的时候,我们一定要做好推销工作,加大推销营销策划方案的力度,尽力从策划方案的各个角度宣传,以提高策划方案的知名度和认同度,达到预定的目标。

一、推销在营销策划中的作用

推销往往给人们的印象是它在产品销售中起重要的作用,而在策划领域中推销所起的作用却很容易被忽视。实际上,推销活动在策划中所起的作用越来越明显,有超前眼光的企业不仅利用推销将策划推向领导或决策者,而且还利用推销将自己的策划推向大众。

具体来说,推销在营销策划过程中所起的作用有以下几个方面:

(一)营销策划初期阶段:让大众了解策划的主题

营销策划工作中在策划初期就一定要树立起推销意识,可以相应地推出一些活动,让人们了解将有一个什么样的策划诞生。

(二)营销策划中期阶段:让接受者关注策划案

进入营销策划中期阶段,推销工作变得更为复杂。因为在这个阶段,大量的工作需要筹备,包括推销策划案的步骤、场景以及有关推销人选方面的确定。古人云:“凡事预则立,不预则废。”

(三)营销策划方案正式推出阶段:让审议者认同策划书

万事俱备,只欠东风。在完成策划书的撰写工作后,就进入了推出策划书阶段,此时推销工作起关键作用。因为策划案是否能达到预期的效果或取得比以前更佳的效果,关键在于能否被评审者通过,要让评审者认同策划书,推销工作是十分有必要的。

二、推销策划书的准备工作及程序

策划书的推销活动贯穿于策划过程的始终。从产生创意到策划书撰写完成,推销工作一直在发挥着作用。但是推销最终发挥决定性作用是在提出策划案的时候。成功地推出策划书,必须做好正式推销前的准备工作。

(一)准备工作

这里所谈的准备工作专指在营销策划书正式完成后和现场推销前这一段时间所需进行的工作。正式提出策划方案时,能否被通过,对策划人来说是十分重要的。为了提高策划书推销的成功概率,有必要做好充分准备,正所谓"磨刀不误砍柴工"。

1. 自我说服

将策划书推向别人之前,要自己先进行审核评定,也就是说自己先把关。如果连自己都认为策划书的内容不可能被实现,那么说服别人来接受你的策划书就无从谈起了。

2. 模拟演练

为了使策划方案能被采用,在正式提出方案之前要做好充分的准备,以提高成功的概率。为了达到这个目的,在提案前需要进行事前演练。事前演练应注意的事项主要有:(1)建立周密的提案报告计划;(2)确认对方(委托者)的参加者,以便准备和练习对方可能提出的问题或者是反对性的意见;(3)会场、使用的工具、时间安排一定要到位;(4)决定任务的负责人,并进行事前演练;(5)对将要分发给与会者的资料进行检查。

3. 与审议者事前沟通

在正式推出策划书的场合,供评委阅读策划书的时间很短,所以策划人员事前不仅要把策划书递送到评委手中,而且要主动地跟主要评审者进行非正式的交流(或者可以说是"请教"),让其初步了解策划的内容及策划者的主要意图,从而提高策划书推销成功的可能性。

4. 小组报告时的任务分配

在进行提案时,报告者当然很重要,但绝对不是报告者个人的表演,从事前准备到正式开始,小组团体的密切配合十分重要。任务分配的重点列举如下:(1)决定进行提案报告的指挥者;(2)全体轮流确认提案报告的进行脚本,以防出现漏洞或失误;(3)决定主要报告者和助手;(4)决定器材的操作人员,并进行事前操作和资料的检查;(5)决定计时人员,以便进行时间管理和资料的分发;(6)全体成员进行事前配合演练,以确认各自的任务。

提案报告的成功绝对要靠全体成员的互相协助和努力,所以要多次演练报告提交审议工作。

(二)准备程序

俗话说,"无以规矩,不成方圆"。策划书推销工作的准备并不是杂乱无章的,各项工作的准备是遵循一定程序的。

一般程序的主要内容表述如下:

明确目的:(这里所谈的目的专指策划书的推销目的,与前文中出现的形同意异)。介绍目的是什么?必须达到的最低目标是什么?是否预先将此目的传递给对象?

熟悉对象:对象的知识水平如何?赞成派、反对派是谁?

准备会场:选择礼仪小姐;确定场地、会场大小以及会场布置;备齐所需使用的装置、工具。

资料:准备足够的宣传资料,如小报、传单等;所用资料是否易懂且能否给人留下深刻印象?资料的筛选;提供证据的数据是否已经充足?可能出现哪些问题且资料是否准备充分?

彩排(也叫模拟演练):在正式介绍策划之前可以模拟演练、彩排,这样做的好处是,可以提前发现准备工作的漏洞和不足。

现场推销:主要是指在所有准备工作就绪之后,由策划人现场表演,将前期工作成果展现出来。

现场推销是在最后一阶段才进行的,但是策划书的推销自"明确目的"时候就开始了,直到策划书最终被通过,推销工作才算完成。所以说准备工作与推销过程是相互交织在一起的,准备工作的程序也一定程度上体现了策划书的推销程序。但值得注意的是,正如产品推销因产品性质不同其推销工作也千差万别,策划书推销同样因策划书内容及对象的不同其推销工作的程序也有相应的变化。策划人要根据具体情况的不同而随机应变,不要被传统的程序所束缚。策划人熟悉的策划书推销的一般程序只是帮助从整体上把握策划的推销工作以及检查和预防推销时可能出现的偏差。

(三)策划书推销的技巧

1. 介绍技巧

据理论研究,人们的交流主要包含三个层次,即交流内容、语言技巧(说话方法)及外观技巧(表现)以下主要介绍后两种。

(1)语言技巧。首先是说话的内容、方式,应该添加一些适当的事例、有品位的幽默,这些可以帮助达到良好的效果。而且,说话的速度要配合对方进行调整。

在介绍策划方案时,说话的方法特别重要,同样的内容如果说法不当,结果会相差很大。认真的态度、充满自信的说话方式很有必要。

(2)外观技巧。人的信息传达三分靠语言,七分靠非语言。因此语言技巧固然重要,外观表现也是一个非常重要的因素,其主要作用是给人印象并加强记忆的。

2. 回答问题的技巧

回答问题有时候也起到关键作用。很多人介绍完策划案后,却因回答问题不当而导致最后的失败。因此,回答问题的能力将最后决定策划案的成败。在回答问题时要注意以下几个方面:

(1)细密。报告者要以"心"来进行演说,才能正中对方的心思,这是非常重要的一点,因此在诉求重点和回答问题时要胆大心细,对具体例子或数字要有条不紊地进行解说、回答,才能给对方留下深刻的印象。

(2)始终抱着欢迎提问的态度。报告者要充满自信地要求大家提出问题。

(3)回答中要反复强调自己的主要观点和主要主张。将提案报告中易触动人心的部分巧妙地传递给对方是报告者最主要的工作。

(4)回答问题结束时，要总结策划的概要。

注意：如何结束策划方案的介绍？

第一，在时间充足的情况下结束。因为时间紧迫往往会显得慌乱，从而带来不好的结果，所以，要根据计划安排介绍的节奏。

第二，确认目的是否已经达到。策划人一般都希望当场有明确的结论。这时，要充分发挥对方支持者的作用。若结论不明确，则应努力确定以后所需进行的活动。

第三，要致辞表示谢意，不能失礼。

3. 演示工具的运用技巧

(1)OHP 的运用技巧。

在报告现场使用的各种演示工具中，OHP(复合幻灯机)最为简便和实用，一直受到策划人的青睐。要掌握和运用好 OHP，关键在投影片的制作和表现手法上。

OHP 投影片的三种表现技法：

O(Overlay)——投影片上的重叠组合。Overlay 是将诉求重点使用不同颜色的投影片来重叠组合，有利于强调重点。投影片可以重叠四张左右，对于诉求点印象的加深效果更佳。

H(Hiding)——部分隐藏。Hiding 是将重要处先行隐藏起来，再按照序号一一呈现，这种技巧能让对方集中注意在说明处。

P(Pointing)——投影片的直接演示。Pointing 是指报告者站在投影机前面用指示器直接在投影片上将重点指出来，这是最基本也是最简单的方法。

(2)多媒体文件的设计与制作技巧。

多媒体运用的关键在于多媒体文件的设计与制作。成功的展示来自于成功的设计，如果以一种匆忙和随意的态度加以处理，使主题无法精确地加以界定，观众就只能模糊地了解。多媒体文件的设计一定要考虑各种媒体的有效性，而不是无原则的拼凑和粘贴，更不是简单的资料存储器和播放器，它应成为策划者有效展示营销策划内容的有力手段。

多媒体的综合使用能改善策划书的推销效果，也会影响推销效果，关键问题是各种媒体的运用“度”。多媒体文件的设计制作应注意以下几个方面：

①界面。屏幕界面的设计不仅是一门科学，而且是一门艺术。屏幕设计要生动、漂亮、实用，要有深度而且精巧，整体要有一致性。

②文字。设计字幕的原则是字一定要大，一定要清晰，一定要充分利用整个屏幕空间。文字加工可以采用 Word 或写字板加工，然后粘贴，要使用大号字、粗体字，使用与背景反差强烈的高饱和度的纯颜色字，必须注意色彩搭配协调。

③声音。播放的声音信息必须清晰、效果好，使听众充分感知策划的内容；背景音乐可渲染气氛、烘托环境，但使用要特别慎重，一定要选好、处理好。切换幻灯片时可适当加入声音效果，提示或引起注意，但应严格控制，本着宁缺毋滥的原则，防止不必要的声音效果干扰影响效果。

④构图。充分利用显示屏的空间面积，采用全方位构图。屏幕要设计得具有美感、艺术性，令人赏心悦目。这样能使人的注意力集中，引起潜意识的注意并快速准确地传递信息，提高兴趣。

⑤颜色。颜色是一种特殊的符号,比无色的白板更引人入胜,但如果色彩不是用来阐明和表现主题,那么就是多余之物。运用色彩,可以达到提醒和区分的作用,不过在一屏画面中一定不要使用太多的颜色,这样容易引起注意力分散。背景的变换不要特别频繁,也不要大幅度地跳跃,否则会增加眼睛不断调节晶状体的频率,潜在增加观者眼睛的疲劳程度。

⑥图片。一定要贴切,充分体现主题思想,宁缺毋滥,否则分散注意力。画面必须醒目、简单,不要太小,要让观众看清细节。白色的背景比有颜色的背景效果更好,有的颜色比其他一些颜色的效果更好,但必须确信在光线明亮的情况下观众是否能看清楚。

⑦链接。设计链接一定要注意既能够进入新界面,也要随时能返回主界面。跳转要灵活,要根据知识点的认知规律设计跳转链接点。栩栩如生的动态图形较静态文字更容易令人接受和理解,并且可加深审议者对策划内容的印象。

(四)策划书的推销策略

1. 充分了解接受方

"知己知彼,百战不殆。"提出策划案前,需要做的第一件事情就是要掌握接受方的理论层次,从而把握提案所采取的介绍方式。

例如,某个企业在提出新的市场开发的营销策划时,全体企业小组的成员,都是大学以上毕业的,而且是数学解析能人较强的小组。因此,在说明会上所用的图表,出现一些数字和难以理解的图形。策划小组的成员,虽然都可以理解,但听的一方的主管大半讨厌这些复杂的数字,也没能力立刻看懂这些麻烦的数字和图表。

本来应该说明策划案的,却变成在说明对数图了。结果,结论就变成了"你们这些有学问的人说的话,我们实在听不懂",而对提案的决定也就只好暂时保留了。

2. 转换立场考虑问题

策划人应该分别站在提案的接受方和策划案的设计方两种立场上来核对自己的策划书,把认为不够充分或不合理的地方加以修改。

(1)策划人站在接受方的立场上核对策划书。

①看封面名称;

②检查目录的结构是否清楚易懂;

③核对策划流程明晰度;

④有无特殊用语;

⑤查找有无令人不快的说法;

⑥核对策划方向有无与主题偏离;

⑦检查有无系统的计划安排;

⑧看是否需要提高预算。

(2)策划人站在自身的立场上核对策划书。

①诉求的核对。其他的合作人员是否能适应自己的提案?一个说服力很强的策划人,必然能将策划内容生动描述,并且让其他合作人员也能清楚地了解。

②内容的核对。记述中有无矛盾之处?即使策划本身并不矛盾,也不能保证制成的策划书表述前后一致。应将内容仔细核查,别人才能看懂。

③表现的核对。所表现的语气是否会令人满意?一份策划书的语气和记号应该有一定

的标准，才算是谨慎的策划。

3. 让审议者成为“友方”

在产品推销中，硬式的推销方式已经运用得不多了，现在多转向迂回方式进行推销。营销策划书推销中所运用的更巧妙的“封杀反对势力”的方法，就是所谓“建立友情”的方法，指的是在做策划的过程中，争取担任审议员或参与决策的人，加入策划方的阵线，成为“友方”。

如果能让担任审议的人士以某种形式参与策划过程的一部分，请他们表述自己的意见或出一些主意，再将其巧妙纳入策划案，借此使他们共同加入策划工作者的阵容，成为“友方”。这样一来，这些人很可能变成策划案的赞同者，至少是很难再反对了。

要把人拉拢成为同伙，当然最好是使之正式加入，成为策划成员之一。但当审议者是上级或其他部门的同事，或者对外提案是对方公司的董事长或高级主管时，要使之正式成为策划成员就太难了。这时候，可以下功夫使他们在实质上成为“友方”。

例如，策划人在立案阶段，可以事先拜访担任审议的人，请他们对策划的宗旨做一番说明，并请教他们各种建议和意见等。有时在研究拟定策划案的过程中，也可以将自己的想法提出来，征求对方的意见，或在电话中和他们商量。接下来，可以把他们的意见和建议纳入策划案中。而且尽可能以他们能够认出来是“他的语言”表现手法做处理。当策划完成时，要带着策划拜访他们，一方面表示谢意，另一方面把对方拉进自己的阵线。

4. 将说明升华为说服

(1)说明：为说服工作做好铺垫。如果简单的策划案，只要向审议单位简要说明，可能不必多加说服就能决定是否采用。不过通常的情况是，策划方案要经过接受质疑、批判等过程，才能获得认可。因此，在审议会场上策划人要注意自己的态度和行动。

(2)策划人应对自己的策划有自信，并把自信表现于态度和应答上。需要注意，所谓有自信，并不表示傲慢或自大，而应该很慎重、很礼貌地以能够令人产生好感的态度显示自信。

(3)对于反对意见和批评意见，要以沉着的态度应对，以免发生意气用事的争论，引起对方反感。因此，最好事先多训练自己以养成应答时尽可能不直接使用否定语的说话艺术和说服方法。对待批评，要先从肯定语进入讨论，这样才更容易引起共鸣。必须牢记策划取舍的基本原则是：以理性、经验和灵感去判断、决定；感情用事的争论毫无益处。

(4)在说明策划方案时多少需要一些“为了方便的小谎言”。例如，只要有信心，不妨在说明和资料的表现上多少加一点工，故弄玄虚或稍微夸张是无伤大雅的。会令人脸红的谎话应该避免，但是像“竞争对手可能会抢先一步”的表现则可以容许。

(5)将说明力提升为说服力。充满自信的说明、富于说服力的说明能让对方接纳。如果能将说明力提升为说服力，那么策划案便能够在强有力的支持下得到承认。

无论多么巧妙的说明，也可能没有说服力。相反，非常朴实而顺畅的说明，却有可能令人感到强有力的说服力。策划需要的不是雄辩饶舌，而是具有说服力的说明和应答。

要想说服对方，与其单从理论构成来说明，不如以自己的想法和自信引起对方共鸣，把对方卷入自己想法的步调。因此，如果说服力强，就可以不必详细说明策划细节，便能获得赞同。

如何才能使说明更具说服力？可以简单归纳为以下几点：①对策划书要有自信；②尤其要对其成果表示确实的信心；③将显示自信的个性溶入策划案；④说明时要能显示对企业

来说,这样的策划是必要而且有用的;⑤在回答质疑的问题时,要以充满信心的态度应答等。

(6)对否定和批判者——具体说服。在提出策划案时,如果能慎重使用模拟问答、迂回请示、拉拢感情等方法,策划案顺利通过的可能性会比较大。但实际上在审议时,最麻烦的不是质问,而是否定语。

例如,出现“这种预算没办法拨出来”“这与本公司体制不合”“这要动员太多人力”“大概没有时间”等话时,很容易陷入感情用事的局面。

这种否定语最容易折断新创意的嫩芽,因此策划人必须事先研究准备,对审议者这种想法该如何说明、说服。此外,在审议会场要如何进行说服,也需要下一点功夫。

例如,某一企业为开办新事业而做的策划案,由于预算太高而发生问题。对这些批判意见,由于策划者已具体说明“本预算我们计划由新开办事业部门以企业内部贷款利率向公司贷款,等事业开始后,可以在三年之内还清本利;本策划案的用意是,只要新事业成功,公司除了资金融通之外,并没有其他负担”,终于说服了批判者。

5. 看准时机,一锤定音

很多人都以为策划书既已做成,那么就可以随时提案。而看准时机,一次获得认可,才是最理想的办法。

如果有多处提案一起提出时,要斟酌策划书的排列名次,因为有时审议的顺序也会影响评委的打分。例如,排在第一个的策划书,常常会被严加考核,策划书被否决的可能性就很大。

由高级主管或董事长直接裁决时,如果他们正为其他许多事情忙得不可开交,不管提出多么好的策划案,也可能遭到拒绝。因此,当高级主管特别忙的时候,最好设法将策划的提出日程向后顺延,以免被无故地否决。相反,如果高级主管心情愉悦时,则选择比较恰当的时机向其提出,成功的概率就会大大地提高。

总之,要使策划书一次被通过,选准时机是关键。

第二节　营销策划的实施

策划案一旦得以通过,策划活动的重点就从策划案制定转移到了策划案的实施。无论多么杰出的策划案,如果最后没有付诸实施,那么它只是纸上谈兵而已,充其量只能画饼充饥。因此,策划的组织实施是策划最后的也是关键的一个必要程序。

策划实施并不是轻而易举的过程,它涉及大量的工作、资金和时间安排。另外,策划要得以实施还须满足两个条件:一是制定的策划案具有实施的现实可能性;二是实施策划的组织和人员必须了解和掌握策划组织实施的科学方法、技巧和程序。

一、实施前的充分沟通

在策划实施之前,应确保实施者已真正理解了策划的内容,特别是对策划意图、策划要点有了深刻的认识。如果沟通不彻底的话,那么费尽心力做成的策划案,很可能在实施中变质。在实际工作中,因为缺乏沟通而使策划的实施偏离预定方向,并带来许多副作用的事情是常见的。

成功实施策划书需要良好沟通，策划书能否成功实施取决于策划者与实施者是否保持良好的沟通。

例如，有一家颇具实力的日本企业，拟定了一份策划案，要求约六十家承包商协助推动"秋季降低成本运动"。策划案的主要宗旨，即运动的主要目的，在于使合作的厂商互相竞争，将进货成本降低。根据进货成本相对过去一年进货成本的降低比率，以及总金额降低最多者，可获得奖金。

这项策划，是由本公司工厂管理部门所拟定、经过主管会议通过并颁布实施的。

然而有一家工厂却抹杀了这项策划案的基本意图，对各外包厂商设定降低成本目标的强制配额。发包负责人为了达成配额而威胁承包厂商，压迫他们，以实施外包降价的强硬运动。

其结果是，虽然收到了一些降低成本的效果，却增加了外包厂商的不信任感，等到运动一过，便纷纷发生延长交货期、产品质量低下、拒绝进货等完全出乎意料的后果。

这个例子说明了做好事先充分沟通的重要性。例如，那位厂长把运动当成单纯的"降低成本"，结果导致采取强制配额的做法，主要是因为他对运动的真实意图的理解发生了偏差。

二、实施进程

(一)实施的两阶段

1. 模拟布局

舞台剧目在正式上演之前，都需要彩排；策划案在正式实施之前，也需要彩排。策划案的彩排就是模拟布局。

这时候，策划者必须根据已经拟妥的预算表与进度表，运用"图像思考法"，模拟出策划实施的布局与进度。所谓"图像思考法"，就是用人类图像思考(传统只用语言思考)的本能，把未来可能的发展一幕一幕详细地在脑海中呈现。

2. 分工实施

策划人一方面把各部门(营业、生产、人事、财务、总务等)的任务详加分配，分头实施；另一方面根据实际情况修正预算表与进度表，严密控制策划案的预算与进度。

这时，整个策划书才从"构思"落实到"动手"的阶段。策划书写得再好，若执行不彻底，还是纸上谈兵。策划人运用组织、协调与说服的能力，使各部门既分工而又能合作，让企业的整体战斗力发挥得淋漓尽致，以达到策划案的目标。

(二)运用组织力量，提高实施效果

任何工作，个人做终究有个限度，一个企业要实现任何策划案，一定需要组织的配合协助。也可以说，越能够灵活运用组织的力量并高度发挥团队力量的策划，就越是高明的策划。因此，策划人应该充分考虑策划与组织的关系，想办法借助组织力量，达到优秀的成果。

策划实施阶段的渐进化过程中要注意以下问题：

在实施策划过程中，经常会遇到现场排斥的现象，从组织性格来说，这是必然的。为了突破这种敏感的排斥性，使组织的成员协助策划的推行，就必须将策划意图渗透到组织末端，尤其必要的是实行部门负责人的支持、协助与共鸣。

以促销策划来说,作为总指挥官的营业部经理、地区指挥官的营业所主任,是否非常热心地了解这些策划、支持这些策划,并热心地去执行这些策划,几乎决定了整个策划案的成败。例如,某一企业新产品开发部门和销售部门的经理,由于感情不和而极不合作。因此开发部门提出非常优秀的新产品策划案时,即使按照案例开发出来新产品,也很难成功销售。当新产品交到销售部门时,销售人员便一副“别给我们添麻烦”的态度,不配合促销。结果董事长只好把销售部经理换掉。即使不至于严重到这种地步,但仍然有许多企业因开发部门和营业部门的不合作而感叹不已。

策划人员对实施策划案的负责人阶层,如何推销自己的策划案,并获得强有力的支持,使策划获得良好的成果,是身为策划者的责任。因此不得不研究,如何才能与组织建立亲密而和谐的合作关系。

第三节　营销策划案实施效果测评与反馈

这个最后阶段包括两种可能的情况:当策划案没有获得通过时,策划人应该仔细分析其中的原因并据此调整策划的结构和具体内容,以便在以后再次提案时获得通过;当策划方案获得通过并付诸实施,而实施结果不佳或偏离预定方向时,应随时根据反馈信息作一些调整,使策划案按预定的方向取得预期的效果。

策划方案实施以后,其效果如何,要用特定的标准及方法来进行检测和评价。

一、效果测评的主要形式

(一)进行性测评

这主要是指在营销策划方案实施过程中按阶段地来测评,主要目的是了解前阶段方案实施的效果如何,并可以为下个阶段实施营销策划方案提供指导及经验、教训等。

(二)终结性测评

这主要是指在策划方案实施的最后阶段所进行的总结性测评,这样可以掌握整个营销策划方案的实施效果,可以为以后的方案设计提供依据。

二、实施效果测评的原则

为了保证实施效果测评的准确、恰当、全面,在进行方案测评过程中,应坚持以下几个原则:

(一)有效性原则

坚持有效性原则,是指测评工作必须要达到测评的目的,要以具体结论而非空泛的评语来证明营销策划的实施效果。这就要求在测评时必须选取真正有效的、确有代表性的测评指标作为衡量标准,并且尽可能采用多种有效的测评方法,全面综合考察,广泛收集意见,以得出客观的结论。这样,可以真正地将营销策划方案的效果充分体现和评价出来。

(二)可靠性原则

按照可靠性原则,要求前后的测评工作具有连续性,所采用的测评指标方法和被测对象要相对稳定。

(三)相关性原则

相关性原则是指测评的内容必须与所确定的策划目标相关。在进行策划活动时,要根据不同的策划目标,来界定策划的相关性。

三、策划书实施阶段的中间考核

一般的策划方案实施的时间都比较长,为了及时掌握策划实施的效果,需要进行中间考核和评价,这与策划能否获得良好的效果有密切的关系。中间考核与评价的方法,因策划内容的不同而会有千差万别。

四、实施效果测评的主要指标

因为营销策划的目的有经济目的和非经济目的之分,所以对于非经济目的实施效果的测评,如社会效果、政治效果、文化效果、法律效果等可以用定性方法来进行测评,而对经济效果的测评主要采用定量测评方法,选择可用的指标来进行考察。

(一)市场占有率

某一品牌产品某一时期在某地区的市场占有率是指该品牌在该时期内的实际销售(量或额)占整个行业的实际销售(量或额)百分比。市场占有率既是评价企业日常业绩的重要指标,也是进行市场营销方案实施效果测评的重要指标。

(二)品牌形象和企业形象

品牌形象和企业形象是反映企业在市场中的地位的重要指标,也可以作为测评营销策划方案实施效果的一个指标。在今天的市场环境中,人们除重视商品实际功能外还注重"软价值",如所获得的良好感、优越感、幸福感、超价值的服务等等。所以在营销策划中,提升品牌形象和企业形象成为策划的重要内容。在测评时,品牌形象、企业形象是否得到提升以及提升程度成为方案实施测评的常用指标。在具体测评过程中,可以根据企业情况对知名度、美誉度、印象度及重复购买率等进行测评。

(三)成本指标

在营销策划方案实施进程中,成本指标也是测评的一个重要指标。这里所讲的成本指标是指在策划活动进程中各项成本的控制,如付给相关工作人员的报酬、各种公关活动费用等。如果成本能控制恰当,可以表明此营销策划方案收到的效果是较理想的。

五、策划书的实施效果反馈

在结果出来的时候,策划人还必须对其做充分的分析和评估,总结经验和教训,以便在下一次的策划中进行改进,这样才能算该项策划工作的真正结束。而策划书实施控制常用的方法是反馈的方法。

注意点:策划实施结束了,还应做什么工作?包括:尽可能正确掌握预测值与结果值的差异;分析产生差异的原因;找到实施过程中有关的问题点、反省点和改善点;总结对下次策划立案及实施时的教训、启示和创意等。

作为策划人,应该将这些结果的研究、分析,做成总结报告书,向上司和客户提出,其中最重要的是预测与结果的差异分析。

实施效果反馈是营销策划的最后一个环节，也是下一项策划工作的开始，它实际上贯穿于营销策划的整个过程。

首先设定目标和进行结果预测，目的是为了便于检验策划的实施结果是否与预期目标相符。在实际的营销策划书实施过程中，常常会出现偏差，造成偏差的原因有多个方面，如实施时没有按照策划书所规定的操作方法进行，策划书的操作程序设计有问题，采用的预测方法不当等等。然后对得到的不同结果进行分析，寻找问题点，总结、提炼以获得启示和教训，并及时给出解决方案。如果是策划本身的问题，需要对策划方案进行调整和修订策划书，将新的方案付诸实施，而如果仅是实施中的操作问题，则可省略此步骤。

课后练习

1. 在推销策划案时，要注意掌握哪些技巧？
2. 营销策划案的推销过程中，需要注意的问题有哪些？
3. 简述营销策划案在实施过程中的分阶段工作。

案例思考

如何开一场像苹果公司那样的发布会

新品发布会前的精心准备

你或许从未听说过，曾经有一位听众在史蒂夫·乔布斯(Steve Jobs)的演讲现场晕倒了。当时，苹果公司的公关代表迅速为医务人员提供引导，将此人抬出会场，以至于几乎没有人注意到这个插曲。作为苹果公关团队的一员，避免任何会议出现中断已成为必备的技能，因为他们早已对所有突发事件的应对方案了然于胸。这件轶事既证明了苹果公司在活动规划方面的细致方式，又凸显了其广泛的公关战略：他们有能力在不被人发觉的情况下，无形地控制各种状况。

在主题演讲期间出现这种危及生命的突发状况实属罕见，但除此之外，苹果公司的公关人员还会为更为常见的情况制定应对方案，例如，抑制吵闹的人群和阻止未获邀请的媒体人员入场。苹果公司的公关人员甚至会为库克和全球营销高级副总裁菲尔·席勒(Phil Schiller)等高管充当临时保安，阻止媒体成员询问各种问题。

但苹果公司的演讲活动，绝不仅限于谁在台上呈现什么，以及谁负责保护哪位高管免受记者骚扰这么简单。一位苹果公司的公关员工曾经告诉我们："主题演讲就像一件作品，你必须怀着特殊的心态来欣赏它。"整个演讲的每一处细节都是事先经过精心设计的，从灯光的细微变化到屏幕摆放方向，再到人员就座的位置。苹果公司会将一些级别较低的自家员工安插在观众之间，不同的记者也都被安排在特定的位置上，苹果公司高管无须担心任何的临场变化。一切都在掌控之中。

整个过程始于演讲开始前的两周。苹果公司的公关和沟通团队以及营销团队都会始终关注媒体报道，以便确定外界预期，并且通过泄露信息来遏制那些无法达到的预期。该公司的高管通常会在总部的礼堂里练习两周时间。而沟通团队则会在演讲开始前一周召开一次冗长的会议，高级公关人员将在会上准备一些特殊的白色手册，分发给团队的其他成员。

这些手册详细阐述了演讲中探讨的内容以及发布的产品，还包括每一部分的演讲者和演示者，以及产品体验区的布置细节和负责人员。

在"动员会"结束后，白色手册会交还给公关团队，有时会当场用碎纸机切碎。苹果公司在产品开发过程中的保密风格已经众所周知，而演讲活动的规划和筹备也采用了类似的措施。尽管在观察人士看来，每次活动的主题似乎都已经众所周知，但却没有一次主题演讲的详细安排能够提前曝光。

大约就在"动员会"召开的同时，苹果公司会向特殊嘉宾发出邀请函，包括为数不多的苹果公司员工、大型新闻媒体的记者以及一小部分发布积极报道的可靠博主。苹果公司最坚定的支持者往往能提前获得消息或邀请。例如，就在苹果公司宣布最近一次发布会的具体日期时，加拿大博主达尔林普尔恰好在库珀蒂诺，拍下了苹果公司为在弗林特剧院(Flint Center)举行的发布会搭建的结构。这很难说是一种巧合。

在活动举办前的周末，苹果公司公关团队的成员会在演讲现场实地考察，确保从演讲舞台到新品体验区的所有元素都符合最初的规划。与此同时，苹果公司的高管会在舞台上进行排练，练习那些早已准备良久的"即席"笑话。

尽管很多人批评，库克时代的活动较乔布斯时代少了些神秘、多了些呆板，但他们的专注、能量和流程却被越来越多的竞争对手模仿，这足以体现苹果新品发布会的强大。

公关团队的组织结构：规模很小

与微软、三星、Adobe、手机运营商或沃尔玛等大企业不同，苹果公司的公关和沟通战略完全是自主制定的，这也反映出该公司对软、硬件战略的严密控制。尽管苹果公司是一家体量巨大且不断增长的公司，但它的公关和沟通团队的规模之小却令人意外。该公司的总部大约只有30名公关人员，世界各地的办事处也只是零散地聘用了几十名员工来帮助其组织会议、翻译新闻稿，或者回答各个时区的记者发来的问题。

不同的办公室对应着不同的团队：声势和口碑营销，Mac，企业传播，iPhone、iPad、iOS和iCloud，iTunes和活动。十年前，苹果公司公关人员只分成Mac、音乐和企业传播三大团队。但如今，随着苹果公司将重点从iPod转向iPhone、iPad和服务，他们还新增了一个专门为苹果产品营造声势的部门。

声势和口碑营销：鲜为人知的声势和口碑营销团队只由几名员工组成，他们负责将苹果的产品整合为一套流行文化。例如，该团队会与大型体育联盟合作将iPad变成教练工具，帮助音乐活动把iPad融入其中，并让活动的组织者为参与者部署整合iBeacon的应用。每当有尚未上市的新产品在电视节目中出现时，都是声势团队在背后操纵。

在把AppStore应用发布到相关杂志的过程中，声势团队同样发挥了关键作用。倘若苹果公司想让帮助高尔夫爱好者改善挥杆动作的iPad应用登上高尔夫杂志，那么声势团队便会将该应用推介给媒体记者，从而实现这一目的。

该团队还负责把iPhone和Mac引荐给明星和公众人物。纽约的布朗·巴塞洛缪

(Brown Bartholomew)和库珀蒂诺的珍妮佛·波考克(Jennifer Bowcock)都曾经负责声势团队。苹果公司还表示,将在传播行业内部寻找专业人士,以增强这一部门的实力。

Mac: Mac团队由长期担任苹果公关高管的比尔·伊万斯(Bill Evans)领导。Mac团队负责所有与Mac硬件和软件(包括OSX系统、消费级Mac应用和专业应用)有关的公关事宜。每个团队成员各管一摊,要么关注硬件,要么关注软件。

企业传播:苹果的公司沟通团队由史蒂夫·多灵(Steve Dowling)负责,他们负责处理与整体公司项目、高管、投资者和电话会议有关的问题。阿米·贝赛特(Amy Bessette)领导的零售公关部门隶属于公司沟通团队。

iPhone、iPad、iOS和iCloud:目前由娜塔莉·凯瑞斯(Natalie Kerris)和特雷萨·布雷尔(Teresa Brewer)领导的iPhone团队拥有最多的资源。由于iOS同时还应用在iPad和iPodTouch上,所以布雷尔也负责iPad的公关。特鲁迪·穆勒(Trudy Muller)则协助领导iPad团队,其规模略小于iPhone团队。除此之外,iCloud的事宜通常由iPhone团队处理。

iTunes:iTunes团队负责iTunes商店、iBook商店、AppStore、Apple TV、iPod以及CarPlay等合作服务的公关。该团队主要由珍妮佛·拉姆齐(Jennifer Ramsey)和汤姆·纽迈尔(Tom Neumayr)负责。Apple TV部门由克里斯蒂·莫纳亨(CHristine Monaghan)领导,由于Hulu前高管彼得·迪斯塔德(Peter Distad)带来了全新营销资源,该部门过去一年引发了更多关注。另外,苹果之前在收购Beats时也曾表示,iTunes还将帮助其处理与Beats收购有关的沟通事宜。

活动:与声势和口碑营销团队一样,活动部门也只有几名员工。该团队牵头组织各种媒体活动和会议,包括在旧金山举行的WWDC。他们还会组织所有的内部活动,包括邀请政府官员参观苹果公司园区,以及周五下午的Beer Bashes活动。

苹果公司如何获得免费的宣传效果?

苹果公司的公关部门呈现了冷酷、慎重的公众形象:只有他们愿意回应时,才会对媒体的采访要求发表评论;除非不附带任何批评,否则,他们不会提供任何书面内容;除非当他们认为有必要通过苹果公司官方渠道传递某些信息,而不必借助"知情人士"之口传达时,才会直接作出回应。你可以这样看待苹果的公关战略,它是一个聪明、富有但却不太友好的"女王"——她总是忙得不可开交,根本无暇与你攀谈,除非她出于种种原因不再那么繁忙时。

所以,当你发现苹果公司与媒体的关系并非如此疏离时,或许会感到大吃一惊——事实上,它更像是一个花季少女,不停地关注着外界对自己的报道。苹果公司的公关人员会搜集各路名人手持iPhone的照片,还有人会阅读各种以苹果公司为重点的博客文章,并且使用匿名的社交媒体账号密切关注专门报道苹果公司新闻的知名记者。

苹果公司前公关人员指出,该公司的公关团队很享受这种"全面监管"的感觉,他们每天都会关注媒体对苹果公司的各种报道和评价。这种监督对苹果公司至关重要,他们每周都会多次向高管发送文件,详细阐述媒体近期的报道趋势。当苹果公司对外界的报道不满时,有时便会采取措施改变报道方向,甚至试图破坏大型新闻机构的报道效果。

"不予置评"是苹果公司正式公关战略中最典型的回应方式。"他们的战略就是什么都不说;他们会让所有人竞猜苹果的动向,获得免费的宣传效果,避免陷入其他企业遭遇的困境。"一位与苹果公司的公关部门有过接触的记者说，"他们很清楚，言多必失。"一位苹果公司的前公关人员说："任何与苹果公司公关活动有关的事情都是经过细致规划的。"此人还指出，"很多人并不赞成这种背后搞小动作的方式。"他们通常会在记者向其寻求评论或确认消息时采取这种战略。多家大型媒体的记者都表示，倘若苹果公司对非官方消息的回复是："如果你的消息完全错误，我会告诉你。"那就说明，他们基本已经证实了该消息的真实性。

乔布斯上媒体头条的秘籍：让媒体竞争

乔布斯在世的某些年份，乔布斯和考顿会时不时地会见杂志出版商或大牌报纸的记者，与之沟通苹果公司的计划。知情人士表示，由于这些沟通是非正式的，因此"信息毫无用处"。然而知情人士认为，相关编辑仍然可以借机"了解该公司"，从而帮助苹果公司塑造光辉形象。

TheWirecutter 创始人、Gizmodo 前主管布莱恩·莱姆(Brian Lam)表示，苹果公司公关的另外一项基础策略就是让媒体相互竞争。在杂志占据主导的年代，乔布斯可以通过让《新闻周刊》或《时代周刊》争夺独家消息的方式，让苹果产品登上其中一本杂志的封面。莱姆解释说："你不能让他们为你刊登封面报道，但你可以让他们从对手那里抢走封面报道。"随着科技博客重要性的提升，乔布斯也让 Gizmodo 和 Engadget 陷入了同样的竞争之中，在更崇尚严肃风格的 Engadget 编辑瑞恩·布劳克(Ryan Block)面前公开称赞 Gizmodo 的随心所欲。莱姆说："这是一场权力游戏。"对苹果公司来说，获取有利的媒体报道，与达成媒体交易或供应链交易并没有什么不同。

必须搞定"发烧友"

苹果公司的公关和沟通团队为加强产品发布会的吸引力而花费的种种心思，也可以在测评人员收到新 iPhone、iPad 和 Mac 时的包装上看出。苹果的测试样机被视为科技产品与发布领域的"圣杯"，只有为数不多的几名经过精挑细选的人士能够抢先试用，这些人对苹果公司的整体都持积极态度。苹果公司的前公关代表还记得，他的上司曾经要求他仔细查看测试样机的包装盒是否完美无瑕，上面绝不容许有任何的划痕或瑕疵。只有在达到这些完美的标准后，才会寄送给沃尔特·莫斯伯格、大卫·伯格(David Pogue)和艾德·拜戈(Ed Baig)等知名测评家。

莫斯伯格外号"莫博士"，他曾是《纽约时报》的首席产品测评师，目前担任雅虎科技板块主编。拜戈长期为《今日美国报》撰写专栏。这些专家不仅都曾效力于大型媒体，也是仅有的三位从 2007 年以来每次都能获准提前试用新款 iOS 设备的美国记者。据报道，苹果对这三位记者无比重视，甚至有一次当莫斯伯格提前测评 AppleTV 遇到故障时，苹果专程让一名本来正在休假的工程师亲自上门为他解决问题。另外两人则被《乔布斯传》描述为乔布斯一生中真正在意的两位记者。

多年以来，苹果公司扩大了测试范围，为 CNET、The Verge 和 Engadget 等科技网站提供了未发布产品的测试机会。2011 年年末和 2012 年年初，Engadget 编辑离职创办 The Verge 一事，表明苹果公司的公关人员有时更重视记者本人，而非他们所在的媒体。在 iPhone4s 和视网膜版 iPad 发布时，多位曾经供职于 Engadget 的编辑推出了 The Verge 网站，虽然The Verge的编辑获得了苹果公司提供的测试样机，但资历更老的Engadget组建的新团队却并未获得同样的机会。

在其他一些情况下，苹果公司还会将产品提供给某些小众媒体。专注于技术参数的AnandTech曾经获得了iPhone5s和iPadAir的提前测评机会，这两款产品分别是搭载64位处理器的首款智能手机和首款平板电脑。专注于文化报道且广泛涉猎各种话题的Boingboing，也得以测评了第一代iPad和iPhone4，原因是苹果公司希望扩大这两款新产品的影响范围。类似地，关注非洲裔美国人文化的The Root网站，也得以在第一代iPad和iPad2发布前测试了这些设备。

乔布斯主导新闻通稿制作流程

一位苹果前公关人员回忆说，当苹果公司宣布要与一家公司合作时，仅仅因为乔布斯不喜欢那家公司的名字，就迫使公关团队重写了整篇新闻通稿。苹果公司最终对文字进行了细致调整，通篇都没有提及那家公司的名称。当乔布斯掌舵时，即使是一些最简单的公关细节，也会交由他亲自审核。除了杂志封面文章或重大采访外，乔布斯还会参与到各种新闻通稿的撰写中，每个单词都不放过。

事实上，在新闻稿中为苹果公司的每一款产品配上一个形容词，正是乔布斯亲自制定的战略。例如，iPad发布以来始终搭配“Magical”(神奇的)，AppStore使用“Legendary”(传奇的)，iPhone则配合“Revolutionary”(革命性的)。这些词汇不只在新闻通稿中出现一次，而是会在苹果公司的营销材料、内部演讲和重要媒体活动中反复使用。

乔布斯还要求所有涉及合作伙伴的新闻通稿必须由苹果公司方面亲自撰写和分发。一位苹果公司的前员工说：“这是我们的路，也可以称作‘高速公路’。”无论是2000年与EarthLink的合作，还是最近与IBM的合作，都采用了这种新闻通稿写作方式。

(来源：车云网)

第八章

营销战略策划

第一节 营销战略过程

一、市场细分

现代市场学中最重要的内容之一，就是市场细分、确定目标市场和市场定位策略。它是现代营销观念的产物和市场营销组合策略运用的前提。

（一）市场细分的含义与作用

1. 市场细分的含义

所谓市场细分，是指企业按照消费者的一定特性，把原有市场分割为两个或两个以上的子市场，以用来确定目标市场的过程。细分市场，就是调查分析不同的消费者在需求、资源、地理位置、购买习惯和行为等方面的差别，然后将上述要求基本相同的消费者群分别收并为一类，形成整体市场中的若干"子市场"或"分市场"。不同的细分市场之间，需求差别比较明显；而在每一个细分市场内部，需求差别则比较细微。

市场细分的理论基础是市场"多元异质性"理论。这一理论认为，消费者对大部分产品的需求是多元化的，是具有不同的质的要求的。需求本身的"异质性"是市场可能细分的客观基础。实践证明，只有少数商品的市场，消费者对产品的需求大致相同，如消费者对食盐、大米、火柴等的需求差异极小，这类市场称为同质市场。在同质市场，企业的营销策略比较相似，竞争焦点集中在价格上。大多数商品的市场属于异质市场，这是由消费者对商品的需求千差万别所决定的。企业营销活动应更重视异质市场的销售。

市场细分是现代市场学的一个新概念。它是美国著名市场学家温德尔·斯密在总结企业市场营销实践经验的基础上，于20世纪50年代中期提出的。在此之前，企业囿于旧的市场观念，把消费者看作具有同样需求的集团，因而大量生产单一品种的产品，采用广泛分销的形式销售。尽管曾取得降低成本、简化交易过程、获取较多盈利的效果，但随着科学技术的进步、管理水平的提高和生产规模的扩大，上述"卖方市场"逐渐转变成"买方市场"，那种只靠广泛推销单一产品的策略已很难奏效。因此许多企业开始注意适应消费者的需求差异，有针对性地提供不同的产品，并运用不同的分销渠道和广告宣传形式，开展市场营销活动。如美国宝洁公司发现它的顾客由于需要洗涤不同性质的织物，要求有性能不同的肥皂，于是改变了原来经营单一肥皂的做法，推出三种不同性能、不同牌号的洗衣皂，从而满足了不同消费者的需要，提高了竞争能力，取得了很高的市场占有率。温德尔·斯密就是总结了这些经验，提出了市场细分的新概念。市场细分为企业选择目标市场提供了基础，是第二次世界大战后西方市场营销思想和战略的新发展。

2. 市场细分的作用

(1)有利于发现市场营销机会。市场机会是已出现于市场但尚未加以满足的需求，这种需求往往是潜在的，一般不易发现。运用市场细分的手段，就便于发现这类需求，并从中寻找适合本企业开发的需求，从而抓住市场机会，使企业赢得市场主动权。例如，香港香皂市场竞争一直很激烈，但我国外贸部门通过市场细分发现，香港香皂市场竞争激烈的主要是高中档产品，低档香皂却是一个"空档"。于是，内地香皂厂商利用工资低的优势，顺利进入了香港低档香皂市场。

(2)能有效地制定最优营销策略。市场细分是市场营销组合策略运用的前提。即企业要想实施市场营销组合策略，首先必须对市场进行细分，确定目标市场。因为任何一个优化的市场营销组合策略的制定，都是针对所要进入的目标市场。离开了目标市场，制定市场营销组合策略就无的放矢，这样的营销方案是不可行的，更谈不上优化。

(3)能有效地与竞争对手相抗衡。在企业之间竞争日益激烈的情况下，通过市场细分，有利于发现目标消费者群的需求特性，从而调整产品结构，增加产品特色，提高企业的市场竞争能力，有效地与竞争对手相抗衡。例如，日本有两家最大的糖果公司，以前生产的巧克力都是满足儿童消费市场的。森永公司为增强竞争力，研制出一种"高王冠"的大块巧克力，定价70日元，推向成人市场。明治公司也不甘示弱，通过市场细分，选择了三个子市场：初中学生市场、高中学生市场和成人市场。该公司生产出两种大块巧克力，一种每块定价40日元，用于满足十二三岁的初中学生；一种每块定价60日元，用于满足十七八岁的高中学生；两块合包在一起，定价100日元，适宜于满足成人市场。显然，明治公司的市场细分对策比森永公司的高出一筹。

(4)能有效地拓展新市场，扩大市场占有率。企业对市场的占有，也不是一下子就拓展开来，必须是从小至大，逐步拓展。通过市场细分，企业可以先选择最适合自己占领的某些子市场作为目标市场。当占领这些子市场后，再逐渐向外推进、拓展，从而扩大市场的占有率。

(5)有利于企业扬长避短，发挥优势。每一个企业的营销能力对于整体市场来说，都是有限的。所以，企业必须将整体市场细分，确定自己的目标市场，把自己的优势集中到目标市场上；否则，企业就会丧失优势，在激烈的市场竞争中遭受失败。特别是有些小企业，应该注意利用市场细分原理，选择自己的市场。

案例8—1 "李锦记"蒸鱼豆豉油的营销策划

1994年，李锦记首次推出其豆豉油产品，虽然做过种种营销方面的努力，但销售成绩并不理想，销量一直没有取得突破性进展。

1996年，李锦记在香港市场推出其新产品蒸鱼豆豉油，获得极大成功，并荣获1997年度香港MA/TVB杰出市场策划奖之铜奖。其过人之处在于：它通过深入的市场调研，在品牌林立、竞争激烈的豆豉油市场中，发现了进入市场的机会，从而成功地研制和推出蒸鱼豆豉油这一新产品，开辟了一个新的市场空间。在推出新产品的过程中，它通过不凡的创意，对营销工具的有效整合以及各种促销推广手段的完美演绎结合，树立了良好的品牌形象，取得骄人的销售成绩，其策略、方法都值得同业人士深思与借鉴。下文将从对此个案的分析中，一窥营销之奥妙。

1. 市场进入策略中寻找市场空隙

针对豆豉油市场竞争激烈、各种品牌鱼龙混杂、消费者无所适从、找不到满意的产品这一现状，李锦记经过深入的市场调研、分析，认为进入一个更细分的市场能使自己的品牌凸现，与众多其他品牌区别开来。问题的关键在于是否有这样一个细分市场？它的容量是否足够大？李锦记在对消费者的调研中发现，很多香港人上酒楼爱吃蒸鱼，但酒楼使用特制豆豉油，消费者不知道如何炮制，而在市场上又找不到。家庭主妇们希望有一种专用于蒸鱼的豆豉油，使她们在家里就能做出和酒楼一样的美味可口的蒸鱼来。这对于李锦记是一个令人鼓舞的发现，它随即根据这一需求进行产品研制。1996年，李锦记在香港市场推出其新产品蒸鱼豆豉油，为配合新产品上市，它展开了强大的营销攻势。

2. 富有创意的营销组合策略

李锦记为推出新产品而进行的营销策划活动是对"4P"组合的一次完美演绎，每一个"P"策略都体现了策划者的睿智和对消费者的透彻理解，闪耀着智慧的光芒。

通过营销努力，李锦记取得极大成功。消费者试用后一直购买，销量及利润都比预期好。从以下数据可以得到有力证明：在超市上的销货率提高了25%，销售增长了50%，新产品已占李锦记总销量的50%，市场份额从1996年的5%迅速提升至1997年的15%。通过革新，李锦记树立了高品质的品牌形象。

李锦记为推出蒸鱼豆豉油这一新产品所做的一系列营销策划活动，真正体现了营销的本质。

(二)市场细分的要求与程序

1. 市场细分的要求

企业在进行市场细分时，应遵循以下基本要求：

(1)要有明显特征。用以细分市场的特征必须是可以衡量的，细分出的市场应有明显的特征，各子市场之间有明显的区别，各子市场内都有明确的组成成员，这些人应具备共同的需求特征，表现出类似的购买行为。

(2)要根据企业的实力,量力而行。在市场细分中,企业所选择的目标市场,必须是自己有足够的能力去占领的子市场,在这个子市场上,能充分发挥企业的人力、物力、财力和生产、技术、营销能力的作用。反之,那些不能充分发挥企业资源作用、难以为企业所占领的子市场,就不能作为目标市场;否则,只会白白浪费企业资源。

(3)要有适当盈利。在市场细分中,被企业选中的子市场还必须具有一定的规模,即有充足的需求量,能足以使企业有利可图,并实现预期利润目标。为此,细分市场的规模既不宜过大,也不宜过小。如果规模过大,企业无法“消化”,结果也白费功夫;如果规模过小,企业又“吃不饱”,现有资源得不到最佳利用,利润则难以确保。因此,细分出的市场规模必须恰当,使企业能得到合理盈利。

(4)有发展潜力。市场细分应具有相对的稳定性,因而企业所选中的目标市场,不仅要能为企业带来目前利益,还必须有相当的发展潜力,能够给企业带来较长远的利益。因此,企业在市场细分时必须考虑选择的目标市场不能是正处于饱和或即将饱和的市场,否则,就没有多少潜力可挖。

2. 市场细分的程序

市场细分的程序如图 8－1 所示。无论是细分生活消费品市场还是生产资料市场,若按一定程序进行,则容易实现细分市场的基本要求。

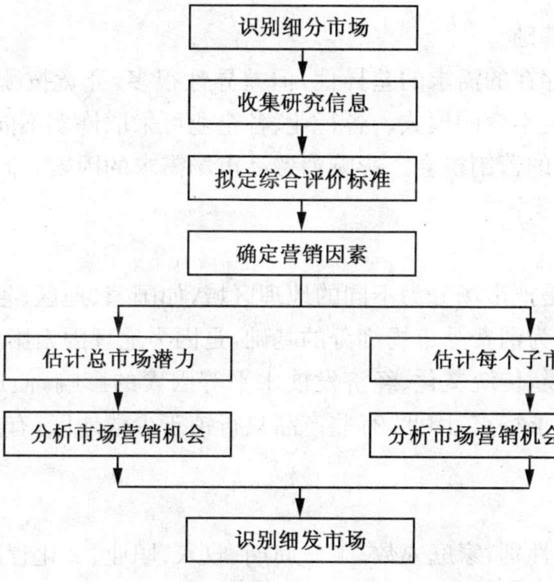

图 8－1　市场细分的程序

(1)识别细分市场。这是指首先确定欲细分市场的基本性质,然后定出市场细分的重要因素,并尽可能对这些因素作定量分析。如确定服装市场可以按年龄、收入来划分,并进一步确定年龄可分为 16 岁以下、16～24 岁、25～44 岁、45～59 岁、60 岁以上的定量分组值。

(2)收集研究信息。这是指收集、整理细分市场时需考察分析的市场情报和资料,如通过收集类似产品已有的市场情况,可以参照对新产品市场的细分,或者通过对消费者的调查,来检验欲采用的细分因素是否合适。收集研究信息还包括最终能确定市场细分后的情况，如各年龄组究竟包括多少人。

(3)拟定综合评价标准。一般来说，细分市场后，应能使企业对谁是购买者、购买什么、在哪里购买、为什么购买、怎样购买等问题作出回答。因此，应对细分市场拟定综合评价标准，以回答上面的问题。

(4)确定营销因素。对细分后的每一个子市场作出评价后，如果各个子市场之间存在较大差别，则企业就考虑不同市场的特点，确定本企业的市场活动范围，以及适应新选定的市场范围特点的营销活动要点。

(5)估计市场潜力。根据市场研究的结果和选定的细分因素，估计总市场和每个子市场预期需求水平，这对选取目标市场和确定目标市场营销战略很重要。

(6)分析市场营销机会。在细分市场过程中，分析市场营销机会，主要是分析总的市场和每个子市场的竞争情况，以及确定对总的市场或每一个子市场的营销组合方案，并根据市场研究和需求潜力的估计，确定总市场或每一子市场的营销收入和费用情况，以估计潜在利润量，作为最后选定目标市场和制定营销策略的经济分析依据。

(7)提出市场营销策略。一个企业要根据市场细分结果来决定市场营销策略。这要区分为两种情况：①如果分析市场细分后，发现市场情况不理想，企业可能放弃这一市场；②如果市场营销机会多，需求和潜在利润量满意，企业可根据细分结果提出不同的目标市场营销战略。

(三)消费品市场细分的基础

市场细分的基础是客观存在的需求的差异性，但差异性很多，究竟按哪些进行细分，没有一个绝对正确的方法或固定不变的模式。各行业、各企业可采取许多不同的变数，有许多不同的方法细分，以求得最佳的营销机会。影响消费品市场需求的因素，即用来细分消费品市场的变数，可概括为以下四类：

1. 地理变数

按地理变数细分市场就是把市场分为不同的地理区域，如国家、地区、省市、南方、北方、城市、农村等。以地理变数作为消费品市场细分的基础，是因为地理因素影响消费者的需求和反应。各地区由于自然气候、传统文化、经济发展水平等因素的影响，便形成了不同的消费习惯和偏好，并有不同的需求特点，因此，有些产品只行销于少数地区，有些则行销于全国各地，但各地区侧重不同。

2. 人口变数

人口变数细分是按年龄、性别、家庭人数、生命周期、收入、职业、文化程度、宗教信仰、民族、国籍、社会阶层等人口统计变数，划分为不同的消费者群。例如，某玩具公司生产出各种玩具，以适应三个月至一岁的婴儿需要，购买者只要知道孩子的年龄，就能选购到合适的玩具。还有像服装、化妆品、自行车等商品，男女性别不同，购买的特点大为不同。再者，收入多少直接影响着购买者的购买特点。一般来说，我国沿海开放地区高收入的比例要比内陆地区高。如高档服装、汽车、空调器等高档商品均为高收入者购买。

除此之外，上述人口变数都将成为消费者消费的重要因素。

3. 心理变数

在市场营销活动中经常产生这种情况，即在人口因素相同的消费者中间，对同一商品的爱好和态度截然不同，这主要是由于心理因素的影响。消费者心理因素很复杂，下面就其主要方面加以说明。

(1)生活方式。生活方式是指个人或集团对消费、工作和娱乐的特定的习惯。人们形成和追求的生活方式不同，消费倾向也不同，需要的商品也不一样。近年来，西方国家的企业十分重视生活方式对企业市场经营的影响，特别是经营化妆、服装、家具等的企业，生产酒类商品的企业更是高度重视。有一些企业，把追求某种生活方式的消费者群当作自己的目标市场，专门为这些消费者生产产品。例如，美国有的服装公司把妇女分成“朴素型”“时髦型”“有男子气型”三种类型，分别为她们设计不同式样和不同颜色的服装。

(2)社会阶层。美国人将消费者分为七个阶层，并且说明每个社会阶层的人对汽车、服装、家具、娱乐、阅读习惯等都有较大的不同偏好。

(3)个性。国外很多企业的营销人员都已使用个性变数来细分市场。他们赋予产品厂牌个性，以迎合相应的顾客个性。如20世纪50年代末，福特牌汽车和雪佛莱牌汽车在促销方面就强调其个性的差异。有人认为购买福特牌汽车的顾客有独立性、易冲动、有男子汉气概、敏于变革并有自信心；而购买雪佛莱牌汽车的顾客往往是保守、节俭、缺乏阳刚之气、恪守中庸之道。

(4)偏好。这是指消费者对某种牌号的商品所持的喜爱程度。在市场上，消费者对某种牌号商品的喜爱程度是不同的，有的消费者对其有特殊的偏好，有的消费者对其有中等程度的偏好，有的消费者对其无所谓。因此，许多企业为了维持和扩大经营，努力寻找忠诚拥护者，并掌握其需求特征，以便从商品形式、销售方式及广告宣传等方面去满足他们的需要。

心理标准是细分市场中比较复杂的一个标准，企业必须根据消费者的不同心理，进行市场调查研究，从而获得可靠的数据，用来确定自己的目标市场。

4. 行为变数

在行为细分中，根据顾客对产品的了解、态度、使用情况及其反应，分为不同的群体。许多营销人员认为，行为变数是进行市场细分的最佳起点。

(1)购买时机。按消费者购买和使用产品的时机细分市场。例如，某些产品或服务项目专门为适用于像春节、中秋节、圣诞节、寒暑假等节假日的需求。还有，如旅行社可为某种时机提供专门的旅游服务，文具企业专门为新学期开始提供一些学生学习用品。

(2)寻求利益。根据顾客从产品中追求的不同利益分类，是一种很有效的细分方法。美国曾有人运用利益细分法研究钟表市场，发现手表购买者分为三类：23%侧重价格低廉，46%侧重耐用性及一般质量，31%侧重品牌声望。当时美国各著名钟表公司大多把注意力集中于第三类细分市场，从而制造出豪华、昂贵的手表并通过珠宝店销售。唯有TIME公司慧眼独具，选定第一、第二类细分市场作为目标市场，全力推出一种价廉物美的“天美时”牌手表，并通过一般钟表店或某些大型综合商店出售。该公司后来竟成为全世界第一流的钟表公司。

运用利益细分法，首先必须了解消费者购买某种产品所寻求的主要利益是什么；其次要了解寻求某种利益的消费者是哪些人；再者要调查市场上的竞争品牌各自适合哪些利益，以及哪些利益还没有得到满足。

美国学者哈雷(Haley)曾运用利益细分法对牙膏市场进行分析而获得成功就是一例。

他把牙膏需求者寻求的利益分为经济实惠、防治牙病、洁齿美容、口味清爽四类。牙膏公司可以根据自己所服务的目标市场的特点，了解竞争者是什么品牌，市场上现有品牌缺少什么利益，从而改进自己现有的产品，或另外再推出某种新的产品，以适应牙膏市场上未满足的需要。表 8－1 就是哈雷的牙膏市场的利益细分方法。

表 8－1　　牙膏市场的利益细分

利益细分	人口统计特征	行为特征	心理特征	符合利益的品牌
经济实惠	男性	大量使用者	自主性强者	大减价的品牌
防治牙病	大家庭	大量使用者	忧虑保守者	品牌 A、E
洁齿美容	青少年	吸烟者	社交活动多者	品牌 B
口味清爽	儿童	薄荷爱好者	喜好享乐者	品牌 C

(3)使用状况。许多产品可按使用状况将消费者分为“从未用过”“曾经用过”“准备使用”“初次使用”“经常使用”五种类型，即五个细分市场。通常大公司对潜在使用者感兴趣，而一些小企业则只能以经常使用者为服务对象。对使用状况不同的顾客，在广告宣传及推销方式方面都有所不同。

(4)使用率。使用率也可用来细分某些产品的市场。可先划分使用者和非使用者，然后再把使用者分为小量使用者和大量使用者。例如，有人曾经做过调查，啤酒在总住户中有 68%是非使用者，32%是使用者，其中小量使用者和大量使用者各占一半。但 16%的大量使用者却占总销量的 88%，而小量使用者只占 12%。又据调查，啤酒的大量饮用者多数是劳动阶层，年龄为 25～50 岁。而年龄在 25 岁以下和 50 岁以上为少量饮用者。这种细分将有助于企业制订相应的对策。

(5)忠诚程度。消费者对企业的忠诚和对品牌的忠诚程度，也可用来细分市场。假设某市场共有 A、B、C、D、E 五个品牌，按消费者的忠诚程度不同，可分为四类：

①专一的忠诚者。始终购买同一品牌，如 A。

②动摇的忠诚者。同时喜欢两种或两种以上的品牌，如交替购买 A 和 B。

③转移的忠诚者。经常转换品牌偏好，不固定忠于某一品牌，如一段时间忠于 A，又一段时间忠于 B，或 C、D、E。

④犹豫不定者。从来不忠于任何品牌，可能是追求减价品牌，或是追求多样化，喜新厌旧。

每个市场上都不同程度地同时存在着上述四类消费者，企业可以对消费类型进行分析，从中找出营销中所存在的问题，从而及时解决。例如，分析专一忠诚者，可以知道自己的目标市场的消费者情况。分析动摇者，可以发现哪些品牌是主要竞争者，以便采取相应的措施。研究转移者，可以了解营销工作中的弱点，从中改进。研究犹豫不定购买者，可以考虑采用奖励等办法促销。

(6)待购阶段。消费者对各种产品，特别是新产品，总是处于各种不同的待购阶段。例如，对某些新产品，有些人根本不知有此物，有些人已经知道，有些人知道得很清楚，有些人已有购买欲望，有些人准备马上购买。企业应该对处于不同阶段的顾客采取不同的营销手段,并要随着待购阶段的变化而随时调整营销方案。

(7)态度。消费者对某些产品的态度可分为五种:热爱、肯定、冷淡、拒绝和敌意。企业可以通过调查、分析,针对不同态度的顾客采取不同的营销对策。例如,对抱有拒绝和敌意态度者,就不必浪费时间去改变他们的态度;而对冷淡者应设法争取他们。

(四)工业品市场细分的基础

工业品市场细分同样可以运用消费品市场细分变数进行细分。但所不同的是进行工业品市场细分时,心理因素的影响要小一些。除此之外,还应考虑如下两方面的因素:

1. 最终用户

工业品市场经常按最终使用者的需求进行细分。由于不同使用者的要求不同,因此要制定不同的营销策略。例如,晶体管市场可分为军事、工业、商业三个子市场。军用买主重视质量,价格不是主要因素;工业买主重视质量和服务;商业买主重视价格和交货期。企业应该根据上述用户需求特点,组织生产和营销。

2. 用户规模

用户规模决定了购买量的大小,这一因素往往也被某些企业作为市场细分的根据。因为大、中、小客户对企业的重要性不同,因此在接待上也不同。大客户通常由主要业务负责人接待洽谈,一般中小客户则由推销员接待。

在大多数情况下,工业品市场不是以单一变数细分,而是把一系列变数结合起来进行细分。

二、选择目标市场

(一)目标市场策略的划分

企业在市场细分化的基础上,根据主客观条件选择好目标市场,目的在于不断拓展市场。要想顺利实现这一目的,一般采用三种不同的目标市场策略。

1. 无差异性目标市场策略

实行无差异性市场策略的企业,是把整个市场作为一个大目标,针对消费者的共同需要,制订统一生产和销售计划,以实现开拓市场,扩大销售。以生产观念和推销观念为指导思想的企业,往往把整个市场作为一个大目标开展营销,它们强调消费者的共同需要,忽视其差异性。采用这一策略的企业,一般都实力强大,进行大规模生产方式,又有广泛而可靠的分销渠道,以及统一的广告宣传方式和内容。美国可口可乐公司曾一度长期生产一种味道的产品,使得该公司较长时间统治世界饮料市场。

采取无差异性市场策略的优点是:大量生产、储运、销售而使得产品平均成本低,并且不需要进行市场细分,可节约大量的调研、开发、广告等费用。但是这种市场策略也存在许多缺点,即这种策略对于大多数产品是不适用的。因为市场处于一个动态变化的不断发展的过程,所以一种产品长期被所有消费者接受是极少的,而且当几家同类大企业都同时采用这一策略时,就会形成异常的激烈竞争,而不得不开始改变其无差异市场策略。

2. 差异性目标市场策略

实行差异性目标市场策略的企业,通常是把整体市场划分为若干细分市场作为其目标市场。针对不同目标市场的特点,分别制订不同的营销计划,按计划生产营销目标市场所需要的商品，满足不同消费者的需要，不断扩大销售成果。例如，国内一些自行车公司近年来改变了原来的经营观念，牢固树立以消费者为中心的现代化经营观念。按不同消费者的爱好和要求，分别设计生产出轻便男车、轻便女车、赛车、载重车、童车等多种产品。同时，也根据不同消费者的偏好，生产出各种彩色车，改变了过去清一色的黑色车。

采用差异性目标市场策略的优点是：小批量、多品种、生产机动灵活、针对性强、能满足不同消费者的需求，特别是能繁荣市场。但是，由于品种多，销售渠道和方式、广告宣传的多样化，产品改进成本、生产制造成本、管理成本、存货成本、营销成本就会大大增加。这样，无差异性目标市场策略的优点基本上就变为差异性目标市场策略的不足之处。

3. 集中性目标市场策略

无差异性目标市场策略和差异性目标市场策略，都是以整体市场作为企业的营销目标，试图满足所有消费者的需要。集中性目标市场策略，则不是把目标放在整体市场上，而是目标市场更加集中。选择一个或几个细分化的专门市场作为营销目标，然后集中企业的总体营销优势开展生产和销售，充分满足某些消费者需要，以开拓市场。采用这种市场策略的企业，不是追求在整体市场上占有较大的份额，而是为了在一个或几个较小的细分市场上取得较大的占有率，甚至居于支配地位。它们的具体做法，不是把力量分散在广大的市场上，而是集中企业的优势力量，对某细分市场采取攻势营销战略，以取得市场上的优势地位。

一般来说，实力有限的中、小企业，可以采用集中性市场策略。由于它们的营销对象比较集中，企业就可以集中优势力量，为充分满足消费者的需要而奋斗，以取得消费者的信任和偏爱，从而提高销售额、利润额和投资收益率。并且，随着生产、分销渠道、广告宣传等的专一化，不仅企业的营销成本逐步降低，盈利增加，而且提高了商品和企业的声誉。但是应该看到，采用集中性市场策略，一般风险比较大。因为所选的目标市场比较狭窄，一旦发生突然变化，消费者的兴趣就会转移，甚至会导致在竞争中失败。由于这种原因，企业往往又要将经营目标分散于几种策略之中，根据具体情况加以选择实施。

(二)目标市场策略的选择

1. 企业实力

当企业生产能力、技术能力和销售能力很强时，就可采用无差异性目标市场策略和差异性目标市场策略。若实力不足，最好采用集中性目标市场策略。

2. 产品特性

对于一些类似性很强的产品以及不同工厂或地区生产的在品种、质量方面相差较小的同类产品，宜采用无差异性目标市场策略。而另外一些产品，如照相机、服装等，消费者的要求差别很大，宜采用差异性目标市场策略或集中性目标市场策略。

3. 市场特性

如果不同市场消费者对同一产品的需求和爱好相近，宜采用无差异性目标市场策略。否则，宜采用差异性目标市场策略或集中性目标市场策略。

4. 产品所处生命周期的不同阶段

通常在产品处于投入期和成长期时，可采用无差异性目标市场策略，以探测市场与潜在顾客的需求。当产品进入成熟期或衰退期时，则应采取差异性目标市场策略，以开拓新的市场，或采取集中性目标市场策略，以维持和延长产品生命周期。

5. 竞争者所采取的目标市场策略

企业采取哪种目标市场策略,往往视竞争者所采取的策略而定。若一个强有力的竞争者实施无差异性目标市场策略,那么该企业宜采取差异性目标市场策略。

三、市场定位

菲利普·科特勒对市场定位的概念是:市场定位就是对公司的产品进行设计,从而使其能在目标顾客心目中占有一个独特的、有价值的位置的行动。市场定位的实质是使本企业与其他企业严格区分开来,并使顾客明显感觉和认知这种差别,从而在顾客心目中留下特殊的印象。市场定位的目的是为了影响顾客心理,增强企业产品以及产品的竞争力,扩大产品销售,增加企业的经济效益。

(一)市场定位的意义

第一,它有利于企业及产品在市场中建立自己的特色,可以使企业在激烈的市场竞争中立于不败之地。现代社会早已进入买方市场时代,几乎每个市场都存在供过于求的现象,为了争夺有限的顾客,防止自己的产品被其他产品替代,保持或扩大企业的市场占有率,企业必须为其产品树立特定的形象,塑造与众不同的个性,从而在顾客中形成一种特殊的偏好。例如,青岛海尔公司经过不懈的努力,在竞争激烈的中国家电市场上建立了以质量和服务取胜的形象,取得了消费者的信任,同时也增加了公司的效益。

第二,企业的市场定位决策是制订市场营销组合策略的基础,市场定位在企业的营销工作中有着极为重要的战略意义。比如,企业决定生产质优价高的产品,企业的这种定位就决定了企业所生产的产品质量一定要好,价格则要定得高,相应的广告宣传的侧重点应该是强调产品所具备的高质量,让消费者相信虽然产品价格高,但是物有所值;销售渠道应选择档次较高的百货公司,而不能是廉价品市场。可见,企业的市场定位决定了企业要设计与之相适应的营销组合策略。

(二)市场定位策略

企业进行市场定位,就是着力宣传那些会对其目标市场产生重大震动的差异,以确定企业在目标顾客心目中的独特位置。换言之,企业应制定重点定位策略。

为了突出定位重点,企业先要决定向顾客推出多少差异以及推出哪些差异。

1. 确定产品差异的数量

企业可以只推出一种产品差异,即单一差异定位。许多营销人员倡导这种做法,如宝洁公司的“舒肤佳”香皂始终宣传其杀菌功能——促进全家健康。这种做法的关键是要保持连贯一致的定位,并且应选择自己能成为“第一名”的差异属性。这是因为,在当今信息爆炸的社会,在人们头脑中首次接收到的信息,有稳如磐石、不易排挤的稳固位置,这与人脑定位记忆机能是密切相关的。

那么,哪些“第一名”的属性值得宣传推广呢?主要的是“最好的质量”“最低的价格”“最高的价值”“最好的服务”“最快”“最安全”“最舒适”“最顾客化”“最先进的技术”等。如果一个企业能在某一属性上获胜,并令人信服地加以宣传,那么它就会非常出名。

有的企业相信双重差异的定位策略,尤其是当两家或更多的企业都宣传自己的某一属性最好时,这样做就显得很有必要了。这样做可以在目标细分市场内找到一个特定的空缺。

沃尔沃汽车曾定位为“最安全”和“最耐用”，这两种利益是可以相容并存的，一般来说，人们都认为安全性能很好的汽车也会很耐用。高露洁牙膏加氟加钙，强调使牙齿“更坚固、更洁白”。还有实行多重差异定位的成功例子。比切姆公司在促销其 Aquehesh 牙膏时，强调其“防止蛀牙、口味清新、洁白牙齿”的三重功效。由于大多数人都认为这三种利益很重要，公司所需要做的，就是设计出三色牙膏，以便人们相信它确实可提供三种功效。值得引起重视的是，企业推出的差异不宜过多，否则会降低可信度，也影响了产品定位的明确性。

2. 确定具体的产品差异

为了确定具体的产品差异，企业要对目标市场竞争者和企业自身情况进行竞争优势分析。对于所设计的产品，要考虑产品差异对目标顾客的重要性、企业实施产品差异的能力（人力、物力、财力等）、所需时间、竞争者的模仿能力等。进行了这些分析以后，企业就能作出对所设计的差异应采取的决策，选择那些真正能够增加企业竞争优势的产品差异。

企业应当如何选择定位呢？一般的定位策略有以下八种：

（1）根据竞争定位。这是根据市场竞争状况，根据与竞争有关的属性或利益进行定位。主要是突出企业的优势，如技术可靠性程度高、售后服务方便快捷，以及受其他顾客欢迎的因素等，从而在竞争者中突出自己的形象。比如，百事可乐强调“新一代的选择”，而可口可乐则推崇“齐欢乐”。

（2）根据属性定位。产品本身的属性能使消费者体会到它的定位。产品属性包括制造技术、设备、生产流程、产品功能，也包括产品的原料、产地、历史等因素。湖南养生堂定位体现了使用的原料和悠久的历史，王守义十三香强调其专门的调料配方，宜宾五粮液、北京烤鸭等产品则强调其产地定位。如果企业的一种或几种属性是竞争者所没有或有所欠缺的，同时又是顾客认可和接受的，这时采用按产品属性定位的策略，往往容易收到良好效果。

（3）根据利益定位。即把产品定位在某一特定利益上。这里的“利益”包括顾客购买企业产品时追求的利益，也包括购买企业产品所能获得的附加利益。例如，诗丽雅化妆品公司推出的一种去死皮素的产品，使用后去除皮肤表面坏死的表皮，增进皮肤对任意品牌护肤化妆品的吸收。该产品依靠为消费者提供这一利益获得了巨大成功。新飞冰箱在同容积冰箱中耗电最省，给顾客提供“省电”的利益。

（4）根据产品的用途定位。这是工业产品最常用的市场定位方法。此外，为老产品找到一种新用途，是为该产品创造新的市场定位的好方法。例如，杜邦的尼龙最初在军事上用于制作降落伞，后来许多新的用途——作为袜子、衬衫、地毯、汽车轮胎、椅套的原料等等，一个接一个地被发现。又如，网络的研究也开始于军事领域，随后广泛应用于通信、日常生活、汽车工业等。

（5）根据价格—质量定位。一件仿制的装饰性项链，无论其做工多么精美，都是不可能与真正的钻石项链定位相同的。所以对于那些消费者对价格和质量都很关心的产品，选择两者作为市场定位的因素是突出企业的好方法。据此定位有以下几种情况：

①质价相符的情况，通俗地说就是“一分钱一分货”。当企业产品价格高于同类产品时，企业总是强调其产品的高质量和物有所值，说服顾客支付溢价来购买其产品。海尔集团的家电产品很少卷入价格战，一直维持其同类产品中的较高价格，但其销售却一直稳定增长，就体现了其产品“优质高价”的定位。

②质高价低的情况。一些企业将质高价低作为一种竞争手段，用以加深市场渗透，提高市场占有率。格兰仕集团就是采用这种定位方式，快速地占领了我国的微波炉市场并一直保持着 50%以上的极高市场占有率。这时，企业向顾客传递的信息是顾客所花的每分钱都能获取更大的价值，即“物超所值”。采用这种定位方式，企业要重视优于价格水平的产品质量的宣传，而不能只宣传产品的低价，否则就会造成产品在顾客心目中定位降低，从而造成定位失败。

(6)根据产品的档次定位。企业在选择目标市场时常根据本企业的产品档次来选择。如家具市场可划分为高、中、低档。产品也可通过强调与同档次的产品的不同特点来进行定位。例如，中美施贵宝公司出品的“日夜百服宁”等。

(7)根据使用者类型定位。企业以市场细分为前提针对某个子市场、某些特定消费者进行促销，使这些消费者认为企业的产品是特地为他们生产而且适合他们使用，从而满足他们的心理需要，促使他们对企业产生信任感。

(8)多重定位方式。这是将市场定位在几个层次上，或者依据多重因素对产品进行定位，使产品给消费者的感觉是产品有很多特征，多重效能。作为市场定位体现的企业和产品形象，都必须是多维度、多侧面的立体。这种方式应该避免因描述的特征过多而冲淡企业及产品的形象。

3. 产品定位

企业可以根据主客观条件，对上述八种市场定位方法进行选择。现以下例具体说明企业如何进行定位。

某企业开发出一种新产品后：(1)应研究同一目标市场里竞争者所处的位置；(2)选择市场定位的变量，如产品质量与价格。

据此可作出竞争者位势图(见图 8—2)来说明目前向该目标市场销售产品的 4 个竞争者位置，分别为 A(高质高价)、B(中质中价)、C(低质低价)、D(低质高价)。

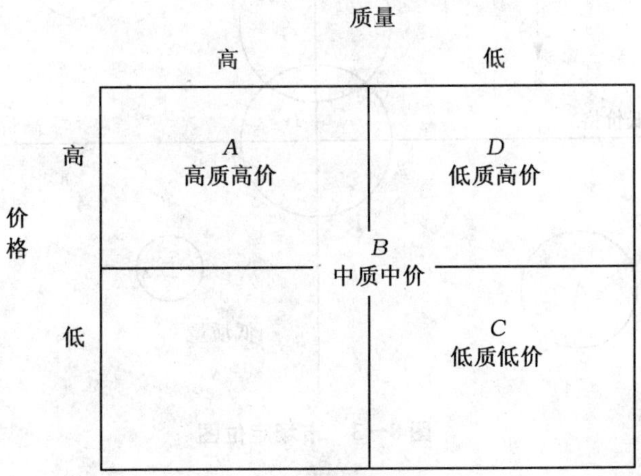

图 8—2　竞争者位势图

该企业应定位于何处呢？有两种基本策略(见图 8—3)。

(1)避强定位策略。该企业力图避免与实力最强或较强的其他企业直接发生竞争，将自己的产品定位于另一市场区域内，使自己的产品在某些特征或属性方面与最强或较强的对手有显著的差别，极端的形式是定位于E(高质低价)处，与所有其他企业均有一定距离。也可以采用另一种形式——定位于F，即只避开最强大的竞争对手企业A，却与企业C大致处于相同的市场位置。避强定位可以使企业迅速在市场上立住脚，并能在消费者心中树立一定形象，市场风险较小，成功率较高。但是避强往往意味着企业放弃了最佳的市场位置，尤其如E所使用的方式，很可能占据的是最差的位置。

(2)迎头定位策略。该企业根据自身的实力，为占据较佳的市场位置，不惜与市场上占支配地位的、实力最强或较强的竞争者发生正面竞争，从而使自己的产品进入与对手相同的市场位置。比如定位于G处，与最强的竞争对手企业B较量，选择产品的特征是：与企业B同样的价格，却有更高的质量。当然，该企业也可以采用完全相同的质量与价格、同等质量更低价格等不同的具体方案。迎头定位可能引发激烈的市场竞争，因此有较大的风险。但另一方面，由于竞争者是最强大的，因此竞争过程往往产生所谓轰动效应，消费者可以很快了解企业及其产品，企业易于树立市场形象。

企业实施某种定位方案一段时间之后，有可能会发现效果并不理想，或者没有足够的资源实施这一方案。此时，应对该产品重新进行定位。例如，企业定位于E时，产品具有极高的质量和偏低的价格。也许不久企业发现：技术力量和财务能力不能保证生产的产品具有极高的质量，或者成本太高、盈利太少，因而需要重新定位。按箭头1所示方向重新定位，意味着保持原有定价不变，但适当降低产品质量；按箭头2所示方向重新定位，则意味着原有质量不变，销售价格提高。重新定位一般由于初次定位不当引起，也可能由于初次定位导致竞争者的有力反击或者需求态势因某种原因发生了变化而引起。

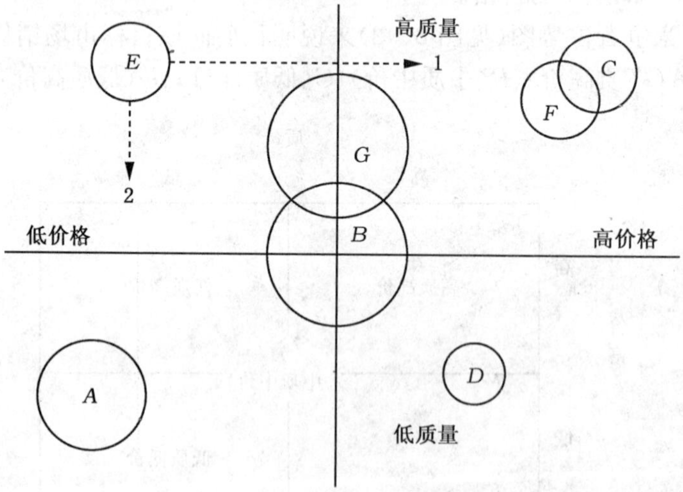

图 8—3 市场定位图

企业在产品定位过程中应避免犯以下错误，否则就会影响企业在顾客心目中的形象：

(1)定位过低，使顾客不能真正认识到企业的独到之处；

(2)定位过高，使顾客不能正确了解企业；

(3)定位混乱，与企业推出的主题过多或产品定位变化太频繁有关；

(4)定位怀疑,顾客很难相信企业在产品特色、价格或制造商方面的有关宣传,对定位真实性产生怀疑。

第二节　战略性营销规划

在进行营销管理的过程中,企业发现凭借以往的环境分析,试图在“知己知彼”的基础上进行的营销决策,面对日益动荡复杂的竞争环境越来越力不从心。如何在不确定环境下进行营销战略决策、化不确定的劣势为竞争中的优势,是新的市场环境下对企业营销管理提出的新挑战。面临不可预测的不确定的环境,进行营销战略规划:一要重视营销战略在企业整体战略中的意义,二要在营销规划中进行战略性营销规划。

一、战略性营销规划的重要性

现代市场的特征之一便是环境的复杂性与动态性日益增加、企业集团化趋势明显。在动荡不安的环境中,企业营销战略的存在一度受到部分人士的质疑。怀疑营销战略规划的理由如下:企业面临的外在环境和市场正在快速变动中,而且变动幅度愈来愈大,速度也愈来愈快。因此,许多营销规划人员感觉没有营销规划的必要性,长期规划根本跟不上市场变化的速度;即使确定了周密的计划,也往往在执行的中途,因情势的变化而导致原定计划不再有效。

然而,正因为环境变动剧烈,假如组织又缺乏有效的长期规划,没有明确的焦点和方向,自然就会造成内部共识无法凝聚、人心涣散的严重后果。因此,集团公司必须以动态的前瞻性战略营销规划来取代传统的营销规划。战略营销规划强调组织的目标与核心竞争力必须与不断变动的市场机会做战略性的匹配。

大多数战略性行动都发生在业务单位层面,在这里,完善的手段和精益求精的技巧使业务分析成为可能,可以对诸如市场增长率、价格、政府政策法规的影响等变量进行预测,制定一项规划以期在不确定的环境下,回避来自竞争对手、经济周期、社会、政治和消费者等变化的威胁。

二、战略性营销规划的意义

某项业务的每一个实际领域(如营销规划)都在不同层面上对战略形式的构成有其独特的贡献。在许多公司,营销规划的功能标志着最大程度的外部环境联系,而这一外部环境几乎不受公司的控制。在这类公司,营销规划在战略制定过程中起着关键性的作用。

在其战略性作用中,营销规划包括建立公司与其所处环境的匹配。它寻求对下列问题的解决方案:(1)公司从事的业务和未来将进入的业务领域类别。(2)如何在竞争环境里,通过产品、价格、促销活动和分销等因素,成功地管理在已选择的领域所进行的努力,以服务于目标市场。就战略制定而言,营销规划包含两个范畴:现在与未来。现在范畴处理企业与其环境之间现存的关系,而未来范畴涉及预期未来的关系(以某种目标的形式),以及达到这些既定目标必要的行动方案。

通常情况下，组织具备可确认的现存战略性观点，然而并非许多组织具备明确的预期未来。没有明确的战略常常是由于缺乏最高管理层的支持，以及在当前企业活动范围内制定严格意义的未来前景所需的努力。

营销规划具备企业与其环境之间的未来关系的核心要素。它规定了确定目标范围的主要内涵，有助于制订达到目标的计划。

三、不确定环境下的战略性营销规划的内涵

战略决定方向。它的意义在于影响竞争对手的行为，使市场向着战略家优势的方向发展。战略意图改变竞争环境。因此，一项战略声明包括对即将创造的新竞争平衡的描述、产生这一平衡的因果关系，以及行动进程的逻辑支持。规划使实施战略的所有步骤统一于一体，战略性规划制定改变竞争关系步骤的顺序和时间。

战略与战略性规划是两类不同性质的事物。战略的内容和逻辑性可能卓越超众，而规划的顺序和时间却可能明显不适合。规划也可能是对一项毫无价值的战略的高度赞誉。将战略与规划合二为一，战略性规划涉及的是某一组织与其环境的关系。从概念上讲，组织监测环境，将环境相关的变化影响融于企业决策制定过程，规划新的战略。

在诸如包括世界范围低增长、加剧的全球性竞争、技术变化导致的经营陈旧化、摆脱政府控制、信息量爆炸、迅速的原材料价格变化、无秩序的金融市场、宏观经济和社会政治体制的关键性改变等因素的影响下，这些变化的结果使不稳定性和流动性成为世界经济的普遍现象。

今天，所有行业类别都存在着许许多多战略性的选择。企业持续不断地创造产品生产的新方法，并将它们推向市场。悠然自得的安居地位在一个行业继另一个行业消失（如银行、电子通信、航空、汽车），市场的进入壁垒愈来愈难维持。市场敞开，新的竞争对手又从四面八方纷纷涌入。,

要在这样的环境下保持稳固的繁荣昌盛的地位，企业就必须具有全新的战略性规划概念。第一，最高管理者必须明确自己在战略性规划中的作用、必须投入大量的时间来决定事物发展已成为必然，而不是仅听一听对事物如何发展的分析；第二，战略性规划一定要作为一种创意实践，而不是一项预测任务；第三，假定未来与过去差异不大，由于对变化的第一认知，战略性规划过程和方法将会被人们对这一变化的固有认知观念所替代，并将这一变化转变为竞争优势；第四，规划者的作用必须从渐进主义传播者的立场转变为行动的改革者立场；第五，战略性规划必须回归于管理责任的核心主线。

四、不确定环境的分析角度

可以借用环境考察的流程，根据每一个企业的实际来重点判断目前所面临不确定环境的具体阶段。

（一）第一阶段：原始阶段

环境因素的出现是不可避免的和随机的，除了接受由于其出现而造成的每一个影响以外，不可能做任何事情来改变它。管理者可以得到战略性和非战略性的信息，不用费力区分它们。区分战略性信息和与战略决策无关的信息没有多大意义。事实上，考察环境不用管

理者进行任何努力就可以做到。

(二)第二阶段:专业阶段

该阶段是第一阶段的提升,管理者在此阶段确定需要深入研究的几个领域,然而并没有正式的考察系统,也没有用于考察环境的方法。此外,管理者对有关特定领域的信息非常敏感,但这并不意味着该信息一定与战略规划有关。

(三)第三阶段:反应阶段

环境考察开始被看成重要的工作,并且所做的努力是为了监控环境来寻找不同领域的信息。换言之,管理者充分认识到环境的重要意义并且开始牛刀小试,但是方式并不确定,也没有系统性。环境中的每个因素看起来都很重要,并且公司到处充斥着信息。某些已考察的信息可能从来没有被认真审阅,只有一些信息经过分析、理解和存储。每当业界领先的企业为了响应环境的改变而以特定的方式采取战略行动时,处于第三阶段的公司迅速做出反应,紧跟领导者的步伐。例如,如果软饮料使用软包装看起来不太合适,那么处于第三阶段公司在问题还处于萌芽时期就已意识到,但却犹豫发挥战略性领先作用。如果业界领先的公司决定试验性地使用纸包装,那么第三阶段的公司将迅速做出良好反应。换言之,处于第三阶段的公司理解这些未来将会产生的问题和机会,但是其管理者不愿意首先采取行动,以避免问题或者投资于这些机会。处于第三阶段的公司期待业界领先的竞争对手来开拓道路。

(四)第四阶段:前设阶段

企业对环境考察充满热情,进行了系统化的努力。认真的环境考察主要集中于被认为是关键的特殊领域。花费一定的时间建立正确的方法论,分发已经获得的信息并且将其应用于战略中。第四阶段环境考察的一个重要标志是宏观考察和微观考察之间的区别。微观考察指考察整个企业,在企业层面上进行。宏观考察一般在产品/市场或者战略性业务单位层面上进行。创建企业范围的考察系统确保宏观考察和微观考察能相辅相成。系统设计旨在让不同宏观考察工作之间进行交流,避免重复工作,避免获得重复信息。

五、战略性营销规划的具体措施

根据以上分析性观点,可以从以下几个方面采取具体措施:追求企业的竞争优势,将变化认定为机遇,以人为本进行管理,建设战略性管理的组织,在规划过程中突出重点并灵活管理。全面考虑这些因素将使战略性规划更具实质意义和实际意义。

(一)追求企业的竞争优势

在市场经济条件下,企业最为关心的是以利润最大化方式提供服务或产品。获得利润最大化的关键是在相对于竞争对手的最佳经营业绩的基础上获得可持续性竞争优势。最佳经营业绩至少在三个方面优于竞争对手:第一,公司必须确定无疑地设计产品/市场,这是建立在市场的实际和对优势与劣势的透彻理解的基础之上的;第二,公司必须拟定制胜的商业运营体系或架构,以保证公司在创造、提供产品或服务的表现方面绝对超过竞争对手;第三,管理者必须在管理整个运营体系方面有出色的表现,不但处理好企业内部的各种关系,而且处理好关键性的外部关系,如供应商、消费者和竞争对手。

(二)将变化认定为机遇

组织机构内必须建立一种新的文化,即管理者将变化认定为机遇,并使其经营系统不断地适应正在呈现的新形势。换句话说,变化不应被认定为问题,而应是机遇的源泉,可以为创造性和革新提供潜力。

(三)以人为本进行管理

管理者的首要任务就是创造组织的前景目标,包括:(1)组织朝什么方向发展,同样是建立在组织优势与劣势的清楚研究与认知的基础上;(2)应该参与什么样的竞争市场;(3)如何竞争;(4)所需的关键行动方案。下一个任务就是将前景目标转变为现实,即开发组织的能力、迅速变革、克服障碍和决定环境。一个企业的前景的确立与实现,最重要的就是有效聘任制度、人力资源的开发和部署。

(四)建设战略性管理的组织

管理者应致力于开拓未来时代所需的创新型、自我更新型的组织。组织的转变依赖于诸多因素,如结构、战略、系统、风格、技能、员工和价值共享。对这些因素采取以向外拓展为中心和前瞻战略进行构思设计的组织,比那些内部发展占主流和强调历史因素的组织有更大的机会自我更新。

(五)在规划过程中突出重点并灵活管理

面临不确定的环境变动,必须以与过去截然不同的观点看待战略性规划。一项每年更新的五年计划应由正在形成的对组织选定的前进方向的担忧取而代之。许多学者都将这一正在形成的对公司发展方向的担忧看作战略性思维,即公司必须做到哪些才能够成为智能型、目标性强、思维足够敏捷的公司,才能够在不断变化的时代中保持繁荣。重点突出就是判断并创建公司最佳表现领域。它要求确定不断发展变化的客户需求,之后开发关键技能,通常称为企业的核心竞争力(Corecompetencies),保证公司每一位员工都理解这些核心能力。灵活性意味着勾勒出粗略的未来发展景象(如一系列可能性),随时做好准备,一旦这些可能性出现,立刻抓住机遇。

案例8—2　采乐公司的竞争分析

众所周知,去屑洗发水市场是一个高强度竞争的市场,并且经过多年的市场洗礼,现存的品牌无疑都是在各自的市场占有一席之地。采乐,在众多强势品牌中如何脱颖而出,成为业界普遍关注的一个问题。现在回头探询采乐成功的奥妙,很多都值得我们深思。

采乐能在洗发水领域突围,实际上是非常典型的一个差异化案例,集中体现在产品的功效定位、渠道、终端和广告,都非常值得探讨,有一点是可以肯定的,这一切的基础都是建立在对消费者深刻的理解和对市场精准的分析之上的。

1. 市场背景分析

在采乐诞生之初,市场形势不容乐观。首先,洗发市场竞争激烈,洗发市场不断被细分,各种功能性洗发护发液接连推出。其次,品牌繁多,几乎所有的洗发护发品牌里都包含去屑品种,海飞丝、飘柔、风影、百年、好迪、舒蕾、蒂花之秀、亮庄……大家都看到了去头屑市场的巨大空间。再次,宝洁旗下品牌占有绝对优势,国内其他公司抢夺剩余市场。这些品牌的前几名囊括了大部分的市场份额。

毫无疑问,经历10多年的市场培育,海飞丝的"头屑去无踪,秀发更出众"早已深入人心。人们只要想到去屑,第一个想到的就是海飞丝。另外,随着风影的"去屑不伤发"的承诺，它在这个细分市场业也拥有一席之地。据市场调查资料显示，去屑的大部分市场份额被少数品牌占据，两极分化严重。

但是，经过10多年的历程，中国普通老百姓已经习惯使用大众化的洗发水洗头。以中国13亿的人口基数，这是一个异常庞大的市场。但是，随着消费者辨知能力的提高，对产品功能性诉求的要求也越来越高。产品也不仅仅是拥有认知度就可以获得长久的消费忠诚。

在这样的认知基础上，采乐公司得出结论：经过10多年的市场培育，消费者已经被培养起消费洗发水进行日常洗头的习惯。这是各大品牌共同努力的结果。从长远看，普通的洗发液将逐渐过渡到特定功能性洗发液，这也是厂商逐渐发现消费者潜在需要、细分市场的过程。

另外，洗发水市场已经形成宝洁一枝独秀、诸多品牌众星拱月的现状，这是市场竞争的正常现象，但是对于一家新进入的企业，想要在这样的成熟市场获取成功，的确是营销部门的一个巨大难题。

2. 市场分析与定位

正是在这种情况下，为了有效地切入洗发水市场，采乐公司进行了深入的市场分析。

(1)目标消费者分析：市场的第一步都是洞察消费者的心态。如果产品能首先打动消费者的心，那么一切都好办。打动目标消费者，首先要做好产品差异化，一般来说在“4P”上可以进行差异化。很多时候价格是个不错的突破口，但是谁会相信低价的功能性产品会有多少内涵？因此采乐寻找的突破口首先是寻找满足某些未得到很好满足的消费者的真正需求。

采乐推出之际，国内去屑洗发水市场已经相当成熟，从产品的诉求点看，似乎已经无缝可钻，找不到更好的细分市场。但是采乐经过研究消费者的心态，发现了很多问题，消费者心目中还有未满足的需求，这就是很多头屑患者尽管经常洗头，但是仍然找不到解决的办法，似乎没有一种药物能够治他的头屑“病”。

因此，采乐的主要目标消费群是重度的头屑患者，只有他们才会真正需要采乐来彻底去屑，次要目标消费群是中度头屑患者，市场策略是以重度带动中度。国内重度头屑患者是个很大的群体，而市场上并没有专门针对这个消费群体的产品。强调特效药去屑，以区别普通去屑洗发水，这是采乐的市场策略。

(2)品牌定位：品牌定位是一个产品营销策划的差异化策略，它通过鲜明的形象及个性让产品在销售中能够脱颖而出，成功抢占市场。采乐的成功模式主要来自产品创意——“去头屑特效药”，使它在药品行业里几乎找不到强大的竞争对手，而在洗发水的领域里也如入无人之境。这是一个极好的市场空白地带。

(3)市场定位：药品行业中，没有一家厂商生产过去屑特效药；洗发水行业里，也没有一种洗发水可以达到药物去屑的效果。采乐找到了一个极好的市场空白地带——药物去屑。于是其市场推广中宣称“专业去屑，8次彻底去除头屑”，并站在医学研究的角度谈治疗头皮屑，注重利用医学权威，这就是采乐鲜明的市场定位，它一露面就赢得了大部分重度头皮屑患者的欢迎。同时，采乐的营销渠道主要是医院和药房，所以在国内消费者的心目中，采乐是专门针对头屑的去屑特效药，有效的定位规避了激烈竞争。

3. 采乐的SWOT分析

优势:借助西安杨森医药方面的品牌优势,顺利建立采乐专业去屑特效药的市场定位。

劣势:市场上的洗发液强势品牌仍然占据绝大部分的市场份额,特别是海飞丝去屑洗发香波的威胁。

机会:采乐的市场定位得到重度头屑患者的欢迎。

威胁:强势品牌可能会在这一细分市场跟进。

4. 营销策略

价格策略:为了强调采乐的专业性和效果,其价格 31 元/50 毫升是昂贵的,比一般的洗发水贵 4 倍。但是由于采乐的分销渠道主要是医院和药房,另外也没有相同的产品与之竞争,因此,这个价位消费者是认可的。

分销策略:由于产品的定位是特效药物治疗头皮屑,采乐的分销渠道主要是药房和医院。这既增强了采乐的专业形象,也避免了与其他洗发产品的恶性竞争。

广告策略:头屑是由头皮上的真菌过度繁殖而引起的,清除头屑应杀灭真菌;普通洗发水只能洗掉头发上的头屑,采乐的方法是治标先治本,从杀灭真菌入手,针对根本。这种独特的产品功能性诉求,有力地抓住了目标消费者的心理需求,使消费者在想要解决头屑根本时,首先想到采乐。

课后练习

1. 简述营销战略过程。
2. 战略性营销规划的具体措施有哪些?

案例思考

青岛啤酒"三战"济南市场失策

在啤酒业内盛传着这样一句话:得济南者得山东,得山东者得天下。这里面包含两层意思:第一,济南市场啤酒消费量大,利润丰厚。以济南为中心的方圆 200 公里内,市场消费潜力巨大。济南啤酒年销量达 22 万吨,其以中档酒为主的消费水平和便利的交通,又为啤酒企业的扩张发展和辐射周边提供了最好的条件。第二,济南市场攻破难度大,若能攻破济南市场的啤酒企业,全国其他市场就不在话下了。对青岛啤酒(简称青啤)来说,济南确实是一个颇令其尴尬的地方,在这个家门口,青啤屡战屡败、屡败屡战。这其中的经历对我们局外人来说,也颇值得回味。

事实上,不仅仅是青啤,众多企业在这个地方都品尝过失败的滋味,比如燕京麾下三孔啤酒多年征战成效甚微;主攻低端市场的烟台啤酒和琥珀啤酒也只能苟延残喘。虽然众多厂家在济南市场收效甚微,但众多啤酒企业还是对战略要地——济南虎视眈眈、垂涎三尺。作为啤酒业的老大,况且又是在自己的大本营,青啤自然对济南更是势在必得,于是在济南采取了一贯的手法,希望通过兼并或控股济啤来登上济南"霸主"之位,但未能如愿。在与济南啤酒(简称济啤)合作事宜搁浅后,青啤向济啤发起了多轮煞费苦心的进攻。

1997 年,青啤就向"趵突泉"发动了第一场"战争"。当时青啤推出了低价位的"青岛大众”，一瓶比趵突泉啤酒便宜一毛钱左右，意图通过价格优势占领市场，但“战事”只持续了一个夏季，青啤便铩羽而归。2001年，青啤再杀回马枪，使出“火锅城攻势”战法，即青岛啤酒在济南的部分火锅城里派出推销员，试图以此来打开济南市场的缺口。2002年4月初，青啤对济南市场发动了第三轮攻势。这一次，青啤的策略是“花钱买店”，即在大中型酒店中推行“青岛啤酒专卖店”。青啤此次进攻可以说不惜血本，投入空前，青啤共建立了300多家专卖店，有的是由青啤赠送一二十万元的车，有的则是给每个店5万～10万元的专卖费，但是以酒抵款。啤酒行业利润约为5%，而一个中大型酒店年销酒额仅在25万元上下。青啤单店投入费用高达5万元，回报率已达20%，可谓不惜血本。与此同时，青啤在媒体上大打“青岛啤酒——咱省城人自己的啤酒”的广告，各专卖店派驻促销小姐。但这次煞费苦心的运作又让青啤失望而归。

是济啤实力雄厚，还是济啤应对有方，让青啤三战三败，铩羽而归？非也。作为一家老企业，济啤应该说是一个典型的抱残守缺者，任凭敌人进攻，很少见济啤有何反击举措，甚至广告也很少做，直到青啤开始第三次“济南战役”之时才觉醒，开始了大规模的“终端反击战”。所以济南市场的失利原因应该在青啤自身。

业内人士分析认为，青啤的三次营销运作在战略、战术上存在着严重的失误。第一个失误是青啤过于轻敌。应当说，青啤在这三次营销运作中都是非常努力的。但青啤在目的上过于急切，对济南市场没有认真调研分析，就想当然地认为与别的市场一样，想当然地认为济南是一弹丸之地，凭借自己的优势定会不战而胜。而急功近利与轻敌造就了低水平的营销策略。

第二个失误是对消费者心理的把握不足。在青啤第三次“攻城”时，花巨资买店，采用高额返利、独家专营的方式控制客户终端，全面封杀黑趵啤酒，让酒店只经营青啤这一单一产品，强行剥夺消费者的选择权，靠人为的力量去割裂文化、改变口味，消费者绝不肯轻易“买单”。这可以说是青啤营销的失误，只想着争夺市场份额，而对消费者的感受理解不足，成了为争夺而争夺，忘记了市场的裁判是消费者，消费者会用手中的货币进行投票。

第三个失误是营销策略的不足。在青啤发动“进攻”时，曾在济南当地媒体上发布大量广告，称“青岛啤酒——咱省城人自己的啤酒”。如果青啤想通过一次苍白无力、强拉硬套的广告拉近与济南消费者的距离，对青岛啤酒产生认同，那么就这个广告未免过于浅陋，其广告语“青岛啤酒——咱省城人自己的啤酒”显然难以让济南消费者接受。消费者的认同来源于体验和感受，虽然他们很感性。影响和转化消费者的认同需要运用多元化、组合的策略，从激起注意到关注焦点，继而从提供体验到构筑忠诚，从而达到影响目标消费群的目的，靠的不是标榜，而是积极地影响、潜移默化。

在青啤第三次“进攻”失败后，黑趵啤酒的一句广告语将黑趵啤酒的终极“武器”完全暴露：“滴水之恩，涌泉相报”。黑趵啤酒的终极“武器”就是客户忠诚度，是济南广大的消费者替黑趵啤酒击退了强敌。济南人本地对“趵突泉”情有独钟。济南“趵突泉”啤酒在济南占有80%的市场份额，也就是说，十个消费者里会有八个人选择“趵突泉”啤酒。多年的“趵突泉”口味已渗入济南市民的脾胃，所以在酒店里济南的啤酒消费者下意识地会首选“趵突泉”啤酒。这也是济南的啤酒市场几乎被“趵突泉”啤酒“一统天下”的原因所在，可以说这已经成为黑趵啤酒的竞争优势。要想攻破济南市场，必先瓦解黑趵啤酒的品牌忠诚度。品牌忠诚度是企业长期精心培养的，消费者如果已经对品牌产生了认同，就不会轻易改变。

青啤忽视消费者对黑趵啤酒忠诚度保护的强大力量，企图重金买店进行终端垄断，在单一终端采取强硬措施割裂消费者的忠诚度，实则以己之短攻敌之长。瓦解品牌忠诚度是一件慢工细活，需要时间。如果非要在短时间内取下济南市场，青啤就应该扬长避短，避其锋芒，侧面绕行，攻黑趵弱点，才能有所成就。

第四个失误是战术执行失误，体现在中档酒进攻了高端市场。在青啤的买店行动中，进攻市场的主力产品是青啤清爽啤酒，在市场上属于中档产品，但在酒店中却以高档酒的价格出售，以便加大对酒店的返利，保持酒店的专卖积极性。但是啤酒价格就转移到了消费者身上了，引起消费者的不满。同时青啤专卖的酒店都是济南的高档酒店，高档酒店卖了中档酒，使自身产品系列定位又引起了混乱，而青啤最开始的目的是进攻济南的中档市场，从济啤手中抢夺中端市场。由于青啤战术执行的失误，在中端市场黑趵啤酒几乎没有受到很大冲击，仍然称王于济南的中端市场。

好策略可以创造竞争力，但前提必须是好策略要得到好的执行。黑趵啤酒是济南中端啤酒市场的不二“霸主”，青啤的策略目的也是针对这点来制定的，却由于执行上的失误导致了策略的失败。

[要求]

(1)在青岛啤酒市场营销战略中，有一条思路叫“高起点发展，低成本扩张”，请你思考一下，这个战略的内涵是什么？另外，请对青岛啤酒的“三战”济南市场的失败做一个总结性的分析。

(2)一种观点认为，营销战略是包括旨在提高顾客满意度的各种经营行动的总体概括。该观点认为竞争优势源于顾客，既基于厂商所获取的顾客满意度，又基于厂商超越竞争对手的顾客满意水平的程度。营销战略将受顾客影响的经营战略与以市场为核心的各类综合活动结合起来，以此建立竞争优势。请你谈谈营销战略为什么与顾客满意度有如此紧密的关联。

本章实训

训练内容与要求：

阅读教材提供的阅读材料及其他相关背景材料，假如你是陈军敏，假如你的店铺就在吴山广场，或者说你就是在银泰西湖店周边的商家，请问你将如何选择未来的经营项目，调整经营策略？请你对你的商铺作一策划。

训练目标：

通过本项策划，培养学生环境分析能力，以及市场选择、定位能力，并通过其他相关营销策划，训练学生的实际操作能力。

训练步骤：

(1)学生利用课余时间阅读教材所提供的阅读材料及其他相关背景材料；分小组讨论相关案例，并撰写营销策划书初稿。

(2)集中讨论，各小组选派代表发言，通过发言、同学提问、解答、同学补充分析的形式，全班集体分析、讨论背景案例。

(3)在吸纳全班集体讨论意见的基础上，各小组进一步修改、完善先前撰写的营销策划报告初稿，正式成文，撰写该项目营销策划书。

背景资料：

银泰西湖店开业在即　附近旺铺租金日渐涨

在任何一座城市，百货店总是会带来大商机的可能，而一家成熟的百货店，更是会带动周边商业物业的全面升值。

在银泰还没宣布入驻太平洋商业中心的时候，清波商厦、耀江广厦一带的街面店几乎无人问津，很多空铺的门口都贴着房东的电话。在去年银泰宣布入驻之后，周边的商铺逐渐热闹起来。苏宁在清波商厦开出10 000平方米的家电卖场，维多利亚丽嘉酒店也开张了，一些服饰店和食品店、参茸店相继入驻……这家占地7万平方米的西湖店内部装修差不多要完工了，下个月就要忙着品牌入驻和对外形象宣传，然而为此忙碌的不仅仅是银泰的员工，周边很多商铺的房东和租客也在忙碌着，忙着租商铺，忙着装修，忙着开业。而且，随着银泰(西湖店)开张日子逐渐临近，商铺租金几乎每个月都上涨很多，有的店铺年租金竟然上涨了1倍！如果可以将此归结为“银泰效应”，这应该是吴山商圈沉寂多年后一个全新的开始。

如同所有初春的下午，雨后的空气里夹杂着新鲜的青草清香，沸腾鱼的负责人陈军敏从延安南路办公室宽大的落地窗望出去，却没有轻松的心情。这段时间以来，他一直在思考的问题就是，银泰西湖店在月底就要开业，如何将自己这家在地理位置上与之紧贴的沸腾鱼乡，在客流群上贴得更近些。

昨天下午，记者在银泰西湖店看到，商场正在做最后的装修工作：部分建造完毕的专柜成品正在陆续搬进商场就位，工人们正抓紧时间平整商场外围。随着开业期的临近，银泰，这个在杭城年轻人中拥有巨大号召力的成熟百货店品牌，不仅让原本在此经营的商家热血沸腾，更是触动了一些周边商铺业主敏感的神经。

业主将“旺铺出租”改成“暂不出租”

紧贴着银泰西湖店的红门局原本只是条8米宽的小巷，最近已经拓宽了一倍，成了一条16米宽的小路。这样一条“新生”的小路，随着银泰西湖店开业的临近，原本应该格外热闹，但令人意外的是，目前此地却是意外的平静：街上的中介店、奶茶店、咖啡店等小店继续营业，少数空置的店铺也并未贴出招租告示。

然而，紧贴银泰西湖店的耀江广厦部分商铺却贴出了“暂不出租”的告示。记者从周围开业的店铺了解到，就在几天前，这些店铺还挂着“旺铺出租”的告示，这几天，不仅这些告示已经悄然撤下，连业主留在上面的电话号码也撤掉了。

几经周折，记者找到一位负责管理这些物业的耀江广厦相关人员，一位工作人员表示，沿街几家商铺一些已经“名花有主”；剩下那几间面积适中的商铺，这段时间太多人询问店面情况，管理人员不胜其烦，不得已贴出字条。“这些店面离银泰近，成了很多人心中的‘香饽饽’了。”这位工作人员告诉记者。

一位业内人士分析，随着银泰西湖店开业的日子临近，商铺租金几乎已经到了一日一价的程度，临近银泰西湖店的部分店铺，最近3个月年租金竟然上涨了一倍。商铺租金究竟什么价格才合理，谁心里都没底。在这样的情况下，有实力的业主选择暂时"捂盘"，待银泰西湖店开业后看实际情况再开价出租。

周边商家重新规划店铺操作流程

这些日子，吴山广场周边的商家一直在酝酿如何让店铺变得年轻化，能够更加"贴合"银泰的顾客群生存。

靠近吴山广场的沸腾鱼乡营业面积有2 800平方米，2004年入驻延安南路至今，生意一直只能以"平平"形容。陈军敏告诉记者，从七八个月前得知银泰西湖店会开在附近后，他几次与银泰方面联系，希望能搭着银泰开业一起做促销，"银泰开起来了，今后这一带的房租涨成什么样子还不能预料，经营上会面临更大压力。所以宁可现在亏一点，也要把店里的人气做旺。如果方案能被银泰接受，我甚至愿意搭着银泰的促销白送直接可以抵价的餐饮券。"他表示，去年年底他就已经开始重新规划店里各项操作流程，为日后生意繁忙时做准备。

目前，尽管银泰西湖店还未开张，但周边部分餐饮设施都已经陆续开业，为迎接商场日后庞大的客流群做积极准备。

在红门局，一些咖啡馆、餐饮店负责人均表示了对银泰开店后热闹情形的憧憬。在定安路上，一家服饰店正清空店面准备装修，该店负责人称要赶在银泰月底开张之前装修完毕开门营业，不会错过"银泰人群"。

银泰西湖店负责人告诉记者，从银泰开始规划这个店的布局开始，每天都可以收到不少周边商家的合作方案，其中还包括几家知名企业，都是希望在开业期间能够联动促销。

沾了光未必能"发亮"

从目前来看，银泰西湖店的开业显然对周边的商家和商铺形成了强大的刺激，不少投资者认为，傍着一个营业面积在7万平方米的成熟商场做生意，有固定的客流量保证，即便先期投入大一点，也是值得的。事实是否真的如此呢？

位于耀江广厦南侧的红门局上一家花店老板告诉记者，前期合同签的时间比较长，所以近期租金还不会上调，但合同到期后，租金涨价就不可避免。说实话，"小小的店面很难经得起租金上涨的考验"，到时候可能不得不面临拓展甚至是更换经营项目的局面。

也许很多人对沃尔玛在杭州开业期间对周边物业造成的影响还记忆犹新：沃尔玛东新店正式开业，就在它最为红火的开业期间，周边不少店家却关门的关门、搬迁的搬迁。冲着人气匆匆租下附近店面的投资者，还没有品尝到人气带来的效应，却要尴尬地咽下短期内租金疯长的苦果。

一位业内人士分析，银泰西湖店开业之后，与周边原本就有的一些大型卖场、商场之间会形成良好的互动，为吴山商圈带来旺盛的客流，一些有特色的餐饮店、品牌专卖店与百货商场之间将互为补充。但并非所有沾着这个圈子的商铺都会发光，如果一个商场具有完善的休闲配套设施，也许消费者在商场内就完成了全套的购物、休闲甚至餐饮的全过程，"很多时候，大型购物中心的入驻反而会对周边中小商家造成更大的经营压力"，因此盲目追高进入，并不理智。

"亏上一两年无所谓，关键要有人气"

"来这里开店，我们是做好了亏钱打算的。"优之良品一位孙姓负责人说，他们在一年半之前选择在这里开店，开业到现在，业绩并不算好。还有一家是在商场里有专柜的COCOON服装店，它是在银泰宣布入驻之后签下了一侧的专卖，开业才几个月，其他还有两家酒庄，也在最近一段时间开张了。

因为银泰西湖店尚未开张，客流量并没有多少变化，但是这些开专卖店的租客似乎并不着急，对他们来说，吴山商圈这个空白区迟早要填补，早总归好过晚。银泰的入驻自然会带来不低的客流量，这也是他们看中的，但是周围写字楼的逐渐成熟也是吸引他们的一个重要原因。

"对品牌商来说，我们不在乎店面租金多少，银泰开业了之后，我们会计算客流量，如果人气的确很旺，年租金加上5万元、10万都无所谓。"一家正在租赁谈判的专卖店负责人说，现在很多品牌都很积极地在主力百货店周围储备店铺，银泰西湖店周围必然也不会放过。

高额租金令周边业态面临"换血"

华邦商业地产公司曾经测算过吴山商圈的商业地产存量，大约有40万平方米，而其中所谓的沿街一类商铺，原本就不算多，如果抢夺激烈，会直接体现在价格上。租金成本的迅速增加，让很多杂货店、低价餐饮店知难而退，一家在延安南路上开了20年的"老郑牛肉"，也因为负担不起高额租金而当了"逃兵"。

一家当时参与拍卖的公司负责人回忆，"老郑牛肉"原来的年租金是23万元，租赁期到了之后，房东决定重新拍卖，价高者得，拍卖现场争抢气氛很浓，"老郑牛肉"的老板举到了30万之后就再也没举牌，随后，租金一路上涨，最终被一家做参茸保健品的公司以51万元拿下。

"如果银泰西湖店能开成功，这里的商铺租金虽然不能和武林商圈一带相提并论，但上涨30%应该是不成问题的。"华邦商业地产的侯先生说，随着租金的上涨，周围经营的商业业态可能要经历一次"大换血"。如果无法承受如此高额的租金，原来的租客就会大撤退。据侯先生透露，目前一些大型餐饮连锁集团、珠宝品牌和高档的服装店已经紧紧盯着这一带的商铺，只要有空缺就会毫不犹豫地入驻。

方圆5公里商圈面临升级

在任何一座城市，百货店总是会带来无限商机的可能，一家成熟的百货店更是会带动周边商业物业的全面升值，而它带来的客流则会被周边的业态所分享。

目前银泰周围的商铺档次参差不齐，有高档的服装店、食品店、高档酒庄，还有一些人气不旺的酒吧、低档的餐饮店，以及经营多年的杂货店和小型奶茶店，这种凌乱的商业状况会在银泰西湖店开张之后发生改变。

除了银泰的介入，地铁也会为这个商圈注入新的动力。有关部门为了银泰还特别对地铁的位置作了修改，计划距离银泰100米的地方启动地铁湖滨站的建设，同时，配套的地下停车库和地下商场也会启动。中山中路综合整治、河坊街二期、南山路二期等工程也将在不久后上马，这一切对吴山商圈来说，都是再好不过的机会。

业内人士分析，吴山商圈会以银泰西湖店为核心，在百货店开张之后众多品牌会形成"聚集效应"，带来超旺的客流，大型的餐饮店、品牌店都会相继进入，专卖店、特色店、餐饮店和百货店将互为补充，周围方圆5公里的商业都会面临一个升级的过程，重塑一个商圈的凝聚力。

第九章

市场调研策划

没有调查就没有发言权。在浩渺无边的商海中，无数竞争者和其旗下产品充斥着每一条航道的各个角落。而拥有最终选择权的消费者又因为收入、文化、地域、家庭背景、教育程度和消费观念的不同各有偏好。于是，看似平静的航道往往暗流浮动。如果没有前期对整个市场深入细致的了解和调查研究，哪怕是再有经验的水手也难免会迷失航向。商海航行中，决策者好似船长，时时处处需要做出正确的决策。此时，市场调研便成了广袤海面上一盏高照的导航灯，帮助我们寻找前行的方向。

将市场调研工作放在战略高度，前期的调研工作做到了高度精细化。所有的后期活动，如品牌包装策划、样板市场的建设、广告及公关活动、促销活动、招商与推广、渠道的建设与管理等，都依托市场调研得出的正确结论，因而进展十分顺利，从而实现了"在恰当的地点、恰当的时间、以恰当的价格、使用恰当的促销方式把恰当的商品卖给恰当的人"。

第一节　市场调研概述

营销研究(Marketing Research)是运用科学的方法和恰当的手段，系统地收集、整理、分析和报告有关营销信息，以帮助企业、政府和其他机构及时、准确地了解市场机遇，发现营销问题，最终得以正确制订、实施和评估市场营销策略和计划。国际知名营销研究机构伯克公司 Burke 主席(Ron Tatham)曾经说过："市场营销研究人员的工作，要求他们具备咨询技巧、专业技术能力和良好的管理。他们的主要作用是为识别和解决市场营销问题提供信息，以便采取行动。"作为广为人知且极为常用的研究工具，在西方已经颇为成熟的消费者行为学(Consumer Behavior)成为现代市场调研所广泛运用的理论指导。借助于此,研究者能够透彻地了解消费者需求、偏好、习惯行为模式及其背后的内在动因,这对于处于引入期和成长期的产品尤为重要。在产品(或服务)投入市场前,通过详细、准确的市场调研,可以在早期就确定产品的需求状况;在产品的成长期,市场调研则对细分市场、确定目标市场、选取产品的最佳价格、正确包装和策划广告宣传等活动起着重要作用。

一、市场营销调研的程序

(一)界定要调研的问题

发生了什么和为什么发生了?正在发生什么?我们应该这样做吗?

(二)市场调研流程设计

怎样合理、高效、节能地解决问题?

(三)现场调查、收集资料

选择抽样结构和调查方法,采用最合适的调查问卷进行现场调查。

在其他地方也曾发生过吗?查找档案。

找专家寻求答案。

关于此问题有没有已存在的研究成果?查找互联网等。

(四)分析资料、解释结果

进行描述性的统计(如百分比、平均值、标准方差)。

进行相关性的分析(如交叉表、卡方检验)。

(五)提交研究报告

展示在研究中的发现。

汇报结果。

(六)跟踪研究

继续追踪市场动态、消费者及竞争者动向。

二、调研问题及目标的界定

界定要调研的问题及目标是营销调研过程中极为重要的一步。一位学者曾经说过:“对一个错误问题做出高明的决策,远远不及对一个正确的问题做出一个一般的决策。”可见,如果对研究问题的说明含混不清,或者对所要研究的问题作出了错误的界定,则会导致研究无法进行,或者研究所得的结论无法帮助企业的决策者制定正确的决策。市场调研的目标是提供准确有用的决策信息,所以调研问题是信息导向的,它要确定需要什么样的信息以及如何有效和高效地获得这些信息。并且,营销调研问题及目标一定要具体明确,范围不能太宽也不宜太窄。

为了说明调研目标,调研人员必须先确定营销调研问题,也就是说,营销调研人员的首要任务是与营销经理探讨并尽可能完整地确定营销管理问题。在确定营销调研问题时,调研人员通常要经历三个步骤:

(1)详细说明构思与操作上的定义。比如,构思是“品牌意识”,调研中操作上的定义就是“听说过该品牌人数的百分比”。

(2)验明关系。营销调研人员必须考虑各种构思之间的关系,比如,当价格降低时,顾客会购买更多的产品;而价格上升会使顾客的购买力明显下降。

(3)确定模型。一旦有了一系列的构思,并将它们以一定的逻辑关系联系起来,就已经搭建了一个调研的模型。通过研究公司所处的环境和可利用的资源,仔细考虑大环境中的竞争因素,分析顾客行为,并在访谈中得到有关构想,调研人员基本可以完整地概括出可能影响所研究问题的原因、解决方案和结果。

三、市场调研设计及流程

每个调研问题都是独一无二的,因此,界定了市场调研的问题和目标后,我们首先要针对不同的调研问题,为整个调研活动做方案设计。调研设计方案对调研工作者的作用就像建筑设计蓝图对建筑者的作用。

调研设计方案可归纳为三种传统的类型:探测性、描述性和因果性。设计方案的选择依赖于调研目标。一般而言,调研有三个目标:一是建立假设;二是测定兴趣变化的情况(如广告和品牌忠诚度);三是检验假设。表9—1中列示了各种调研方案是如何最佳地处理这些基本的调研目标的。

表9—1 **调研方案比较**

调研目标	合适的方案
获取背景资料、定义术语、阐明问题和假设、确定调研重点	探测性调研
及时描述和测定某一方面的营销现象	描述性调研
确定因果关系,进行"如果…那么…"的陈述	因果性调研

这三种调研方案的顺序并不意味着实施方案的顺序,调研是一个反复的过程,因此在调研时应利用多种调研方案。比如,在了解整个市场状况时,主要应用探测性调研;而阐述消费人群特征时,主要应用描述性调研;对于消费者收入水平和橄榄油消费量的关系研究,显然利用因果性调研更为恰当。

完整的流程设计是明确调研方案后营销人员应该着手进行的重要工作。

市场调研流程设计是关于资料收集、样板选择、资料分析、研究预算及时间进度安排等方面的计划方案,是研究过程中非常重要的指导性文件,通常表现为正式的市场营销调研计划书。调研流程设计能将调研需要解决的问题纳入一个完整的科学系统,运用各种调研方式实现最终调研目标。

(一)确定资料来源

资料通常分为原始资料和二手资料两类,前者为根据研究目的而直接收集的资料,后者为现存的企业内部的和外部的资料。二手资料中的内部资料主要来源是消费者、销售量、供货商以及其他公司希望跟踪的资料的数据库。外部资料是指从公司外部得到的资料,其来源包括出版物和数据库等。

与原始资料相比,二手资料具有其自身的优势:获得速度更快;获得所需的费用相对低廉;通常所需的资料较容易找到;能够有效地丰富原始资料。

大多数情况下，调研者要完成原始的收集任务首先是从收集二手资料开始的。通过二手资料的收集可以了解要研究的行业情况，包括销售、利润状况、主要竞争对手及发生的一些重大事件。同时，二手资料的研究可以有助于了解在原始资料收集中会遇到的概念、数据和术语。

对于十分重要的消费者信息，仅有二手资料是远远不够的，在对决策具有重大影响的调研活动中，还要充分依靠原始资料，以提高信息的准确性。为了分析竞争对手最新情况和消费者情况，必须进行科学的定量调查，以获得翔实的原始资料。

（二）决定资料收集方法

竞争品牌的各类销售数据对企业制定自身的营销战略具有十分重大的价值，但此类数据往往很难收集。为此，必须利用企业内外一切可以利用的途径和资源，从各个角度完成收集工作。

比如，促销员是各企业的短期合作人员，他们虽然不是企业的正式员工，但由于他们处于"卖场"这个营销战场的最前沿，直接面对产品的最终消费者，所以能够切身感受到产品在市场上的销售状况。如果说销售记录是企业的"晴雨表"，那么促销人员无疑就是首先观测到天气状况的人。所以，在了解其他品牌产品销售状况时，一方面可以从其他品牌的促销人员方面问询相关信息；另一方面，也可以通过自己的促销员走内部路线，主动接触并拉近与卖场营业员的关系，以闲聊等方式收集相关信息。

（三）时间与经费研究

在研究与设计阶段，研究人员应对进行研究所需的时间及费用加以估计。这里的时间是指完成整个研究计划所需的时间，费用则包括研究人员的薪金、差旅交通费、访问费、材料费等各种费用。

根据侧重点的不同，企业的调研预算主要综合考虑以下几方面的内容：

1. 时间预算分配

这实际是进行市场调研工作的纵向计划，可将总的调研时间分为若干个时间段，按照时间流程有所侧重地分配预算。

2. 地域预算分配

在中国这个多元化的市场，各地的销售情况差异很大，若按照平均分配的原则对各地采取相同的调研方式，则很难准确收集到对企业决策具有借鉴意义的资料，所以，应该根据各地经济发展水平，综合考虑当地销售市场的宏观、微观环境，编制不同预算。比如，在北京这样经济发展水平很高、市场较为成熟、消费者购买力很强的主要目标城市，全面而深入的市场调研工作必不可少，所以在这些城市应配置足够的人力、物力，为成功调研做大量的投资。对于一些市县级的中小城市，调研计划相对简单，以了解总体情况为目标，主要计划借助当地经销商完成更细致的工作。这种因地制宜、集中优势兵力对主要城市进行重点击破的战术可以使企业品牌的营销在调研工作上比其他企业更胜一筹。

3. 部门预算分配

在调研计划中，还应将时间和经费在相关部门之间合理配置，在保证各部门独立完成工作时还应注意兼顾企业整体预算目标。

为了使调研活动的整个过程更加严密，必须制定详细的经费预算（见表 9—2），不仅应包括固定的费用，还应为不确定事件划出预留费用，以保证一切顺利进行。

表 9—2　　市场调研活动预算

序号	项目名称	备　注
1	访问员工资	X名＊Y天＊Z元
2	统计员工资	X元
3	焦点小组工资	Y人＊X元
4	调查问卷印刷费	Z份＊X元
5	政府部门资料索取费	调查行业的数据资料
6	礼品费	赠送被访者的礼物
7	不可预测性费用	X元
	总计	T元

(四)确定抽样方案

在一般情况下，市场营销调研都不可能对研究总体进行全面调查，因此，无论采用何种资料收集方法，都要依据研究目的首先确定研究总体，然后决定样板的性质、容量及抽样方法。同时，抽样调研场所的选择也是一个不可忽略的问题。调研场所的选择在很大程度上决定调查结果是否具有代表性，更会影响到营销决策的准确性，必须慎重考虑。一般来说，市场调研场所的选定是与企业产品销售市场策略紧密相连的。

以A品牌橄榄油为例，通过对行业状况的细致分析，考虑到橄榄油现在还只是相关行业市场中较小的一个细分市场，大部分消费者仅将其作为“主要食用油以外的补充品”，销售区域只集中在大中型城市，消费群也局限于收入和文化水平都较高的群体。通过以往大量的自然销售分析得知，A品牌相当比例的销售额发生在零售等渠道。因此，选择一些重要的、有代表性的大卖场、超市展开市场调研。

大卖场主要选择家乐福、沃尔玛等，这里集中了大量的中高端消费者，是这一阶层消费者的典型代表。同时，由于营业面积和营业方式的缘故，这几家卖场还是团购相对集中的地方。选择这里作为部分调研场所，不仅可以收集到一些终端消费者的信息，还可以间接了解到部分团队购买的情况。百盛、太平洋这些超市不是地处高档办公写字楼区就是靠近使馆或商业核心区，集中了大部分高端消费者，因此也被选为主要的调研场所。

在以上几方面的综合分析基础上，制定出以下市场推广计划流程(如图 9—1 所示)：

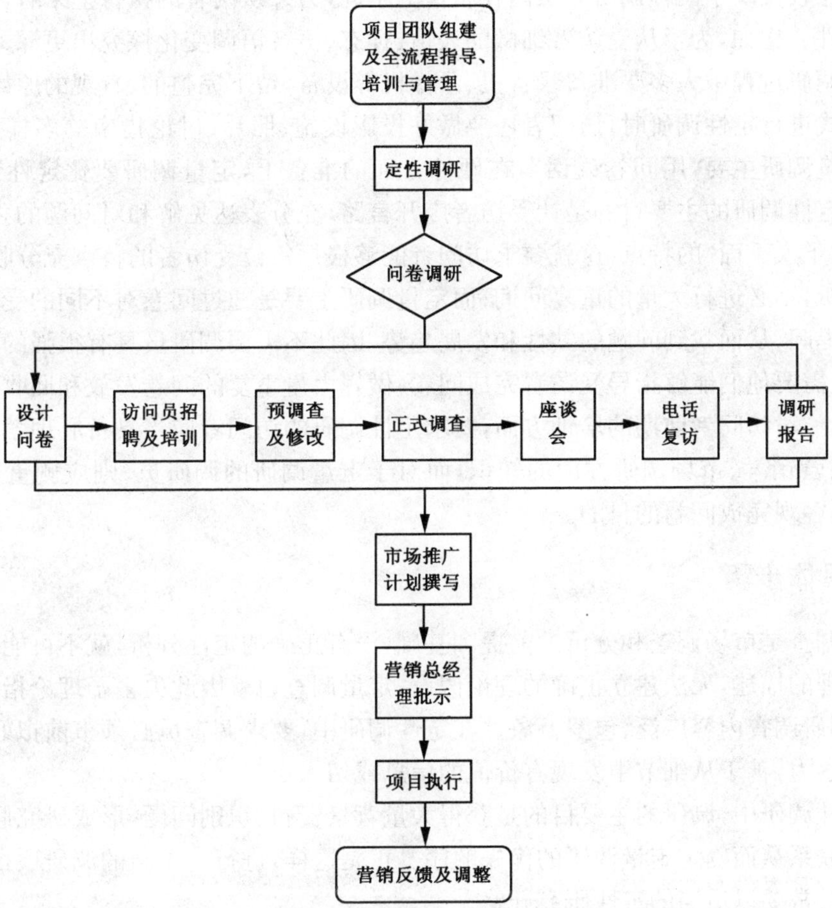

图 9—1　市场计划推广流程

第二节　调研方法选择及预调研

完成了调研的整个流程设计，就开始具体的调研工作，围绕各项不同的调研目标选择相应最科学的调研方法并进行前期的预调研。

一、调研方法选择

在市场调研中，定性调研与定量调研是两种主要方法。通常情况下，相较于定量调研，定性调研具有成本低的优势，但对调研人员的素质要求较高，需要他们对消费者心理特征有深层次的了解。由于定性调研结果在很大程度上依赖于调研者的主观认识和个人解释，所以只可以指明事物发展的方向及其趋势，但却不能表明事物发展的广度和深度，只是一种试探性的研究类型。而定量调研则能得到大样本和统计性较强的分析，属于因果性、说明性的研究类型，其量化结果对定性调研可起到支持、验证的作用。

以上比较反映了两种调研方法内在特性的不同，另外从两者的执行上来看，也有不同的要求和条件。比如，为了从受访者细微的表情、神态、语音语调变化探究出更深刻的问题，在进行定性调研过程中大多要准备录音机、录像机等设备，留下完整的、直观的原始记录，在以座谈会形式进行定性调研时，访问者还要做好投影设施、照片、讨论指南等多样化的硬件准备。而定量调研主要"用问卷说话"，在硬件方面的准备上，定量调研要比定性调研单纯多了。由于定性调研的主要目的是让受访者广开言路，充分表达见解和对问题的独特看法，所以体现了"千人千面"的特点，这就要求访问者能够根据每位受访者的特点充分收集信息，进行有效分析，不必进行大量的重复问询；而定量调研主要是通过问卷对不同的受访者进行大量的重复提问，从而找到问题的共性和发展趋势，因此不需要调研员具有很强的观察力和分析能力，只需要他们能够指导受访者完成问卷，做好大量重复的问卷发放和回收工作。结合这样的特点，对访问者前期的培训方面，要求定性调研的访问者应当具备心理学、社会学、消费行为学、营销学、市场调研方面的知识，而对于定量调研的调研员，则应侧重亲和力的培养，以达到客观完成问卷的目的。

二、具体步骤

定性调查是市场调查和分析的前提和基础，没有正确的定性分析，就不可能对市场作出科学而合理的描述，无法建立正确的理论假设，定量调查也就因此失去了理论指导。通常来说，定性调研调查内容广泛、包罗万象。在定性调研中，要求调查员必须事前拟好思路，具备极强的洞察力，善于从细节中发现有价值的信息或切入点。

在定性调研中，调研的主要目的是获得大量背景资料，识别问题，形成研究假设，找出假设之间的联系从而确定定量调研的优先顺序。正是这样，进行一项新的调研项目时，在定量研究之前常常要以适当的定性研究开路。

因此，对市场调研的安排主要分两步走：第一阶段对行业市场进行定性调查分析，通过搜集和分析超市、经销商、行业协会、国家权威部门等市场资料，初步了解市场，研究行业总体趋势；第二阶段进行定量调查分析，在定性调查的基础上发掘市场切入点和细分市场，为进一步掌握市场状况和消费者的需求设计具有针对性的市场调查问卷，直接面对目标消费群体进行调查。

三、定性调查分析

仍以A品牌橄榄油为例。通过对大量文献的研究，发现中国的食用油消费仍以普通食用植物油如大豆油、菜籽油、花生油等为主，市场庞大且发展迅速，品牌竞争激烈。过去由于消费观念不同，人们对食用油认识有限，所以中低档食用油产品较受大众欢迎。近年来，人们生活水平日益提高，对营养健康饮食的需求也日趋强烈。随着行业市场竞争的不断加剧，营养健康概念逐渐深入人心，拉动了人们对特种食用油（如橄榄油、核桃油、葵花籽油、葡萄籽油等）的需求。食用油消费呈现向多样化、高档化、健康化发展的新趋势，市场日渐细分。从数据上看，进口食用油的市场份额增加，并且价值增幅远远超过数量增幅，说明进口食用植物油中，高价值食用油所占比例越来越大，进口量也越来越多，食用油市场总体趋势对A品牌橄榄油的中国推广计划来说是非常有利的。

同时也发现，现阶段食用植物油市场表现特点主要是：城市以食用精制油为主，农村以消费二级油为主；食用油的品种丰富，因油料和加工工艺的不同而分为20多个品种，但大豆油的消费量最大，占40%以上；不同种类食用植物油的消费表现出明显的地域特征；目前市场上的食用植物油品牌众多，除“金龙鱼”“福临门”的市场分布较广泛之外，其他品牌的分布也呈现明显的地域特征。说明中小食用油品牌的知名度也具有显著的区域特征。

现代营销观念认为，市场调研是一个动态的过程，虽然有科学的程式化步骤，但任何环节都需要创意的帮助。调研的创造性实际上是市场调研的诸多性质中最有价值的特性，是调研人员营销知识、调研技术、思维能力的综合体现，当然也是市场调研有效性最有力的保障。因为有创意的调研总是来自于调研人员对市场的把握、对营销的理解、对调研技法的精通。在市场调研活动中，不必拘泥于调查问卷的单调形式，例如，可以在调查问卷里创造性地增添参与座谈会就赠送产品的活动，从而达到“一箭三雕”的目的：一是成功邀请消费者参加座谈会，二是可以通过赠品本身试探消费者对产品的接受程度，三是通过座谈会能发现更深层次的市场问题。座谈会在市场调研活动中是开放式访谈中的一种，调研人员在召开座谈会之前应针对调研主题精心准备大纲，大纲主要包括：(1)问什么问题；(2)问题该如何恰当地措辞(用对方容易接受的语言)；(3)与受访者建立的关系(相互信任)；(4)资料的记录(录音＋笔记)；(5)资料的分析、解释与报告的步骤。

调研人员在事前应准备详尽的大纲，但只将其作为参考，在座谈会中应不拘泥于大纲所列举的范围和形式，而应将焦点集中于受访者身上，对他们的视角表现出真正的兴趣、关心和理解。因此，在座谈会中，会议的组织者必须提高引导技巧，学会真正了解受访者的内心，真正走进他们的世界。

四、定量调查分析

问卷调查是市场调研中最有效也是常被使用的一种定量调查方法，一直被业内人士看作制胜的法宝。一份优秀的问卷需经过相当审慎而周密的计划，因为不当的问卷设计足以毁坏整个调研工作，浪费企业大量的时间、人力和经费。

一份良好的市场调研问卷应具备下列两个条件：(1)能达到调查目的，这是问卷设计的根本要求。(2)促使受访者愿意合作，提供正确咨询，协助企业很好地完成调研目标。

在问卷调查中，问卷设计是非常重要的一个环节，甚至决定着市场调研的成功与否。为了更好地实现调查目标，首先应确定要研究的目标和内容，然后对问卷问题进行缜密设计。仍以A品牌橄榄油为例，问卷内容应包括消费者对橄榄油的认知程度、对本品牌及其竞争对手的了解程度、购买橄榄油的动机、考虑因素、使用习惯、价格承受能力、主要接触媒体等，力求客观、真实地反映市场情况。问卷应充分运用测量的四种尺度：定类测量(主要考察消费者性别、年龄、国籍等基本信息)，定序测量(主要考察消费者受教育程度等方面信息)，定距测量(主要了解消费者购买本品牌产品的频率变化)，定比测量(主要用来考察消费者的收入水平和购买力之间的关系)。

工作中，将问卷设计归纳为若干个主要步骤，并制定出流程图(见图9—2)。虽然这项程序对于其他企业应用时并非唯一和绝对，但依此步骤进行，可以在很大程度上提高问卷水平。

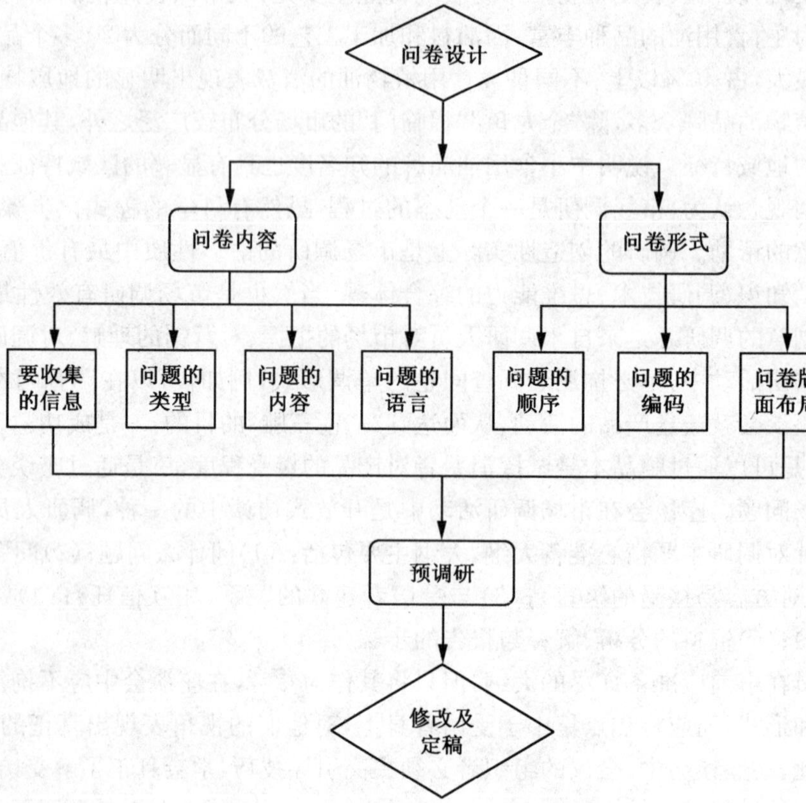

图 9—2 问卷设计流程

在问卷内容设计过程中，仔细斟酌问卷的语言。比如，在问卷第一部分的说明信中，将这次调查定位为公益调查，一方面体现了公司的经营宗旨是维护中国百姓的健康；另一方面也容易赢得被调查者的支持，降低拒访率。在主体部分的问题内容设计中，应严格遵循以下原则：

(一)简单原则

由于初期市场调研是针对广大消费者的，受访者在受教育水平上存在着明显的差异，问卷若设计得太书面化不但会使受访者因难以融入问卷内容而产生大量拒访现象，还会在很大程度上增加访问员作业难度。因此在设计过程中，应注意在问卷中使用具体、明确且口语化的用语，比如，用“您通常在哪里购买食用油”取代“您选择购买食用油的地点”，并尽量以简单句取代复杂句，使整份问卷的用词简洁清楚，语言尽可能做到既科学又不晦涩难懂、不产生歧义，这可以在很大程度上提高问卷的可读性与被理解性。

(二)客观原则

为了使问卷能够最真实和准确地反映受访者情况，对问卷的问题设计进行仔细斟酌，严格避免引导性或暗示性的问题出现。在陈述问题时，采取正反两方面问题并陈的方式，设计问题选项时对内容要进行平衡处理。

(三)精准原则

通常的问卷设计中违反切题原则的情形有两种：一种是题意含糊或过于笼统，使问题涉及范围太广或主题界定不清，这将使受访者无从答起；另一种是一题多问，这样的问题将使受访者无法确切回答。在问卷初稿生成后，可将工作人员分成两组，每组针对问卷中的关键问题进行逐字逐句的讨论。讨论后，将发现的问题汇总，一起解决，最终保证问题的精准性。

综上原则，可以知道科学的问卷应满足以下几个设计的基本要求，即信息要齐全（包含调研者需要了解的全部重要信息）、问题要适宜（要使被调者能够回答、愿意回答、乐于主动合作）、误差最小化。

一份完善的调查问卷应能从形式和内容两方面同时取胜。在对问卷内容进行了全面把握后，还要对问卷的外在部分即问卷形式进行精心设计。

在问卷形式上，首先应对问卷的长度进行仔细的考虑。由于现代社会节奏很快，人们对时间格外珍惜，过长的试卷往往不易得到被访者的配合，不耐烦的情绪容易使靠后的问题失去客观性；所以，经过一次预调研，最终应将问卷精简到使被访者能够在 5 分钟内完成。同时，还应注意问卷版面设计的简洁大方，为年老的被访者单独提供字号放大的特殊版问卷，这在调研过程中就可以赢得消费者的好感，充分体现公司文化中的人文关怀。

经过重重严格把关的问卷，最终以科学严谨的面貌到达消费者手中，使消费者容易作答的同时，也为统计分析工作带来了极大的便利。成功的问卷调查工作可以为整个企业在进入市场时的决策制定提供重要而有力的依据。

大量的定性定量调查可以提供重要的数据，而对数据进行处理，工作人员就可以对问卷中反馈的信息作出科学合理分析。

五、市场预调研及反馈

在大量发放调查问卷之前，市场预调研是一项必不可少的工作。预调研往往是在正式调研前通过对一些典型的被访者的访问来审核问卷是否有错误。在问卷初稿的小范围发放过程中，企业应能够检查出其中的缺陷，这些问题如不解决，会直接影响调研的质量。如果通过试访后进行修订，就能避免大规模投放缺陷问卷带来的人员、时间和资金的浪费。

在预调研中，参加的对象是否典型是十分重要的。预测时通常会选择 5～10 个被访者，而调研人员可以从中发现一些具有普遍性的问题。例如，如果只有一个被访者对一个问题提出疑问，调研者可以不关注该问题，但如果有三个被访者对同一问题提出疑问，调研者就应该对此问题重新考虑。在重新考虑时，调研者应站在被访者的角度上问自己："这个问题的意思表达得是否清楚""这样的结构是否可以理解""短语表达是否清晰""是否带有倾向性的、引导性的词语"等。

例如，为了有效完成预调研工作，某项调研选择在崇文门新世界超市的进口产品展区发放 20 份预调查问卷。预调查的对象选定为进入进口产品展区的人群。在这次预调查中就得到了十分宝贵的信息。比如：调查显示，部分被访者认为初次的问卷过长。有些问题的答案使被访问者有模糊的感觉，有些问题使被访问者感觉很唐突，回答带有很强的随意性。另外，较少调查者会主动地回答"其他"这个选项，都会选择"放弃回答"或者"不知道"。

调研者在得到反馈后，可参考被访者的意见，对问卷进行认真的修改，比如在确保问卷信息完整性的基础上使问卷的页数尽量减少、尽可能减少开放性问题等，这将为后面正式访问的顺利进行打下良好的基础。由此大家也可发现试访问的重要性。

第三节　访员培训及调研日程安排

经过前期精心的准备，接下来要开展的工作便是正式的调研活动及为此对调研人员的培训。

一、调研人员的培训

在访问调研中，访问员作为信息的采集者，直接影响着调研的质量，所以访问员的培训和管理，是有效实施调研的关键之一。为此，应该对聘请的市场调查人员进行专业市场调研培训。培训前，制订周密的计划，从而真正提高访问员的业务水平。培训既包括工作方法的讲授，也包括工作要求和相应的工作制度、奖惩措施的明确，真正使访问队伍达到科学化、规范化。

为了保证实际调研的顺利开展，公司在培训中可组织访问员阅读问卷并让大家提出自己的意见和问题（培训人员做现场的解答），明确讲解如何选择调查对象和注意的问题，并说明当顾客来了解或品尝企业的产品时，应以热情的态度来面对顾客，请求他们回答企业的问卷。为此，还可采取活泼的现场表演形式，让访问员进行逼真模拟。在这种环境中接受培训，访问员可轻松地接受应具备的知识和技能。最后，公司将报酬和双方的权利义务明确地通过协议规定下来，以解除访问员的后顾之忧。

在市场调研过程中，若聘用的访问员既经过仔细选拔，素质较高，亲和力强，又经过系统培训，就可以从人员上保证调研的效果。在访问过程中，访问员承诺被访人会在后期收到产品赠品，就能够较为顺利地留下被调查者的联系方式，以方便之后的电话复访，从而尽可能减少本次市场调查的误差，保证调研质量。

二、正式调研及日程安排

首先依据各调研场所的不同情况，对问卷的数量做出具体分配，这有利于保证样本的完整性和代表性。在访问期间，充分考虑访问员上下班的路程和时间状况，将访问员安排到相应的地方开展访问工作，以更好地唤起其工作热情。同时，公司派出专人到各大访问地点跟踪检查调研员的工作情况，以保证数据的真实性和调研效果。表 9－3 是某次调研的工作安排。

该公司前期明确了调研的目标，将调研过程细化为详尽的工作流程，选择了较为科学的调研方法和数据收集方式，对访问员进行了严格的岗前培训及工作指导监督，安排了科学的预调研，这一切为整个调研活动的成功奠定了坚实的基础。在对收集的数据进行相关的数理统计后，调研小组向决策者提供了一份非常具有参考价值的调研报告。

表 9—3　　　　　　　　　　市场调查员工作安排

本次调查总协调员：市场助理

调查地点	调查人员信息	问卷数量	时间安排	督察员信息	业务员信息
百盛超市	赵× 1381001××××	共194张	8～16日		
	陈× 1381006××××		8～16日		
	韩× 1381066××××		8～16日		
华堂十里堡	易× 1302000××××	共106张	8、9～14、15、16日		
	佟× 1381036××××		8、9日～14、15、16日		
新世界	荣× 1362109××××	共106张	8、9～14、15、16日		
	张× 1350111××××		8、9日～14、15、16日		
	肖× 1368114××××		8、9～14、15、16日		
太平洋	张× 1368305××××	共194张	8～16日		
	田× 1381006××××		8～16日		
	刘× 1381003××××		8～16日		

第四节　调研报告的撰写

一份优质的营销调研报告是对阶段性营销调研的完美总结，这既是专题性营销调研的终点，也是营销策划开始的起点。市场调研报告要以规范的格式对调研过程中所收集的资料、所做的分析、得出的结论作出综合汇总，是企业高层管理者作决策的直接书面依据。

一、市场调研报告格式

尽管每一篇调研报告会因为项目和读者不同而有不同的内容，但调研报告的格式通常有着一般的规定。这些规定是在长期商务实践中逐渐形成的，对市场调研报告应该包含哪些内容、按什么顺序安排这些内容提出了指导性意见，是从事市场调研的人员应该通晓的。

对于非技术性的一般性市场调研报告的阅读者，通常只想知道研究的结论，对调查研究的细节并不感兴趣。因此，在撰写这类市场调研报告书的时候，主要是注意报告的简洁和客观，避免给阅读者以任何形式的误解。

撰写市场调研报告，为了能够使高层管理者迅速了解调查结论，在文字上力求简洁、精确、客观，少使用主观性的叙述，使调研报告有很强的层次感和客观性。市场调研报告的格式一般如下：

(一)题目

题目部分主要包括调查主题、报告日期、为谁而准备、撰写人或报告者。

(二)目录

目录主要包含报告所分章节及相对应的起始页码。报告中的表格和统计图也要相应编写图表目录。

(三)调查目的

即说明这次调查活动的动机、所要检定的统计假设以及所要了解的问题。

(四)研究方法

对调研过程中所使用的调查研究方法、选取的样板类型与大小、调研得到的研究结果等做非技术性的简短说明。

(五)结果和局限性

调查结果在调研报告正文中占较大篇幅。这部分报告是按一定的逻辑顺序提出并紧扣调研目的的一系列项目发现的。发现的结果主要用叙述的形式表达，从而使项目更为可信，同时在讨论中配一些总括性的表格和图像，这样可以有效避免枯燥无味的大块文字叙述。

完美无缺的调研是难以做到的，在报告中将成果加以绝对化、不承认它的局限性和应用前提是不科学的调研态度。所以在调研报告中，撰写人员应指出报告的局限性，提醒经理人员在决策时有所考虑。

(六)结论与建议

这是调研报告中最实质性的部分。其中说明了调研所得的主要结论，调研人员针对结果所提的建议也包含在这部分。

(七)附录

任何一份太详细或太过专业化的材料都不应出现在正文部分，而应统一编入附录。在附录部分，调研报告中主要收录问卷样式、抽样技术、编码表、参考文献、详细的统计表等。

二、市场调研报告概析

市场调研报告最重要的目的就是为决策者的决策提供有力的依据。一位营销大师曾经说过："分析所带来的，是当发现毫无结果时的恐慌和当清楚发现终极真理时的狂喜。而在这两端之间，是长期的艰苦努力、深入思考，以及堆积如山的资料。"

现引用A品牌橄榄油市场调研报告部分内容，以供读者参考：

本次调查共计回收538份调查问卷，其中有效问卷为525份，有效率达到97.58%。对525份有效问卷的分析结果如下所述：

对于525个被调查人员，他们的性别、国籍和年龄分布情况如下：在被调查人员中，有450名女性，占总数的85.71%，其分布情况见图9—3。其中，我国内地为495人，占总体的94.29%；港、澳、台地区为16人，占3.05%；国外为14人，占2.67%，其分布情况见图9—4。

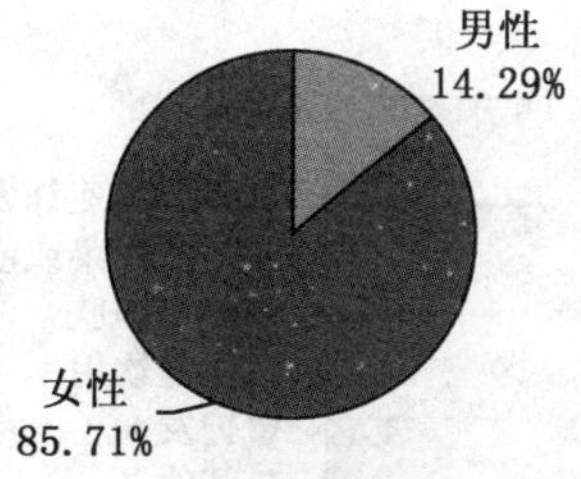

图 9—3　性别分布情况

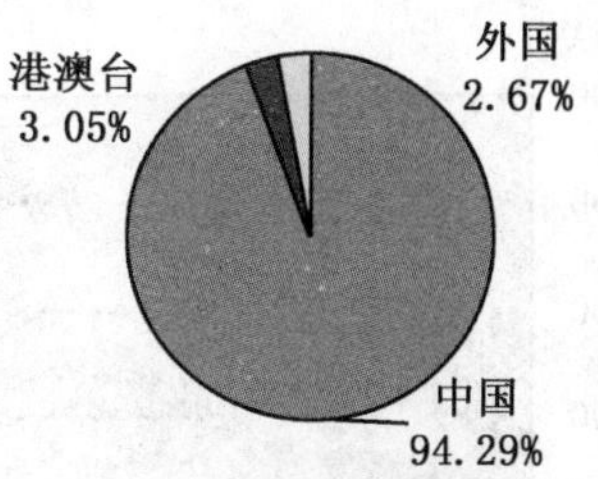

图 9—4　国籍分布情况

(一)消费者对橄榄油保健功能及用途的认知度

由于橄榄油具有预防心脑血管疾病、降低胆固醇、延缓衰老、护肤护发、防癌抗癌等功效,广大消费者对橄榄油具有较高的认知度。调查显示,70.10%的人了解橄榄油可以降低胆固醇,55.05%的人知道橄榄油可以预防心脑血管疾病,48.76%的人了解橄榄油可以护肤护发,只有 0.19%的人不知道橄榄油对人体的益处(见图 9—5)。由此可知,大部分消费者了解橄榄油对人体的益处。

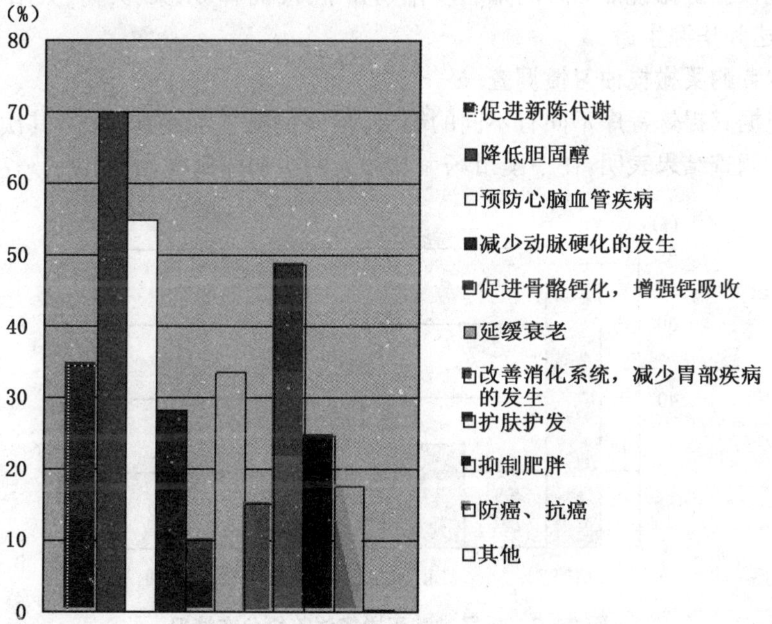

图 9—5　消费者对橄榄油保健功能的认知情况

同时,消费者对橄榄油的用途也具有较多的了解,据调查,77.71%的人认为橄榄油的主要用途是做凉拌菜或沙拉,56.38%的人认为橄榄油的主要用途是炒菜或煎炸食物,而不知道橄榄油的用途的人最少,仅为 0.19%(见图 9—6)。

(二)市场竞争日趋激烈

由于中国橄榄油市场具有巨大的潜力,但中国的地理环境并不适合大量生产橄榄油,因此一些国外知名的橄榄油品牌近年来争相逐鹿中国市场。据调查可知,国内的消费者也对国外的橄榄油比较认可,并认为最著名的橄榄油生产国主要有西班牙、意大利、土耳其、希

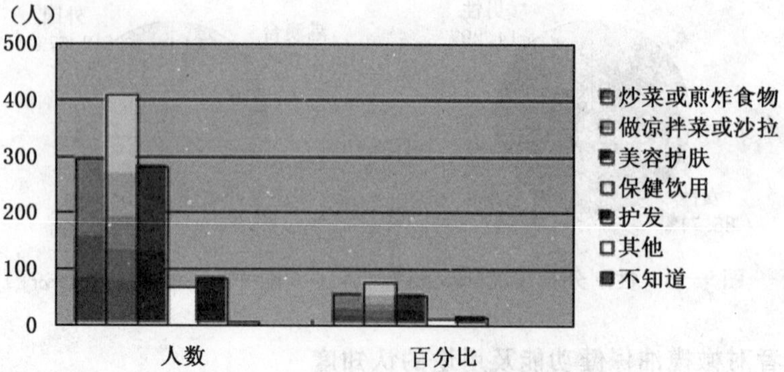

图 9—6　消费者对橄榄油的用途认知情况

腊、法国。仅有 4.76％的被调查人员不知道著名的橄榄油生产国。

此外，各橄榄油品牌的竞争也是互具特色，各有千秋。各品牌在各地市场表现不同，一些品牌在相应地区具有了绝对的品牌优势。例如，A 品牌橄榄油在北京的品牌知名度达到 70％以上。现根据各橄榄油品牌的知名度排列如下：A 品牌、乐家、大树、太阳谷、品利，最后是亿芭利、甘达和华源生命。

(三)消费者购买橄榄油习惯调查

橄榄油根据其提炼程序不同有不同的等级，最好的橄榄油是初榨的，其次是纯正的，最差的是渣油。调查结果表明，在中国市场大部分人购买初榨橄榄油(见图 9—7)。

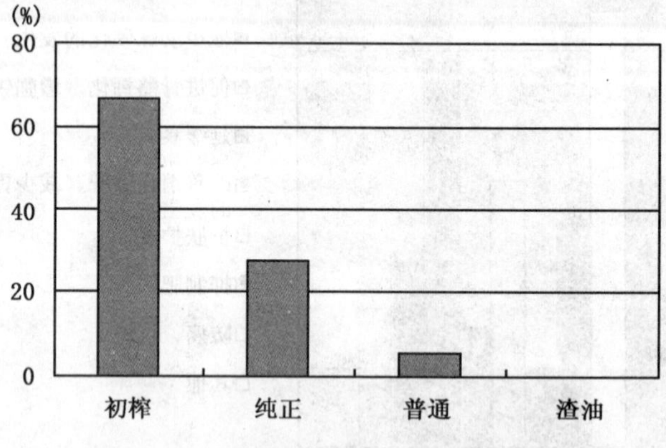

图 9—7　居民常购买橄榄油等级分布情况

同时，未购买橄榄油的原因调查也显示，价格相对较高是消费者知道其优点但仍未购买的主要原因(见图 9—8)。看来，橄榄油要大规模飞入寻常百姓家、在中国普及还有待居民收入的进一步提高。

消费者购买各品牌橄榄油的原因显示，在消费者作购买选择时，质量好和比较有名是非常重要的影响因素。而质量好与品牌知名度有密切的相关性。前者一般是通过后者来感知，说明厂商坚持走品牌营销之路的重要性。这也正是各主要橄榄油厂商正逐步关心自己的营销战略，开始走品牌之路和精细化营销之路的原因所在(见图 9—9)。

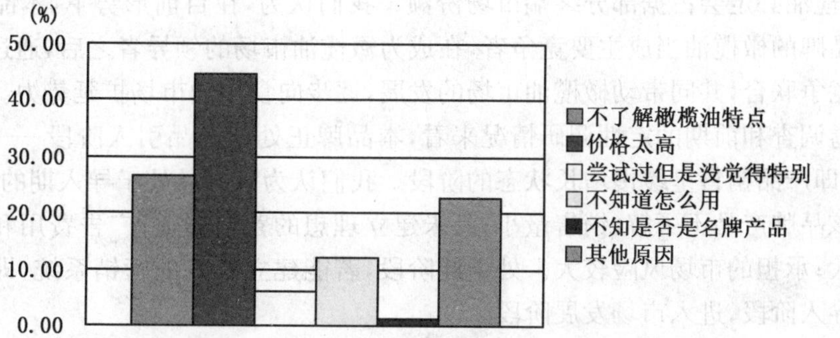

图 9—8　不购买橄榄油的原因分布情况

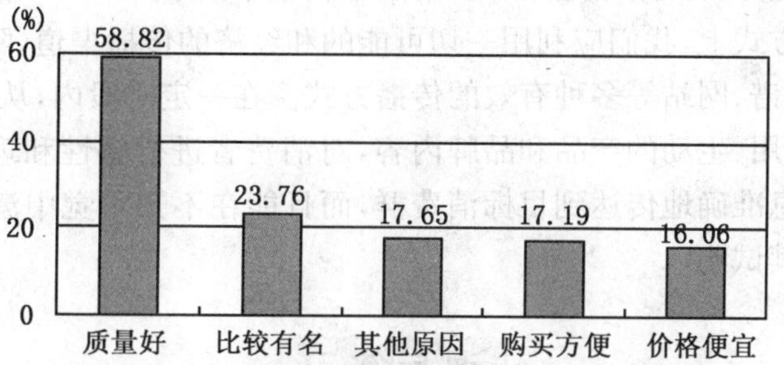

图 9—9　消费者购买各品牌橄榄油的原因

(四)营销渠道多元化

由于购买橄榄油的消费者较注意质量，购买渠道基本是在大超市或专卖店，这也说明大多数人认为大超市与专卖店的产品质量比食品批发市场和便利店等地方有保障。

与此同时，主导品牌的橄榄油尽可能利用报纸、电视、杂志和网络等可能的传播途径来宣传和影响消费者，以提高品牌知名度，增强自身的竞争能力。研究表明，人们获取信息的最主要的途径是报纸、电视、杂志和网络，其比例分别为 72.00%、71.43%、64.57%和 48.57%。其中通过报纸、电视和杂志获取信息的人超过了 60%(见图 9—10)。

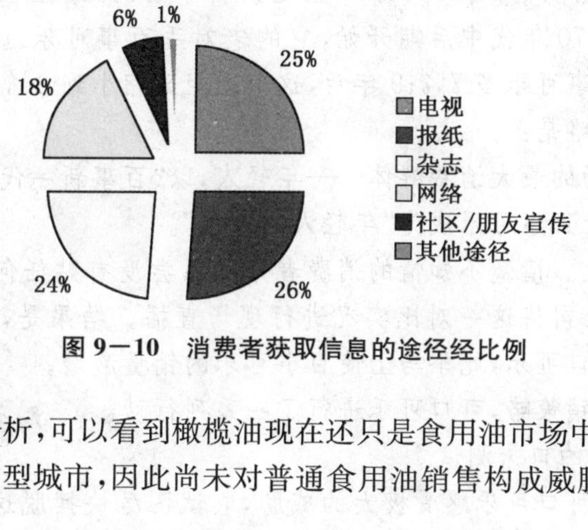

图 9—10　消费者获取信息的途径经比例

通过前面的研究分析，可以看到橄榄油现在还只是食用油市场中较小的一个细分市场，销售区域只集中在大中型城市，因此尚未对普通食用油销售构成威胁。但随着橄榄油市场的发展，橄榄油必定会占据部分终端市场份额。我们认为，在目前形势下，本品牌橄榄油应先把其他品牌的橄榄油当成主要竞争者，在成为橄榄油市场的领导者之后，通过与其他橄榄油品牌的竞争联合，共同带动橄榄油市场的发展，逐步向食用油市场扩延势力。

就问卷调查和前期的定性调研情况来看，本品牌正处于产品引入阶段——在市场上推出新产品，即产品销售呈缓慢增长状态的阶段。我们认为该产品处于导入期的市场特点为：消费者对该品牌产品不了解，销售量小；尚未建立理想的营销渠道；广告费用和其他营销费用开支较大；承担的市场风险较大。处于此阶段，若能建立有效的营销系统，即可以将产品快速推进导入阶段，进入市场发展阶段。

根据此次调研的结果，我们发现此类产品的市场容量较大，潜在消费者对产品不了解，且对价格相对敏感，市场竞争日趋激烈。此时采用快速渗透策略将会是最优选择。（调研结果的其他部分和相应分析及策略运用等段落限于篇幅未摘录）

传播的途径和方式上，我们应利用一切可能的和经济的传播渠道，除电视、报纸广告外，还可以采用专刊、菜谱、网站等多种有效的传播方式。在一定时段内，从空中到地上，反复向消费者传达客观、实用、生动的产品和品牌内容，对消费者进行感性和理性双重诉求。这样不仅使本品牌的信息准确地传达到目标消费群，而且能在不知不觉中激发目标消费者对本品牌的兴趣并引发其试购。

课后练习

1. 简述市场营销调研的程序。
2. 调研方法应该如何选择？
3. 市场调研的具体步骤应如何策划？

案例思考

新可口可乐失误的调研

20 世纪 70 年代中期以前，可口可乐一直是饮料市场的“霸主”，市场占有率一度达到 80%。然而，自 20 世纪 70 年代中后期开始，它的老对手百事可乐迅速崛起，1975 年，可口可乐的市场份额仅比百事可乐多 7%；9 年后，这个差距又缩小到 3%，微乎其微。

百事可乐的营销策略是：

第一，针对饮料市场的最大消费群体——年轻人，以“百事新一代”为主题推出一系列青春、时尚、激情的广告，让百事可乐成为“年轻人的可乐”。

第二，进行口味对比。请毫不知情的消费者分别品尝没有贴任何标志的可口可乐与百事可乐，同时百事可乐公司将这一对比实况进行现场直播。结果是，有 80% 的消费者回答百事可乐的口感优于可口可乐，此举马上使百事可乐的销量激增。

针对百事可乐的营销策略，可口可乐进行了一系列行动：

1. 耗资数百万美元的口味测试

对手的步步紧逼让可口可乐感受极大的威胁，它试图尽快摆脱这种尴尬的境地。1982

年，为找出可口可乐衰退的真正原因，可口可乐决定在美国10个主要城市进行一次深入的消费者调查。

可口可乐设计了“你认为可口可乐的口味如何?”“你想试一试新饮料吗?”“可口可乐的口味变得更柔和一些，您是否满意?”等问题，希望了解消费者对可口可乐口味的评价并征询新可口可乐口味的意见。调查结果提示，大多数消费者愿意尝试新口味的可口可乐。

可口可乐的决策层以此为依据，认为可以结束可口可乐传统配方的历史使命，同时开发新口味可乐。没过多久，比老的可口可乐口感更柔和、味道更甜的新可口可乐样品出现在世人面前。

为确保万无一失，在新可口可乐正式推向市场之前，可口可乐公司又花费数百万美元在13个城市中进行了口味测试，邀请了近20万人品尝无标签的新、老可口可乐。结果让决策者更加放心的是，六成的消费者回答说新可口可乐味道比老可口可乐要好，认为新可口可乐味道胜过百事可乐的也超过半数。至此，推出新可口可乐似乎是顺理成章的事了。

2. 被遗失的美国精神

可口可乐不惜血本协助瓶装商改造了生产线，而且，为配合新可口可乐上市，可口可乐还进行了大量的广告宣传。1985年4月，可口可乐在纽约举办了一次盛大的新闻发布会，邀请200多家新闻媒体参加，依靠传媒的巨大影响力，新可口可乐一举成名。

看起来一切顺利，刚上市一段时间，有一半以上的美国人品尝了新可口可乐。但让可口可乐的决策者始料未及的是，噩梦正向他们逼近——很快，越来越多的老可口可乐的忠实顾客开始抵制新可口可乐。对于这些顾客来说，传统配方的可口可乐意味着一种传统的美国精神，放弃传统配方就等于背叛美国精神，“只有老可口可乐才是真正的可乐”。有的顾客甚至扬言再也不买可口可乐了。

每天，可口可乐公司都会受到来自愤怒的顾客的成袋信件和上千个批评电话。尽管可口可乐竭尽全力平息顾客的不满，但他们的愤怒情绪犹如火山爆发般难以遏制。

迫于巨大的压力，决策者不得不作出让步，在保留新可口可乐生产线的同时，再次采用近100年历史的传统配方，生产让美国人视为骄傲的老可口可乐。

仅仅3个月的时间，可口可乐的新可口可乐计划就以失败告终。

要求：你认为可口可乐的失误在哪里？有什么方法可以避免？请就这两个问题谈谈你的看法。

本章实训

简单实用的市场调查方式

没有调查就没有发言权，拍脑袋做决策只会加速企业的灭亡。中小企业如何进行市场调查、如何了解竞争动态和消费需求变化以及市场发展趋势？以下提供几种简单有效的调查方法，以供中小企业的决策者参考，虽不科学，但也实用：

1. 如何洞察用户的需求和反馈

一是到陈列企业产品的终端售点去观察，了解用户在选择品牌时的情景。比如，有的消费者在货架选择产品的时候，可能一会拿起这个品牌看看，一会又拿起那个品牌看看，最后可能把某个品牌放进了购物车，也可能突然间又把选择好的已放到购物车里的品牌放回去，重新选择另一个品牌，这时的消费状况是消费者正在做激烈的选择思想斗争呢。可能这时候你的产品成为幸运者，这时候你就要赶紧上前了，在亮明你的身份后与消费者进行沟通，比如：为什么要选择你的品牌，对其他品牌有什么评价，对你的品牌还有什么意见等等，这时，往往能听到的是真实的心声；如果你的品牌没有被消费者所选择，那么你也要赶紧上前，了解一下选择或不选择这个品牌的理由。售点的观察关键是要能洞察消费者的真实需求，平常的填表式的消费者需求调查很容易被消费者忽悠，比如，问到你的收入、问到女士的年龄、问到你的职业，你会说真话吗？在观察时，要看到什么样的消费者选择你的产品，因为这就是你的真实的目标用户。许多中小企业在产品投放市场的时候，一般很少能确切地描述目标消费者的特征，而在终端售点的观察就可以让你知道答案。进行终端售点观察的时候，一定要提前想好你想要获得什么样的信息，要有目的性地去观察，去与购物者沟通，同时，在亮明身份与消费者在终端售点沟通的时候，最后最好是送给消费者一份小礼物，比如老总签名的优惠卡等。在终端售点观察，还可以了解到产品的真实市场占有率，你可以在一段时间内进行统计，有多少消费者在进行选择，你的品牌销售了多少，竞争对手的品牌销售了多少，在不同的终端售点统计后，就可以获得你的品牌真实市场占有率的数据。这要比销售人员给你提供的大概、可能、差不多的模糊数据真实多了。

二是消费者座谈法。提到消费者座谈法，可能会让很多营销人士想到专业调查公司的那套模式，而这里的消费者座谈法是对终端售点观察法的延续，是指在终端售点沟通后，可以邀请消费者在周末或者某一时间到指定地点进行座谈，对产品提出意见，因为选择你的品牌的消费者才是最真实的目标消费者。这些消费者具体有什么特征呢，比如接受广告信息的途径、对公司产品的意见、对广告的评价、日常消费特点、广告投放效果等？通过与消费者座谈，你可以了解消费者的背景、消费特点、接受广告的途径、广告效果等有用的信息，这时做出的策略调整才是有效的、有针对性的。深入居民小区，与目标消费者进行家常式的沟通，也是有效的调查方式。“脑白金”在市场推广初期，在进行样板市场试点推广时，为了获得真实有效的消费者信息，史玉柱曾经亲自不断地深入居民小区，与老年人反复沟通，这才有了试点市场的成功，“送礼要送脑白金”这一大众皆知的广告灵感也来源于此。

2. 如何获得竞争对手的情报

“知己知彼，百战不殆。”只有了解竞争对手，才能制定有针对性的竞争策略，在竞争中建立自己的优势。想要调查竞争对手，有以下几个间接的途径：一是通过竞争对手的经销商来了解竞争对手的渠道策略、经销政策、产品及价格，同时了解经销商对竞争对手的评价。如果遇到对竞争对手服务评价较差的经销商，说不定你还可以乘虚而入“挖墙脚”发展成自己的“同志”，当然，经销商也不可能随便就把竞争对手的信息告诉你，所以要加强感情沟通。二是调查竞争对手的终端管理，了解竞争对手的终端陈列、促销、促销人员素质等相关信息。了解这些信息相对简单，你可以作为消费者直接到卖场去现场“考察”，就会有结果。三是多搜集、接触竞争对手发布的广告，从中了解竞争对手的广告发布策略、广告诉求等相关信息。最好的办法是直接找到竞争对手发布广告的媒体公司，了解竞争对手的广告发布频率等情况。以上只是间接的办法，如果条件允许，你甚至可以直接在竞争对手内部发展自己的“内线”，但前提是不能触犯《不正当竞争法》。通过以上的途径进行调查，相信你会搜集到许多有价值的竞争对手的信息。

3. 如何把握行业的发展趋势

只有把握了行业的发展趋势，企业才能更好地调整经营战略。了解行业发展趋势，需要从更多的行业资讯信息中分析判断。搜集行业资讯的途径就是行业报纸、杂志，网络、电视台等媒体，多看行业新闻，特别是关于新技术的动态、国家政策中关于针对行业的相关信息等。作为中小企业的决策者，一定要养成搜集行业资讯信息的习惯，对其进行分析整理，就会从中发现很多有价值的信息。

第十章

营销组合策划

第一节　营销组合策划概述

营销组合策划是营销策划中的重要内容。大量实践表明，即使企业制定的目标很科学，选择的市场很有潜力，但如果企业的营销组合策划不力，消费者就不能很好地认知和理解其产品，市场反应势必冷淡；反之，则会收到很好的效果。

营销组合策划内容比较广泛，既包括产品（品牌、包装、服务）、定价、销售渠道以及促销组合等方面的策划，还包括其策略策划。

营销组合策划是指在营销活动中，把产品、价格、渠道和促销及其策略有机结合，综合应用，以实现其营销目标而进行的一整套策划活动。

一、产品策划

产品是企业经营的核心，也是企业赖以生存和发展的基础。当今社会，高新科技发展日新月异，市场竞争日常激烈，产品更新换代迅速，一个企业的兴衰存亡，关键在于是否有适销对路、能够很好地满足消费者需要的产品。市场竞争归根结底还是产品的竞争，产品是企业竞争取胜的基础，也是企业进行产品策划的认识起点。

（一）产品的整体概念分析

产品是指通过交换满足消费者或者用户某一需求和欲望的任何有形和无形的服务。菲利普·科特勒等营销学者认为，把产品分为三个层次更能深刻和准确地表述产品整体概念的含义。

1. 核心产品

核心产品是产品整体概念中最基本的层次，是购买者购买某一特定产品时追求的基本效用和利益，是顾客需要的中心内容。

2. 形式产品

形式产品是核心产品的存在形式和载体，但形式产品较核心产品具有更为广泛的内容，它通常向购买者展现出一些可以使人感知的特征，如产品的质量水平、档次、款式、特色、包装以及品牌等。应注意的是，核心产品与形式产品是不可分的，核心产品总是通过形式产品提供给购买者。

3. 附加产品

附加产品指的是消费者或用户在购买某一特定的形式产品时所得到的其他方面利益的总和，包括咨询服务、产品介绍、提供信贷、免费送货、安装调试、技术培训、产品保证、售后服务等。

(二)产品策划的内容

产品是一个多要素的组合体，同样，产品策划也包含着许多内容，如产品设计策划、产品开发策划、产品定位策划、产品品牌策划、产品包装策划、产品价格策划、产品营销策划。

(三)新产品开发策划

在科技日新月异的今天，企业不能以一成不变的产品参与瞬息万变的市场竞争，而必须适时推出新产品，以满足消费者不断变化的要求和欲望。在这种形势下，保持企业生存和发展的唯一方法就是进行有效的新产品开发。

1. 新产品的概念

新产品是一个十分广泛的概念，同时也是一个相对的概念，因为“新”与“旧”是相对的，具有特定的时间和空间标准。一般来说，新产品具有下列特点：

(1)新颖性。产品的新颖性一般是指产品具有新原理、新结构、新技术、新的材料或元件，具有新功能或新用途。

(2)商品化。一件产品如果只具有新颖性的特点，而缺乏商品化的特征，那就只能算是一项科研成果、专利或发明，而不能被看作是一件新产品。

(3)风险性。开发新产品，尤其是全新产品，总要冒一定的风险，因而应慎重考虑新产品的风险性。

2. 新产品开发程序

开发新产品是一项艰难的工作，不仅需要投入大量资金，而且过程复杂、成功率低，具有很大的风险性。因此，企业的新产品开发应该按照一定的程序进行。新产品开发的基本步骤为：寻求创意、甄别创意、形成产品概念、制定市场营销战略、营业分析、产品开发、市场试销、批量上市。

(1)寻求创意。新产品创意的来源主要有顾客、经销商、科研机构、竞争对手、广告代理商、市场研究公司、有关的报刊媒介、企业内部员工等方面。一般来说，企业应主要靠激发内部人员的热情来寻求创意。为此就要建立各种激励性制度，对提出有用的创意的职工给予奖励。

(2)甄别创意。所谓甄别创意，就是对取得的创意加以评估，研究其可行性，并筛选出可行性较高的创意。创意甄别的目的就是淘汰那些不可行或可行性较低创意，使公司有限的资源集中于成功机会较大的创意上。

(3)形成产品概念。产品概念是企业从消费者的角度对特定创意所作的详尽的描述，是具体化、明确化、已经成型的产品构思。

从产品创意到产品概念一般要经过两个步骤：①产品设计，任务是将产品创意用文字、图形、模型等明确地表现为产品的几种设计方案。②产品鉴定，任务是结合市场定位对每一个产品的几种设计方案进行认真评价修改，通过产品概念的市场实验了解顾客的反应，进一步完善设计方案后加以定型。

(4)初拟营销规划。产品概念形成后，企业有关人员应该拟订一个新产品的营销规划草案。新产品的营销规划草案由三个部分组成：①说明目标市场的规模、结构、行为、新产品的市场定位，未来几年的销售额、市场占有率、利润率等。②概述新产品的计划价格、分销渠道、促销方式以及第一年的市场营销预算。③阐述新产品的远景发展情况并提出设想，如长期销售额和利润额目标、产品生命周期不同阶段的营销组合策略等。

(5)营业分析。在这一阶段，企业应该在营销规划草案的基础上，对新产品未来的销售情况、经营成本和利润率做出进一步的评估，判断其是否符合企业目标的要求，并决定是否进入新产品的正式开发阶段。

营业分析具体分为两个步骤：①预测新产品的销售情况。企业应该着重预测新产品三方面的销售情况：上市销售量、重复购买率、未来可能达到的最高和最低销售水平。②推算新产品的成本和利润率。企业的财务部门和综合平衡部门，首先应对新产品的开发费用、新产品进入市场可能发生的各项营销费用以及各项支出做出预算，进而把这些费用综合起来计算出新产品开发的总成本，最后根据新产品开发总成本和销售情况预测预算出各年度的销售利润率。

(6)产品开发。通过营业分析后，研究开发部门、工程技术部门就可以进入研究试制阶段，只有通过研究试制阶段才能把抽象的产品概念转化为实体形态的产品模型或样品。

(7)市场试销。市场试销，就是企业将新产品与品牌、包装和初步市场营销方案组合起来，然后把新产品小批量投入市场，以检验新产品是否真正受市场欢迎的过程。试销目的主要有三个：①了解消费者和经销商对新产品的反应，如果反应不佳可以停止投产，以减少盲目大批量上市造成的损失。②通过试销收集信息，为下一步的营销活动提供依据，以提高市场营销决策的合理性。③在试销的过程中，可以发现新产品存在的问题，以便加以改进。

市场试销的规模主要取决于两个方面：①投资费用和风险的高低。新产品的投资费用和风险高，试验的规模就应大些；反之就可以小些。②市场试验费用的多少和需要时间的长短。新产品的市场试验费用越多、时间越长，市场试验的规模就应越小些；反之就可以大些。一般来说，市场试验费用不宜在新产品开发投资总额中占太大比例。

应当注意的是，并非所有新产品都必须经过试销，如果企业已经通过各种方式收集到消费者和经销商的意见，并已经根据这些意见对新产品和营销组合方案进行了改进，而且对新产品的市场潜力有比较准确的把握，就可以不经试销直接大量投放市场。

案例 10－1　日本“缺陷车”事件

日本本田公司生产的“N360”小轿车急于早日上市占领市场，只用一年零两个月突击研制出品。而按常规来说，新车从设计到批量生产上市，在美国一般需要 4～5 年，即使在日本，至少也要 2～3 年的时间。而本田公司由于求胜心切，不重视试销便仓促上市。新产品上市后，一开始由于这种车的马力大、速度快而赢得了消费者的好评，销售量也非常喜人。殊不料，消费者在使用一段时间后，该车即毛病百出，频频出现摇晃、打转现象，造成上百起车毁人亡的事故，这就是日本著名的“缺陷车事件”。几百名受害者及其家属联合组成了一个“受害者同盟”，向本田公司兴师问罪，要讨一个公道。本田公司为了尽快摆脱这一窘境，四方请罪，八方周旋，为此付出了巨大的经济代价。

(8)正式上市。新产品试销成功后，就可以批量生产、全面推向市场了。在这一阶段，企业将要投入大量的资金用于生产条件的配置和市场营销的需要，对此企业必须慎重地进行决策并全面加强管理工作，以确保新产品经营成功。

(四)单一产品策划的程序

实践中产品策划的表达方式多种多样，但其基本过程是一致的。策划没有固定不变的程序，这里只能提供一个参考的程序。

1. 背景分析，发现战略机会

根据产品策划的前置条件进行背景分析，在充分的环境分析的基础上发现需求营销的战略机会。环境是客观的，客观的环境是不断变动的，要注意变动的环境中各种因素之间具有变动的相关性。具体而言，包括：(1)企业战略规定的方向与任务；(2)企业外部环境；(3)行业发展状况；(4)市场容量与相关产品状况。

2. 市场细分

市场细分——找到与众不同的细分市场。注意观察市场角度的独特性，细分标准与其他企业的差异性。至少找出五个区分与其他顾客群的需求特点。不同的市场细分可以化解竞争对手。

3. 确定目标市场

确定目标市场——界定目标顾客群。要求准确、具体地对目标顾客状况、环境、消费行为进行认真的分析，对目标顾客的了解要达到对恋人、爱人的了解程度。

4. 市场定位

市场定位——确定目标顾客需求。对目标顾客需求进行分析，包括列举发现、需求分类、系统化等过程。找到顾客需求与企业目标和企业资源的交集。

5. 概念产品

根据市场定位(目标顾客需求)列举产品功能、产品特点，按照核心产品、形式产品、附加产品进行产品描述。

产品概念过程是企业根据消费者的特殊需要和偏爱为某一种产品创造一定特色、确立产品形象的过程。

通过设计产品和市场营销组合，以满足消费者的特殊需要和偏爱。它包括特色概念、功能概念、属性概念、类型概念、档次概念、时间概念、价格概念等。

6. 形成产品方案

主要是对产品特性的完整描述，要求生动、具体，有明确的限定性。这是设计人员的设计蓝本。

7. 产品测试与方案调整

包括产品功能测试、消费者测试和市场测试。在这个阶段，产品进入更为真实的市场环境中进行测试，主要检验产品是否准确满足目标顾客的需求和市场适应性。在大规模投入生产之前，市场测试可使营销人员提前了解营销时会出现的具体情况，以调整产品策划方案。

8. 形成产品策划方案

(五)对产品策划方案的要求

(1)指导思想要正确。产品是为满足目标顾客需求才产生的，没有对顾客的忠诚和体贴，就没有顾客对企业的信任与依赖，就没有忠诚顾客和利润。

(2)熟知企业战略。每个产品都是服务于企业整体发展战略的，不顾整体战略规划的局部成功、短时效益，可能会对企业长期发展带来致命的损害。

(3)没有翔实的资料和分析，就没有科学的策划。突发奇想不是策划。

(4)必须保证策划程序的规范。只有工作过程的质量才能保证工作结果的质量。

(六)产品策划的评价

评价产品策划的优劣主要从以下几个方面进行：

1. 产品是否代表主流方向

这是一个相对概念，它关系到可持续发展的问题。这不仅是个技术问题，而且是一个技术与消费心理、整体社会发展趋势相互作用、相互配合和协调的问题。原则上说，使消费者更满意就是主流方向，但具体来说，许多产品是可以相互替代的，是多个方案、多方位的比较分析之后才能确定的。

2. 市场定位是否恰当

定位就是瞄准市场。这包括充分研究和分析目标消费者心理及价格接受心理、承受能力。只有定位准确，才能最大限度地被目标消费者接受。

3. 产品的异质性

异质性与同质性是相对而言的。它主要表现在两个方面：一是价格可比性差，它使产品具有较高的附加值(这也是跳出价格竞争的根本出路)；二是消费者更有理由认同，也就是更容易接受。通过提高异质性来提高满足需求质量是产品策划的重要方面。

4. 产品的不可替代性

它有两方面的含义：一是横向的，因为在一个行业中看起来很优秀的产品很可能被另一个行业的某个产品出其不意地取代；二是纵向的，即本身的需求弹性小，必需性强。这要求产品具有独特性。

5. 产品仿制和市场跟进的难易程度

由于现阶段多数厂家采用仿制和跟进策略，其中有一些厂商对这种策略的运用已经非常习惯，以至于时常发生仿制者打败开创者的事情。某些产品一旦容易被入门者跟进，就会在短时间内“一哄而上，遍地开花”。好的产品策划要注意防止仿制和跟进，设置进入壁垒。

6. 产品目标市场容量

从理论上说，目标消费者需求的数量与单个产品价格的总和就是目标市场容量。但在实际当中其数量与价格都受到企业具体操作的很大影响。就国内企业现在实际经营规模来看，即使独占一个很一般的民用消费品细分市场，也足以成为企业集团中的“巨人”。

创造力训练 10－1

1. 用联想法将黑板设计成新的样子。

2. 用组合法将电话与各种文具等进行创意设计以得到新的产品。

3. 用列举法指出你熟悉的某产品给顾客提供了什么？

4. 请列举鲜花5种以上的不足，从中找出线索，得出有创意的新产品。

二、价格策划

(一)价格策划的内容

1. 价格的制订策划

价格的制订策划，主要是指产品初期的价格策略，主要有高价策略、中价策略和低价策略。

2. 价格的调整策划

价格调整策略是指产品在进入市场后的后期定价策略，主要有主动调价策略、被动调价策略和折扣价格策略。

(二)价格策划的程序

1. 价格信息的收集与预测

一个完整的价格策划，首先应该从价格信息的收集与预测开始，这不仅是进行价格策划的前提，也决定着策划方案的正确与否。

(1)确定价格信息的内容。

价格信息收集的内容可以分为两大类：

一类是仅能对价格运动的各种变化和特征进行直接描述的价格信息，它表明目前价格的基本状况和过去状态。它包括：①某一特定时期内价格水平信息，如价格总水平、分价格水平、单个商品价格水平。②相关价格信息，主要是指商品之间的比价关系和差价关系的现状。③历史资料信息。

另一类是直接或间接影响价格变化的各种因素信息，表明价格可能发生的运动方向。这方面主要指市场供求信息，包括市场货币流通状况、消费结构消费习惯与爱好的变化情况、居民收入变化情况、市场供应力与供求结构状况。

(2)对价格信息进行收集与整理。在信息收集过程中，要注意信息收集的方法。信息收集的方法多种多样，具体采用哪一种方法，要依据信息内容和人员、手段、资金等具体情况而定。信息收集工作完成后，还必须进行加工和整理，使之成为准确、精炼、符合要求又便于利用的信息。

2. 确定价格策划方案的内容

企业价格策划方案一般包括定价目标、定价策略、定价方法与价格水平、其他营销措施配合等内容。

(1)定价目标。定价目标是企业在价格策划时有意识要达到的目的。定价目标是企业经营目标在价格策划中的表现,它是企业策划方案首先要解决的问题。现实中定价目标可以划分为四类,以供企业选择:以获取利润为定价目标、以扩大市场份额为定价目标、以应付和防止竞争为目标、以创造和维护企业形象为目标。

(2)选择定价策略。定价策略是在特定的定价目标指导下,根据成本、供求关系、产品特点、市场竞争状况及需求心理等因素而确定的定价方针和政策。它是价格策划的基本内容之一。

(3)选择定价方法。选择正确的定价方法是实施定价策略的重要环节。定价方法是对产品进行具体价格计算的方法,大致可以分为三大类,即成本导向定价法、需求导向定价法和竞争导向定价法。

各种定价方法有利有弊,在选择时首先要与定价目标和定价策略的要求相一致;其次还要考虑以下问题:

第一,企业规模大小。一般大型企业因市场占有率高,经营成本接近平均水平,可采用成本导向定价法;中小企业由于信息不全,可采用竞争导向定价法中的通行定价法。

第二,市场性质和竞争状况。在买方市场下,竞争激烈,可采用需求和竞争导向定价法;在卖方市场下,多采用成本导向定价法。在拍卖市场和招标投标交易中,采用拍卖和投标定价法。

第三,产品的特点。创新型产品宜采用成本导向定价法,改进型产品多采用需求导向定价法,生产资料产品宜采用成本导向定价法,而消费资料商品宜采用需求导向和竞争导向定价法。

第四,企业营销能力。企业能准确摸清市场行情,而且营销力强,宜采用需求或竞争导向定价。

第五,方法不同,计算的价格水平也不同。因此,企业在选择定价方法时,还要运用综合分析方法进行筛选。

(4)其他营销要素的配合。营销的其他因素在市场上已形成的影响,是企业价格策划的前提,同时为了保证价格方案的落实,还必须有其他营销要素的配合,这是价格策划方案不可缺少的内容。就产品而言,必须保证有与价格相一致的商品实体和相关的服务,还要选择保证价格策划方案落实的商品分销渠道,并通过有效的促销手段把产品、价格及早传递给消费者。

3. 价格策划方案的筛选

(1)价格策划方案择优的原则。

①经济性原则。这一原则要求企业在做出方案选优时,必须体现企业的经济效益,即价格策划方案要有利于企业收回成本并获取利润,但并不是说按照这一方案进行的每次交易都要有可观的利润,只要盈算有利,也符合经济性原则。

②可行性原则。价格策划方案能否实现的关键是看它能否与实际情况最接近。这就需

要企业对各方案进行反复比较论证，运用定性分析和定量分析的方法去测试。合理的价格策划方案既要保证企业自身利益，又要兼顾国家利益和消费者利益。

(2)价格策划方案择优的方法。

①经验推断法。根据上述定价目标、定价策略、定价方法选择的限制条件，企业决策层再根据掌握的市场信息、企业现状及决策者的经验，在多个方案中选择最优方案。

②专家论证法。企业聘请有关专家组成论证组，企业将设计的多种方案通报给各位专家，然后由他们提出意见，并将大家一致认为的可行性方案留下，放弃其他方案，再对留下的方案进行论证筛选，择出最优者，并将专家意见补充进去。

③盈亏平衡分析法。这种方法是根据保本销售量公式，推导出保本价格，然后将保本价格与方案设计的价格进行比较，从中选优的方法。

④排斥法。这种方法是比较各方案的效益大小，去掉劣者，选出优者。这种方法对单一指标如企业定价目标或定价策略选择时比较简单，产出相同，选投入费用最低者；投入相同，选产出最高者。如果决策是多元指标，就需要换算后再比较。

⑤决策树方法的运用。决策树作为一种图解方式对于解决复杂问题非常有效。

(三)价格策划思路

企业的价格策划并没有一个统一的程序，不同的企业可能会有不同的做法。一般而言，企业在进行价格策划时，首先需要对企业所处的定价形势进行分析，然后据此确定企业的价格目标并选择定价方法，最后制定和实施价格策划方案。

1. 定价环境分析

定价环境分析从收集相关数据开始。相关数据包括企业与竞争者的生产制造和营销成本、市场供求状况、消费者对于价格的认知与理解以及竞争者的价格行为等。定价环境分析重点回答以下几个方面的问题。

(1)成本与财务方面：产品的成本结构如何？与竞争者相比，企业有成本优势或劣势吗？这些优势或劣势是怎样形成的？对于价格或促销变动，销售量需要变化多少才能增加利润？对于新产品或新市场，销量应至少达到多少才能回收成本？

(2)消费者或用户方面：哪些是潜在的消费者或用户？他们怎样评价企业的产品？企业的产品都从哪些方面带来利益？他们是怎样看待这些利益的？如何给不同的细分市场定价？怎样给细分市场的顾客传达产品的价值信息？

(3)竞争对手方面：目前或潜在的能够影响该市场盈利能力的竞争对手的产品成本结构如何？竞争对手的定价目标、定价基础和定价方法各是什么？竞争者对公司将要采取的价格变动会做出什么反应？他们最可能采取什么行动？竞争者的行动和反应将如何影响公司的盈利和长期生存能力？

(4)其他与定价相关的内外部环境因素：企业所处行业的特点是什么？对企业定价有什么影响？企业的总体战略和营销战略是什么？对于企业定价有什么要求？政府政策对于企业定价有什么限制？

2. 确定价格目标

企业定价的基本目标可以分为利润目标、销售目标、竞争目标和生存目标等几种，而且这些定价目标之间可以进行各种各样的组合。在进行企业的价格策划时，企业需要根据定价环境分析所得出的结果，综合考虑各方面的因素，确定一个合理的定价目标。所谓合理的定价目标，即符合企业的内部条件与外部环境，并与企业的总体战略和营销战略相一致。

此时，除了上述基本的定价目标之外，企业需要确定更明细的价格目标，以便于执行与操作。

3. 选择定价方法

这一步就是要根据企业的定价环境和价格目标，选择恰当的定价基础和定价方法。

企业的定价基础主要有顾客、竞争者、企业和产品原有价格，定价的基本方法有需求导向定价法、竞争导向定价法、成本导向定价法和价格折扣。具体操作时，将企业的价格目标和定价方法结合起来考虑，以保证所选择的定价方法为企业的价格目标服务。选择定价方法的思路如下：

(1)企业可以使用的定价方法都有哪几种？这里，定价方法越具体越好，比如，在提出需求导向定价法时，要具体说明是撇脂定价、渗透定价、心理定价，还是价值定价，而且要给出支持每一种定价方法的依据。

(2)每一种定价方法都可以怎样完成企业的价格目标？

(3)哪一种方法相对比较好(即完成价格目标的效率较高)？在第二步的基础上对各种方法进行比较，以便确定一种或几种企业认为能够较好完成价格目标的定价方法。

4. 制订价格方案

这一步实际上是对上述各步骤分析、评价和选择所做的一个总结，一般以策划方案文本的形式出现。虽然内容不尽相同，但是文本的写作格式与企业营销策划书的格式基本相同。因为是在价格方面的战术策划，所以价格方案要特别强调可操作性，对任务、负责人、时间和达到的目标要有明细的规定。

5. 价格方案实施

在制订了价格方案之后，企业需要将其付诸实施。在实施过程中，企业一方面要对方案实施的过程进行控制，另一方面要根据定价环境可能会发生的变化(如竞争者变动价格、原材料涨价等)，进行价格调整。

价格调整的原因既可能来自内部，也可能来自外部。倘若企业利用自身的产品或成本优势，主动对价格予以调整，称为主动调整价格。有时，价格调整是为了应付竞争者的挑战，企业需要被动地调整价格。无论是主动价格调整还是被动价格调整，其形式不外乎降低价格和提高价格两种。

企业调低价格的原因，有企业外部需求及竞争等因素的变化，也有企业内部的战略转变、成本变化等，如企业急需回笼大量现金、企业通过削价来开拓新市场、企业生产能力过剩等。

而调高价格的主要原因有：应付产品成本增加，减少成本压力；为了适应通货膨胀，减少企业损失；产品供不应求，遏制过度消费；以及利用顾客心理，创造优质效应。

另外，当企业不愿意直接调整价格时，可以通过产品来间接调整价格，如增加产品数量和减少产品数量。

创造力训练 10—2

1. 当市场上同类产品竞相降价时，如果你是某企业该类产品的销售者，请提出3种以上的定价策略并说明为何这样定价。

2. 假如你是一间玩具店的老板，现在购进了两种造型相似的毛绒玩具小熊，一种来自香港，另一种来自广州。由于两种小熊进货价几乎完全相同，开始时你根据成本定价将其均定为39元，然而销售都不好。请你采用新的定价策略，另行设定价格以促进两种商品的销售。

案例 10—2　不重视营销渠道的建设

美国的波尔希汽车公司在20世纪80年代就经历过这样的危机。由于新上任的总裁彼得·舒茨不满意现有的分销渠道，他提出让代理人取代购买波尔希汽车并出售转卖的中间商，并准备在美国建立起40个波尔希汽车中心。这些中心不仅批量销售汽车，而且与销售代理商进行直接的竞争，这样，便将逐步废除独立专卖中间商来销售汽车的传统做法。舒茨的这些做法令分销商强烈不满，在1984年年初公布改革结果后，大量的汽车中间商感到自己已被舒茨废除其专卖权的计划所出卖，他们联合对波尔希公司的这项销售改革行动提出赔偿总额高达30亿美元的上诉，在以后的几个星期，面临不断下降的销售量，波尔希公司不得不作出让步，才没有使公司遭受更大的损失。

菲利普·科特勒认为："零售业中新的竞争不再是独立的企业实体之间的争夺，而是集中规划渠道工作的综合性体系（公司式的、管理式的和契约式的）之间为了达到最佳成本和顾客反应所进行的争夺。"也就是说，传统的营销渠道将让位于新兴的分销渠道。这反映了一个趋势。

三、分销渠道策划

（一）渠道策划的内容

分销渠道是指某种货物或劳务从生产者向消费者移动时，取得这种货物或劳务的所有权或帮助转移其所有权的所有企业和个人。因此，一条分销渠道主要包括个人、中间商（因为他们取得所有权）和代理中间商（因为他们帮助转移所有权）等。渠道策划的内容有以下几点：

1. 渠道结构设计

企业生产的产品在从生产者流向最后消费者或用户的过程中每经过一个对产品拥有所有权或负有销售责任的机构，称为一个"层次"。层次越多，分销渠道就越长；反之，经过的层次越少，分销渠道就越短。

（1）渠道结构。

分销渠道按照层次的多少可以分为以下两种：

①直接分销渠道，是指产品直接从生产者流向最后消费者或用户不经过任何中间商的分销渠道。

②间接分销渠道,是指产品从生产者流向最后消费者或用户的过程中经过若干中间商转手的分销渠道。

(2)影响分销渠道选择的因素。

企业经营者在进行渠道策划、选择企业的分销渠道时,要考虑以下几方面因素的影响:

①市场,市场的性质决定着分销的策略。

②产品,产品的特性能在某些情形下决定渠道路线。

③组织,强大的组织有能力从事广泛直接的市场销售活动。

④中间商,中间商能力的大小是企业考虑渠道的重要因素。

⑤竞争者,竞争者的渠道是企业参考的重要对象。

2. 代理商的选择

营销策划者在明确了影响销售渠道设计的因素后,就要着手分析企业确定的主要渠道选择方案。通常要重点分析选择方案的三类构成因素,即中间商的类型、数目,以及每一渠道成员的条件与责任。

(1)中间商类型分析。营销策划者应明辨适合其经营业务的渠道的中间商的类型。

(2)中间商数目分析。营销策划者必须决定在每一渠道层次利用中间商的数目。在分析时,根据中间商的数目不同,有三种类型可供选择:密集销售、独家销售、精选的销售。

(3)渠道成员的条件与责任分析。营销策划者必须分析生产企业确定的渠道成员参与的条件与责任是否适宜。

(二)渠道策划步骤

1. 分析市场上消费者的需求

这一步主要指通过市场调研,找出并分析消费者的需求。在这一步,要充分考虑消费者的当前需求和潜在需求,以及对产品的需求和服务的需求。

2. 设定渠道的目标和限制

根据第一步的分析结果,设定渠道的目标,即应该建立怎样的渠道,才能最大化地满足消费者的需求,在设定目标时,应充分考虑设定渠道的限制因素。

3. 找出可能的渠道方案

根据渠道目标和影响因素,尽可能地列举可行的渠道方案。

4. 评估被选方案

根据渠道设计的限定性因素,选择最佳方案。

(三)营销渠道策划思路

营销渠道策划经常是作为营销战略策划的一部分存在的,与其他营销策划基本程序是一致的,区别在于策划的对象不同,在策划过程中分析的对象当然也有侧重,实战中策划方案的形式多种多样,但基本思维方式是一致的。营销渠道策划的指导思想通常有:增加企业或者产品的竞争力、提高产品到目标顾客的传递效率、保证渠道管理的有效性。

各个企业在不同经营阶段对渠道策划的要求是不一样的,这里提出的指导思想只是策划人思考的一个出发点。

(1)背景分析。背景分析是策划的基础。在各种策划中,分析都是第一位的,没有分析就没有策划。在渠道策划中,分析要围绕策划目的进行。主要内容有:①确认企业和产品目标。②明确渠道策划的指导思想。③目标顾客特点分析。④市场分析。主要分析市场产品状况、行业状况、对手渠道状况等。⑤产品本身特点。⑥企业营销资源。⑦中间商状况。

(2)确定渠道模式。在上述分析基础上,找到各项指标的交集,确定合适的渠道模式。注意渠道模式的创新会给企业提升竞争力带来机会。

(3)模式实现的策略制订。这个过程就是从目标找手段的过程,不要拘泥于现有的方法。关键在于目标的具体化。

(4)渠道开拓的机会选择和时间安排。

(5)策略实验。验证策略的可行性并加以修正,制订推行方案的工作规范。

(6)形成渠道策划方案。

创造力训练 10—3

1. 为了把当地的土特产销往周边乃至全国各地,用例举法提出各种销售渠道。

2. 根据自己的职业生涯设计,给自己建立渠道,将自己“售出去”。

3. 怎样卖一把锁给共和国总理?

4. 怎样卖一块手表给陌生人?

四、促销策划

促销是指企业运用各种沟通方式、手段,向消费者传递产品、服务与企业信息,实现双向沟通,使消费者对企业及其产品、服务产生兴趣、好感与信任,进而做出购买决策的活动。

促销的好坏直接决定着企业在市场竞争中的命运。美国IBM公司创始人沃森(Watson)说过:“科技为企业提供动力,促销则为企业安上了翅膀。”

企业促销通常可以运用许多种类的促销工具和促销方法。促销手段在运作中具有诸多不可控、不易控制的特点。

企划人员更应该学会掌握促销企划的基本原则和方法,抓住促销的本质,善于利用促销形式具有的多样性以实现企业预期目标。

(一)促销策划的内容

现代促销的沟通方式、手段主要有四大类:

(1)广告是一种传播广泛的非人员沟通方式,它把图像、文字、声音、色彩、气味等精彩地、艺术地有机组合,连续地、重复多次地进行高度渗透性的信息刺激,具有极强的传播性和影响力。

(2)人员推销以交际、人际关系、面对面的谈判为沟通特征,特别具有针对性、人情味和灵活性。

(3)公共关系注重塑造形象,推销形象,协调关系,增进感情,提高信任度,解除消费者的疑惑。

(4)营业推广能够迅速产生鼓励作用,它通过现场演示、样品赠送等方法使消费者迅速地了解产品,从而缩短新产品上市的时间。

(二)促销策划的步骤

1. 建立促销目标

促销目标是从总的促销组合目标中引申而来的,因此,它在总体上是受企业市场营销总目标所制约的,表现为这一总目标在促销策略方面的具体化。因此,在制订促销目标时,要较为具体,对各项活动都要有一个准确的规定。

2. 选择促销工具

促销主要有广告、人员推销、公共关系和营业推广这四大工具,它们各有其特点和适用范围。

3. 制订促销方案

在确定了促销目标和选择好工具后,接下来就要制订具体的促销方案。在制订方案时,以下几点需要特别注意:

(1)确定刺激程度。要使促销取得成功,一定程度的刺激是必要的。一般来讲,刺激程度越高,引起的销售反应也会越大,但也存在边际效应递减的规律,因此,要对以往的促销实践进行分析和总结,并结合新环境条件确定适当的刺激程度。

(2)选择对象。对象可以是市场中的每一个人,也可以是有选择的某类团体。还应确定哪种对象是促销的主要目标,对象选择的正确与否都会直接影响促销的最终效果。

(3)媒介选择。在促销过程中,选择恰当的媒介是非常重要的。它不仅关系到促销费用的高低,更关系到促销活动的直接效果。传统的促销媒介主要有报纸、电视、收音机、杂志四种。如今,随着网络的发展,互联网也越来越被广泛地应用于促销宣传。

(4)选择时机。在什么时间开始促销、持续多长时间效果最好等也是值得研究的重要问题。有关研究表明,每个季度三周左右为最适宜的促销时间。

(5)预算分配。即促销预算在各种促销工具和各个产品间的进一步分配。

4. 实施促销方案

再好的方案都要经过实践的检验,否则,只能作为纸上谈兵,所以,促销方案的实施是整个促销策划的重中之重。实施中要注意测量市场反应,对促销范围、强度、频度和重点进行必要的调整,保持对促销方案实施的良好控制,以顺利实现和达到预期的目标和效果。

5. 评估效果

这是一项重要而困难的工作。应当明确,评估工作事实上在选择促销手段之前就已经开始了。比如制造商向推销员和中间商介绍其将要使用的促销手段,听取他们的意见,通过获得他们对这些促销手段的反应来做出某种判断。市场营销者也可以通过各种方法来了解消费者的意见。比如销售商设了两种奖品,它可以在一部分零售店中使用奖品 A,在另一部分零售店中使用奖品 B,通过对两组零售店销售情况的比较,判断哪种促销手段更容易被消费者接受。

创造力训练 10—4

1. 学校周围的各类小店你最爱去哪家，为什么？
2. 在本学期的晚会上，怎样将本班宣传出去？
3. 如何在各类人才招聘市场上，将自己推销出去？
4. 设计一个关于环保的公益性广告。
5. 设计一个关于诚信的公益性广告。

第二节 营销组合策划的策略

营销组合策略是组合策划的重要内容，它为企业营销组合策划提供了策略上的保障。由于营销组合的内容较为丰富，对其不同的组合又可形成不同的策略，因此，营销组合策划的策略较为广泛。

一、产品生命周期营销策略

产品生命周期是指某一产品从完成试制并投放到市场开始，直到最后淘汰出市场的全过程所经历的时间。一般来说，一个完整的产品生命周期通常要经历四个阶段，即导入期、成长期、成熟期和衰退期。

(一)产品生命周期各阶段的特征

1. 导入期的市场特征

导入期是指产品刚刚投放市场的初始阶段，这一阶段的市场特征主要有：

(1)与市场同类产品相比，新产品在技术和经济性能上有较大优势。如该产品是全新产品，或该产品在功能、式样等方面有重大改进。

(2)刚刚投入生产，生产成本高、损耗大、产量不稳定。

(3)消费者对新产品陌生，缺乏全面了解和信任，因而需要宣传，导致广告宣传费用高、销售成本大。

2. 成长期的市场特征

成长期是指产品已打开销路的阶段。这时期的产品市场特征是：

(1)产品的技术和经济性能指标继续保持先进，产品质量稳定提高。

(2)产品生产已达到规模经济，开始大批量、标准化生产，产品生产成本下降，厂商利润较大。

(3)消费者普遍接受和认识了该产品，市场需求不断增加，销售量迅速增长。

(4)已有其他企业进入这个领域，市场竞争开始。

3. 成熟期的市场特征

成熟期又称饱和期，是指产品销售量达到最高顶点并开始缓慢下降的阶段。这时期产品市场的特征是：

(1)产品已由新产品成为中间状态的过渡产品，产品的技术和经济性能已成为一般水平，市场竞争十分激烈，替代品增多。

(2)产品生产仍处于经济的界限内，单位平均成本较低，但由于促销费用越来越高，产品利润增长缓慢，并趋于下降。

(3)市场需求趋于饱和，销售量从缓慢增长转向缓慢下降。

(4)企业采取各种手段千方百计防止产品进入衰退期，因此，成熟期一般要持续较长一段时间。

4. 衰退期的市场特征

衰退期是指产品在市场处于被淘汰的阶段。这一时期的产品市场特征是：

(1)产品的技术和经济性能已属落后状态，生产量大幅度下降，单位产品的平均成本上升，利润水平降至最低点。

(2)消费者已把目光转向其他新产品，市场需求量锐减，产品供过于求使销售额大幅度下降。

(3)各种促销手段包括降价手段，对消费者的吸引力已大大减弱。

(二)产品生命周期各阶段的营销策略

1. 导入期的营销策略

对消费者而言，产品以全新的形象出现在市场上，对于大多数消费者而言，对产品的有关信息了解得很少。因此，这一阶段的营销活动应主要放在让消费者了解该产品上，使消费者对产品有一个较为全面的认识，并且得到他们的认同。所以这一时期的营销策略主要有：

(1)新产品定型。广泛搜集市场对新产品的反应，在征集消费者意见的基础上，对各类意见进行分析、归纳、综合，找出相对集中的意见，改进新产品，为新产品定型。

(2)价格策略。在导入期，每个企业可根据自身的情况和面临的问题，选择相应的价格策略。可供企业选择的价格策略有以下几种：

①高价快速推销策略，即采用高价格，同时配以高水平的促销活动推出新产品，以提高产品的知名度，迅速扩大销售。

②高价低费用策略，即以高价格和低水平的促销努力推出新产品。

③低价快速推销策略，即采用低价格和大规模的促销活动推出新产品。

④双低策略，即以低价格和低水平的促销努力推出新产品。

(3)渠道策略。

①设计渠道，分析各类渠道的长短、扁平、优缺点。根据自己产品的特点来设计渠道。此时，应主要考虑以下三点：市场的铺货率、信息沟通的灵敏度、市场管理的复杂性。

②制定招商广告和招商政策。要把握两个核心点：一是建立起经销商的信心，与厂商利益共享、风险共担；二是要确保经销商有利可图。在制定经销商的政策上可以实行分级、分时间、分区域的政策，关键是在事前要政策透明，让经销商了解其可以按照一定的销售量来获得利润。

(4)促销策略。在产品的导入期，促销活动一般有两种情况：①快速促销——使消费者在短期内熟知产品，快速启动市场；②低速促销——让产品在市场上慢慢渗透，逐步被消费者所认知。

2. 成长期的营销策略

在成长期，消费者和广大用户已开始迅速接受新产品，需求量增加，因此，这一时期的营销策略要做到以下几点：

(1)产品策略。在切实保证产品质量的同时，实施产品组合策略，挖掘产品的广度和深度，提高产品的覆盖面，同时，努力降低成本，增强产品竞争力。

(2)价格策略。实施价格调整策略，对于不同的产品，制定不同的价格，以满足不同层次消费者的需求。在适当的时机降低价格，以吸引对价格较为敏感的部分消费者。

(3)渠道策略。对原有的渠道进行改良和调整，实施深度分销，积极地寻找并打开新市场、开辟新的细分市场，使其产品得到更多的展示机会和更广泛的销售面。

(4)促销策略。调整广告策略的目标，使之由提高产品的知名度逐渐转向建立消费者对产品的信赖度和增加购买量。

3. 成熟期的营销策略

成熟期持续的时间长短，直接影响着企业的经济利益。因此，产品策划者应想方设法地延长产品成熟期的时间。为此，可采取以下策略：在对原产品保持不变的同时，努力地开发新产品，积极地开拓新市场；实施价格调整策略，一般来说，运用降价策略打入新的市场；进行深度分销，挖掘渠道的潜力，建立更广泛的销售渠道；开展各种促销活动；采用富有震撼力的广告，通过让利销售、折扣、有奖销售等策略吸引其他品牌的使用者。

4. 衰退期的营销策略

这一时期是产品将被市场淘汰，生命周期即将结束的时期。这一时期的特点是：产品销售增长量和利润急剧下降，产品库存开始积压，竞争者相继退出市场。

当企业进入衰退期时，可采用如下营销策略：

(1)保留策略。即努力维持其产品的生产和销售。具体方法是：

①继续策略。即保持原来的营销策略不变，听任这种产品继续衰退下去，直至完全退出市场。

②集中策略。即停止某些方面的努力，将其资源全部集中在一些最有利的市场和分销渠道上。

③收割策略。即大幅度地削减衰退产品的营销费用，以增加目前的利润。

(2)淘汰策略。当企业决定淘汰某种产品时，就会面临如下决策：

①淘汰方式，如是完全抛弃，还是转手给其他企业；

②淘汰时间，如是果断而迅速地淘汰，还是以渐进的方式缓慢淘汰。

二、新产品开发策略

(一)抢先策略

抢先策略是指抢在其他企业之前，将新产品开发出来并投放到市场中去，从而使企业处于领先地位。采用抢先策略的企业，必须要有较强的研究与开发能力，要有一定的试制与生产能力，还要有足够的人力、物力和资金，要有勇于承担风险的决心。

(二)紧跟策略

紧跟策略是指企业发现市场上的畅销产品，就不失时机地进行仿制进而投放市场。采用紧跟策略的企业，必须要对市场信息收集、处理和反应迅速，而且具有较强的、高效率的研究与开发能力。大多数中小型企业都可以采取这一策略。

(三)引进策略

引进策略是指把专利和技术买过来，组织力量消化、吸收和创新，变成自己的技术，并迅速转变为生产力。它可以分为三种情况：(1)将小企业整个买下；(2)购买现成的技术；(3)引进掌握专利技术和关键技术的人才。

(四)产品线广度策略

一个企业拥有的产品系列的数目，称为产品系列的广度。产品线广度策略按选择宽窄程度，分为宽产品系列策略和窄产品系列策略。前者指企业生产多个产品系列，每个系列又有多个品种，它是一种多样化经营策略，一般为许多大型跨国公司和企业集团采用。后者指企业只生产一两个产品系列，每个产品系列也只有一两种产品。

(五)产品线深度策略

所谓产品系列的深度，是指每个产品系列内品种规格的多少。当一种产品的销量迅速扩大时，有一定实力的企业可以以该产品为基准，及时推出其系列产品，以便尽量占领多个细分市场。

三、以需求为导向的定价策略

由于市场竞争的升级和消费者消费观念的成熟，传统的定价策略已越来越显得"力不从心"，当前，作为一种新思维、新观念，以需求为导向的定价策略受众多企业的推举。

需求导向定价法是以消费者对商品的评价为出发点来确定商品价格的定价方法。它的产生是与市场状况的变化以及现代营销观念的产生密切关联的。在卖方市场条件下，企业的产品营销观念决定企业多采用以企业为核心的生产成本导向定价法；而进入买方市场后，市场形势的变化、现代市场营销观念的产生，把企业营销的重点由生产者转向消费者，也就产生了与之相适应的定价方法。

(一)理解价值定价法

这种定价方法是指厂商以消费者对商品的理解和认识程度为依据制订商品价格的方法。这种方法的思路是，认为企业定价的关键不在于卖方的生产成本，而在于买方对商品价格的理解水平。

案例 10－3　牵引机的理解价值定价法

凯特比勒公司是一家生产经营牵引机的公司，它不是采用成本定价，而是根据消费者的理解价值来定价。如市场上销售的牵引机价格大多在 2 万美元左右，而该公司却卖 2.4 万美元，虽高出4 000美元，但十分畅销。当顾客问该公司牵引机为何贵4 000美元时，该公司经销人员给消费者算了以下一笔账：

20 000美元与竞争者同一型号机器价格相同；＋3 000 美元是本产品更耐用多付的价格；＋2 000 美元是本产品可靠性更好多付的价格；＋2 000美元是本公司服务更佳多付的价格；＋1 000美元是保修期更长多付的价格；28 000美元是上述各项的合计。其中－4 000美元是价格优惠折扣；24 000美元是本产品最终价格。

上述解释使消费者十分信服，从而对该公司产品的理解是付24 000美元能买到价值28 000美元的牵引机，从长远看，使用这种牵引机成本更低、受益更大。

(二)需求差别定价法

需求差别定价法又称区别价格定价法，它是根据产品的需求程度和需求弹性的差别来判定商品价格。按商品、消费者、位置和时间的差异，需求差别定价有以下主要类型：

(1)以顾客为基础的差别定价。厂商应根据不同消费者的收入水平，划分产品档次，区别定价，以适应各阶层的需求。

(2)以商品式样、花色为基础的差别定价。它是针对同一质量、规格的商品由于式样不同、花色不同而制订不同的价格。

(3)以地理位置为基础的差别定价。以同一商品的位置或地区不同，制订不同的价格。

(4)以时间为基础的差别定价。人们在不同的季节、不同的时间里，对商品和劳务的需求有明显差别，因此，不同的季节和时间里商品和劳务的定价也应不同。

需求导向定价法越来越被广大企业所采用，它反映了消费者的需求特点，其价格易被广大消费者接受，具有较强的竞争能力。

四、促销策略

(一)拉引策略和推动策略

1. 拉引策略

拉引策略是指企业先通过广告等直接面向最终消费者的强大促销攻势，把新的商品或者服务介绍给最终市场的消费者，使之产生强烈的购买欲望，形成急切的市场需求，然后“拉引”中间商纷纷要求经销这种商品。

2. 推动策略

推动策略是指厂商以人员推销为主要手段，首先争取中间商的合作，利用中间商的力量把新的商品或者服务推向市场，推向消费者。

在营销过程中，由于中间商和生产企业对某些新产品或者服务的市场前景有不同的看法，因此，很多新产品上市时，中间商往往因为过高估计市场风险而不愿意经销。在这种情况下，生产企业可以采用拉引策略，也就是只能先向消费者直接推销，然后拉引中间商经销。反之，推动策略是生产企业与中间商对新的产品或者服务市场的前景看法比较一致，双方愿意合作的情况下经常采用的手段。

3. 拉引策略和推动策略的配合使用

当然，在通常情况下，企业也可以把上述两种策略配合起来使用，在向中间商大力促销的同时，通过大量的广告刺激市场的需要。

(二)人员推销策略

人员推销是一种古老的推销方法，也是现代产品销售中一种重要的促销方式。它是由销售人员直接与潜在顾客接触，以谈话的方式作口头说明、示范和表演，达到销售产品的目的。

1. 教育式策略

这种策略是通过培训、示范等教育方式向消费者传授有关商品的知识，让其了解商品的用途、优点和使用方法，促使消费者购买。它适用于推销新产品，价格较贵的高档商品，有特殊效用、特殊使用方法以及技术要求较高的商品。

2.“刺激—反应”策略

推销人员事先并不了解顾客的需求，要有充分的思想准备，以应付各种类型的顾客。刺激是通过推销人员的演讲，激起顾客的兴趣，并观察其反应，然后根据其反应有的放矢地再进行演讲，并投其所好，以激起顾客的购买。这种策略适用于日用品的推销。

3. 因人制宜的说服策略

推销员在尚未了解其需求的情况下采取试探性策略；对已基本了解其需求的顾客，采取针对性策略；对尚无明显需要或有顾虑的顾客，采取诱导性策略。

4. 平等互利，为顾客服务的策略

推销人员在推销商品时应处处为顾客着想，向顾客提供必要的服务，真正做到把顾客作为上帝，这样成功的概率会大大增加。

5. 利用中介者推销策略

它是通过顾客、有关企业和特聘人员进行再宣传的人员推销策略。具体方法有：

(1)利用顾客进行再宣传。选择适当的顾客，在向他们推销商品的同时希望他们承担一定的再宣传义务。

(2)利用有关企业推销。当企业力量不足时，可以寻找与自己业务相关的企业合作，互为宣传、推荐，为对方推销产品。这种方法费用低，收效好，但适用范围较小，而且相关企业必须密切配合。

(3)利用消费者偶像来推销。利用消费者崇拜的偶像来提高自己企业产品的声誉。这种方法适用于推销大众性时尚商品和新产品。

第三节 营销组合策划的逻辑思路

第一，营销组合策划要战略优先；第二，营销组合策划有很大的艺术性。因此，营销组合策划不能与营销战略策划脱节，也不能把它看成纯粹的科学。根据我们对于企业营销策划的理解而建立的一套自认为符合逻辑的营销组合策划的思路，或思考问题的流程，有这样一个假设的前提：企业的公司战略已经确定了业务组合，而营销策划的任务就是要为其中的一项业务设计一套营销方案。

一、营销组合策划的几种情境

(1)用原有的产品向原有的市场渗透，当然也包括对原有市场的维持(市场渗透)；

(2)用原有的产品攻占新的市场(市场开发)；

(3)向原有市场或新市场推荐原有的相关产品(需求延伸)；

(4)用新产品推动原有市场或新市场的需求升级(需求升级)。

二、营销组合策划的程序

营销组合策划的程序分为六个大的步骤，即需求分析、竞争分析、客户利益分析、内外部环境分析、成本和利润分析、制订营销组合方案。

(一)需求分析

需求分析的目的是识别需求,发现机会。在这一步要回答下述问题:

第一,企业准备为消费者提供的核心利益是什么?或者通过消费,企业所提供的产品能满足消费者哪些方面的基本需求?这一问题一般围绕着企业的产品或企业所要涉足的产品提出。这是要确定企业产品的核心利益。

第二,这一需求有多大?可以有两种表示方法:其一,人口或用户数量+购买力+现有消费量或消费额;其二,人口或用户数量+购买力+未来消费量或消费额。

第三,现在消费者是怎样满足这些需求的?这是要确定消费者或用户的消费现状。

第四,有需求缺口吗?或者说,消费者或用户对于消费现状满意吗?需求缺口等于需求期望与满足现状之差。如果有,在哪些方面有哪些需求缺口?如果没有,是消费者没有意识到吗?

第五,有需求缺口的需求有多大?可再用"人口或用户数量+购买力+现有(或未来)消费量或消费额"的公式,对有需求缺口的需求大小进行推测。

第六,通过填补这一缺口,能够为企业带来多大的利益?这涉及企业利益。只有能给企业带来利益的需求,才是企业欲满足的,才有可能成为企业的目标市场。

第七,哪些需求缺口企业能填补?这涉及企业能力。有欲求而没有能力,也不是企业的市场机会。

当企业把这些问题弄清楚之后,就知道其产品的市场机会在哪里,并且能把企业的产品特性与消费者或用户的利益联系起来。

(二)竞争分析

竞争分析的目的在于知己知彼,竞争定位。这一步要回答这样的问题:(1)与竞争对手相比,在哪些方面企业能够比竞争对手更好地填补缺口?这涉及企业的竞争优势。(2)在哪些方面企业不如竞争对手?这涉及企业的竞争劣势。在进行分析时,切忌泛泛而谈。

首先,应考虑为了填补需求缺口,企业能够做什么,企业那样做有什么优缺点。

然后,考虑不同的竞争对手能干什么,有什么优缺点。当企业能做,而竞争对手不能做的时候,就需要特别留心,因为那可能是企业最好的定位机会。企业设计出相应的营销组合战术去弥补需求缺口,竞争对手就很难与企业直接对抗。

最后,当企业与多个竞争对手都能做的时候,要继续分析:谁能做得更好?那些能够做得更好的地方,也是企业的定位机会。因为虽然大家都能够通过组合营销手段,弥补需求缺口,但企业能做得更好,就会在竞争中获得较大的竞争优势,从而在竞争中立于不败之地。

(三)客户利益分析

这一步的目的是确定利益组合,分析客户认可度。在确定了竞争定位以后,企业要对能够给消费者或用户带来的独特利益进行整合,使其成为一个利益组合。为此,企业需要考虑以下几个方面:

第一,企业可以同时填补哪些缺口?企业为消费者或用户提供的利益或利益组合是什么?这涉及利益整合。

第二,消费者或用户真的很重视企业所提供的填补其需求缺口的利益或利益组合吗?

如果重视，他们愿意为得到这一利益或利益组合付出多少？如果不重视，是因为他们没有意识到这一利益或利益组合的好处吗？这涉及消费者或用户对于客户利益的认知或认可程度。

通过这样的分析，大致可以确定：在企业为消费者或用户提供的利益中，哪些有较大的商业价值，而哪些商业价值不大。由此，企业的能力、优势与消费者或用户重视的利益得以联系起来。如果没有其他条件的限制，企业就可以设计营销组合，进行填补缺口的活动了。

（四）内外部环境分析

这一步的目的是要确保营销战略与战术不但是企业欲求的，而且是可行的。很多内外部环境因素会限制或促进企业实施其营销战略和战术，填补需求缺口。因此，营销战略与战术不仅应对企业是有益的，而且也是可行的。确定其可行性，需要考虑企业的内外部环境。

首先是企业的外部环境。在考虑好欲填补哪些缺口以后，要问下面的问题：

第一，有什么环境因素限制或鼓励企业填补缺口吗？政治上，法律上，技术上，文化上……

第二，限制因素企业能化解吗？如果能，化解的方案是什么？如果不能，则停止。

第三，对于鼓励或促进因素，企业能利用吗？怎样利用？

其次是企业的内部环境。企业要问下面的问题：

第一，填补缺口符合企业的战略目标和总体战略吗？如果不符合，则停止。

第二，哪些部门会限制或鼓励企业填补缺口？企业能化解限制性因素吗？如果能，如何化解？如果不能，则填补某一缺口的可行性就有问题。

第三，如何利用鼓励或促进因素？

（五）成本和利润分析

这一步的目的是要确定填补缺口的成本和企业利润。要回答下述问题：

第一，填补缺口的成本有多大？

第二，随着规模的扩大，成本会以怎样的速度下降？

第三，企业会在多长时间内得到多少利润？

（六）制订营销组合方案

这一步的目的就是要设计出企业的营销组合方案。要回答的问题是：企业应该针对哪些缺口做些什么？列出企业要弥补的所有缺口，然后逐项考虑企业可以利用的营销因素。当然，也许弥补某个缺口只需要一两个营销因素。这样做，只是想使企业思考问题的方法更加系统。

在把弥补每个缺口可以使用的每种手段考虑清楚以后，需要在两个层次上对营销组合方案做进一步的整合。第一个层次是对营销手段的整合，即考虑每一个营销因素的投入产出比，找出弥补每一个缺口最佳的或满意的营销组合方案；第二个层次是对弥补每一个缺口的营销方案进行整合，使各方案之间相互强化、互为补充，有协同效应，达到整体优化。

三、营销情境与策划思路

如前所述，企业营销有四种不同的营销情境，即市场渗透、市场开发、需求延伸和需求升级。这里的营销组合策划思路，只要稍加调整，就适合上述每一种营销情境。

在市场开发情境中，企业要用已有的产品开发新的市场。这时，企业面对的市场可能有两种具体情况：第一，这是一块未开垦的“处女地”，即以前从没有企业使用某种产品满足一个市场上消费者或用户的某一种需求；第二，这是一个已经被一些竞争者占领或已经有一些竞争者在其中运作的市场。对于第一种情况，企业的营销相对比较简单，只需弄清楚消费者或用户的基本需求，并设计营销组合，满足其基本需求即可。可以把对于竞争者的分析一步省略。对于第二种情况，企业可以严格按照前述逻辑思路来思考企业的营销战略与战术。此时，企业谋求的就是在竞争者的占领区域内，通过差异化的市场定位，打出一块自己的天地。

在需求延伸的情境中，企业是在一个已经占领的市场或新市场上推出一些企业已有的相关产品。相关产品一般是与消费者或用户正在使用的产品有配套关系的产品。前述逻辑思路也完全适用这种情境：找出消费者或用户在使用产品中的需求缺口，设计能够弥补需求缺口的营销组合方案。

在需求升级的情境中，企业要开发新产品，以更好地满足现有需求或新市场的需求。这时，也可以使用前述逻辑思路，找出消费者或用户在使用现有产品中的需求缺口，然后设计新产品，并辅以恰当的营销组合方案，进行营销活动。

在市场渗透情境中，企业营销的主要任务是：维持现有顾客，增加现有顾客的使用率，吸引竞争者的顾客使用或者吸引未使用者使用。此时，虽然企业的营销重点不在于发现需求缺口和竞争定位（一般假设企业已经有一个很好的定位），但是企业却要了解和关注消费者或用户使用企业产品时的需求缺口。这时，如果竞争者找到能够弥补缺口的替代品或营销方案，这些市场就很难维持了。因此，在这种情境下，企业虽然可以沿用已有的营销组合方案，但是要经常按照以上所推荐的逻辑思路做一些分析，以便及时发现和解决问题。

四、营销策划逻辑思路小结

这里所提出的营销组合的策划思路，是将问题的提出与问题的解决对应，将企业营销的战略性思考与战术性思考相联系，将各种分析方法和分析内容加以综合。这样一套策划思路，以发现问题为出发点，围绕着解决问题和发挥企业优势，考虑企业的营销战略与战术问题，不会出现“理论上正确，实际上没用”的营销策划现象——许多策划者在还没有弄清楚企业的营销问题出在哪里的情况下，就套用市场营销理论中的一些对策，如企业要在产品上如何如何、要在价格上如何如何、要在广告上如何如何，从理论上看没有问题，该考虑的好像都考虑了，但实际上却没有办法用。

企业的营销组合策划开始于对需求现状的分析。这里假设需求已经存在，并且消费者或用户已经使用某种产品或服务在满足其需求。但是在产品或服务的使用中，存在着一些消费者或用户意识到或没有意识到的问题，这些问题是消费者或用户通过使用产品或服务所得到的利益与他们应该或期望得到的利益之差，即需求缺口。

找到消费中存在的问题之后，企业就要考虑哪些问题能够解决，并且与竞争对手相比，能够解决得更好？这就找到了企业的市场机会。

找到市场机会之后，企业一方面要进一步确定通过解决问题，企业是否真的为消费者或用户带来了他们想要的、希望得到的利益；另一方面要考虑企业为消费者或用户解决问题的限制性或鼓励性的条件，以及企业解决消费者或用户问题的成本和企业通过解决问题所可能得到的利润。

如果前面的分析都对企业有利，那么，企业就应开始考虑具体怎样做的问题，即为企业某一个产品或服务设计一套营销组合方案。

以上总结了营销组合策划的思路，但是在实际操作中，应该从何处入手来进行营销组合诊断呢？以下提供几种常见的情景：

(一)产品“问题”诊断

(1)产品品质不良。

(2)产品造型、包装或品牌有缺点。

(3)老产品上市太久且无“改头换面”，消费者已厌倦。

(4)已成为“夕阳产品”。

(5)消费者的消费需求趋势转变。

(6)本公司某一产品线种类太少，没有给顾客充分选择的机会。

(7)本行业的技术发展迅速，而本公司在研究与开发方面有待加强。

(8)竞争厂家推出新产品，其技术、品质或选型等方面胜过本公司产品。

(9)新产品不符合顾客的需要。

(二)价格“问题”诊断

(1)价格过高使顾客无法接受。

(2)价格太低，反而使顾客认为本产品的技术、品质不高或品牌信誉不好。

(3)付款条件不当。

(4)市价混乱，导致经销店不敢向消费者推荐产品，唯恐比别家经销店贵而影响销售或商店信誉。

(5)应运用而未运用分期付款、最多优惠的方式。

(6)价格高出国内同类产品太多，但彼此的技术差距很小，以致销量太少。

(7)工业品处于投入期，对居领导地位的重要客户未能优惠供应。

(8)业务员因竞争、定额压力等原因轻易对部分客户最大限度让价，以致本公司供货价格节节下降。

(9)该产品未同时推出高价位、中价位和低价位的款式，以争取较多的消费阶层。

(10)未做好“非价格竞争策略”。

(三)销售渠道“问题”诊断

(1)客户数不断减少。

(2)没有抓住好客户。

(3)未有效开拓新客户。

(4)遗漏某些“销售区域”。

(5)渠道设计错误，遗漏了某些合适的销售渠道。

(6)未打入比原销售渠道更好的新型销售渠道。

(7)中间商的利润偏低，导致向心力、销售力不足。

(8)不同的销售渠道具有不同的特性，未能针对不同的特性制定相应的营销策略。

(9)本行业倒风盛行时，未缩短付款期，甚至做现款现货交易。

(10)中间商运用不当。

(11)未能兼顾“销量大”和“市场秩序稳定”。

(四)推广“问题”诊断

(1)业务员缺失太多。

(2)未做好业务员的管理和教育训练。

(3)未做好零售支持。

(4)未能充分掌握客户。

(5)该做而未做广告或广告策略不当。

(6)不重视公关宣传和建立公司形象，甚至对危机事件也没有积极、恰当的公关反应。

(7)在竞争激烈或销售旺季，未抓好全方位的促销工作。

案例 10—4　某医疗器材销售公司营销诊断书

一、产品诊断

1. 产品组合策略。

(1)从国家经贸委或海关总署查出全国每种医疗器材每年的总进口量，然后和本公司的进口量比较，进而分析其市场占有率、毛利、行业市场成长率等，最后则研拟出本公司应加强的产品品目。

(2)应同时销售消耗品，其理由是：

①以消耗品带路，打进更多的新客户。

②一旦以消耗品打进新客户后，则可有适合的理由常去拜访(补贷)，这样就便于与客户建立良好的关系，从而最终争取到仪器的订单。

③若有消耗品，则新业务员一进来就能在短期内做到生意，有成就感，人员流动率会减低；反之亦然。

(3)发展副品牌。

在老产品方面，除了现有的老品牌(价格高)外，应务力寻找价格较低的新品牌，以争取经济实力不大和斤斤计较价格类型的客户。

2. 纠正业务员只顾卖老产品而不愿卖新产品的习惯和行为。其对策是：

(1)加强业务员对新产品知识的了解。

①编制“市场分析报告”“标准推销话术”等，以培训和支持业务员。

②请生产厂派人来讲解产品及客户知识。

(2)每季宣布该季公司销售的重点产品，列入各业务员业绩考核项目中。

3. 运用市场细分策略，开发家庭用医疗器材，并开拓家用医电市场。

4. 抢先引进新产品。包括：

(1)目前国内或大区市场上还没有的产品。

(2)改良后的老产品。

二、价格诊断

1. 由于公司历史悠久、市场占有率高，别的公司就代理国外其他品牌，以低价与本公司竞争，抢夺公司原有的市场。其对策是：

(1)采用分段定价法。

公司抢先引进某种新产品，刚开始采取高价政策，以获取抢先上市的利润(同时这样也才能支付庞大的市场开发费用)。等到许多竞争对手跟进时，则降价以打击竞争对手，防止市场被抢。

但要切记：采用分段定价法时，公司必须不断开发新产品，抢先在全国上市，方能奏效。

(2)采用副品牌策略。

2. 以分期付款和租赁的方式来开发中小型规模医院。

3. 加强非价格竞争策略：

(1)邀请国外权威学者举办学术演讲会。

(2)针对医院实际，举办医疗设备购置、使用如何吸引病人使用等有关知识和操作技巧的研讨会。

(3)售前服务：推荐适用机种，提供使用机会。

(4)准时送货，并提供认真的培训。

(5)售后服务：维修的零配件齐全，服务阵容强大，维修迅速。

三、销售渠道诊断

1. 公司应积极开发中小型医院。其理由是：

(1)符合公司经营的传统经营理念。开发中小型医院较少受到政治力量、回扣等困扰。

(2)由于市场总量大，可大幅度提高业绩。

(3)由于时代的进步、生活水准的提高，中小型医院也需要现代化的仪器。

(4)本公司业务员通过消耗品销售均已与中小型客户建立长久而良好的关系，所以不需常拜访，因而业务营运费用降低。

2. 开发中小型医院的方法：

(1)除公司现有的10家地区经销代理商外，不再寻找新的地区经销商，完全由本公司直营。其理由是：

①受制于人，无法充分配合公司的政策和计划。

②受对经销商控制力所限，公司整体业绩无法大幅度提高。

③避免打乱市场价、贷款回收困难甚至死账的风险。

(2)先在华北地区试销，成功后再扩展至其他地区。

(3)将试销表现良好的老业务员分至各区担任地区销售主管。

(4)务必做好招考、训练新业务员的先期工作。

3. 建立详细的客户基本资料档案。

四、推广诊断

1. 对客户：

(1)举办新产品发表会、学术和操作技术交流会等。

(2)会上举办聚餐摸彩活动。

(3)对终端客户提供市内24小时、市外72小时反应时间的维修服务承诺。

(4)以优惠价供应老客户新产品。

2. 对业务员:

(1)公司业务员的缺点:

①不够积极、主动,缺乏冲劲。

②公司老业务员没有做好带新业务员的任务。

③巡回路线规划不当,经常性效率低下,而且常常得小失大,部分老客户久未拜访。

④无法也无心做销售预测和工作计划。

⑤没有做好向公司反映市场情报的工作。

(2)对策:

①由公司负责规划全盘的业务员教育训练。

②制定业务员的考绩办法,将上述缺点所列项目列入考绩项目,并据此影响其年终奖金、加薪与升迁。

③由销售部王经理协同策划公司编订"标准推销话术"。

④定期召开销售会议。

3. 公司应采用的广告和公关方式:

(1)编印设备使用手册,寄给中小型医院。

(2)运用新闻报道、学术会议、向贫困地区医院捐助等活动来强化公司的形象。

(3)在3家主要专业杂志上刊登广告和相关的学术、科普文章。

课后练习

1. 营销组合策划的内涵是什么?

2. 在营销策划过程中,应该怎样理解营销组合策略?

3. 简述营销组合策略的主要内容。

案例思考

新天印象葡萄酒的市场启动策略

新天印象葡萄酒的营销策略总体说来是利用时尚、方便、价格三支助推"火箭",综合运用营销组合策划快速启动市场。

1. 产品策划

新天印象的产品诉求围绕一个中心,搞多主题诉求,准确地锁定不同场所的消费者,加速饮酒习惯的培养,快速上量。

一个中心:新红酒运动。其内涵是:健康、文明、优雅、时尚、便利。

多主题诉求:(1)家庭消费,主要针对老人家庭和白领家庭,主体是老人和家庭主妇。对老人家庭强调健康,如"一杯红酒,健康新生活的开始"等主题。对白领家庭强调文明、时尚情调,如"一杯红酒,留你的丈夫在家用餐"等主题。(2)时尚办公场所,推出"新商务运动的开始,红酒利乐包"等主题。(3)旅游休闲场所,推出"新旅游休闲的开始,红酒利乐包"等主题。

在包装方面采用国际领先的利乐公司的包装技术，设计出外观独特、方便实用的利乐砖、利乐钻葡萄酒，以多种品种满足不同需求，并以“方便装不是我们的创新，是我们顺应世界时代潮流的引进”体现其时尚特色。其产品种类有如下两种：

(1)个人装。产品为伴餐红、白葡萄酒，250毫升装。饮用场合分两类：一类是在家用餐时或睡觉前；另一类是户外，如旅行、烧烤、野营。

(2)家庭装。产品为高档红、白葡萄酒，口感柔美的葡萄饮料酒。饮用场合包括在外(餐饮业)用餐时和家庭自用。目标消费群是四人以上饮用、三代同堂、满巢期家庭等。

2. 价格策略

原来的葡萄酒定价以三大品牌(张裕、王朝、长城)为标杆，后来的葡萄酒厂家沿用这个标杆来做定价，在这个标杆下形成了现在的葡萄酒定价的潜规则。新天印象要实现葡萄酒的平民化，就要打破这种潜规则。在价格政策上，新天印象采用刚性政策和柔性政策。刚性政策包括价格政策、货款政策、返利政策，这些政策是绝对全国统一的。柔性政策则是根据不同市场的具体情况，在市场启动、服务方面给予相应的支持。

3. 渠道策略

以创新渠道为主，以传统渠道为辅，在传统渠道获得稳定的市场占有率和销量保障的前提下，积极地开拓创新渠道。

传统渠道主要指商超类(量贩店、连锁超市、便利店、士多店)和餐饮类(传统社会餐饮、酒店、夜场)。创新渠道包括高档社区、高档商务区、老年活动中心、快餐店、旅游服务场所等。在市场启动前期，采用传统渠道和创新渠道相结合的方式，分品种操作、创新渠道细分进入。

4. 促销策略

在促销方面，利用媒体策略，分不同层面展开全面的广告攻势，还聘请了张曼玉、梁朝伟担当品牌代言人，以大规模的广告攻势强力启动市场。

(1)借势层面。利用新天和印象两只母品牌的强势，在多层面有效配合的前提下强调实战性和针对性。

(2)造势层面。采用保健品的运作方式，选择目标市场的卫视联播时尚板块插播加垃圾时段的频次卫视联播，费用少且覆盖面广，时尚板块的插播锁定主消费群，垃圾时段提升曝光率。

(3)炒作层面。选择面向大众的报纸(各目标市场的都市报和晚报)和行业报纸为媒介，以大众报纸为主、行业报纸为辅，以软文和新闻为主要手段。

(4)实战层面。①在各专业媒体上投放广告，如锁定商务人群的各航空杂志、锁定老年人群的杂志及各种时尚杂志、高尚社区及甲级写字楼的楼梯(电梯)广告；②卖场DM(Directmail，快讯商品广告)和家庭邮发资料；③适当的门头和移动户外媒体。

[评述]

如果把葡萄酒作为一种文化消费，那么新天的利乐包就是对葡萄酒文化的一种颠覆。作为一个挑战者，新天印象的组合推广策略在葡萄酒行业掀起了不小风波。可以说，在一定程度上，它给消费者一个全新的消费概念，但它是否能掀起一场新红酒革命，有赖于其市场后期的运作能力。

[要求]

(1)该案例所反映的营销组合策划的要点是什么?

(2)新天的利乐包是否能掀起一场新红酒革命,你认为它还应该做好其他哪些方面的营销策划工作?

本章实训

训练内容与要求:

阅读下面两则背景材料,细心品味它们是如何从一种浑身上下冒着"土气"的街坊饮品转变成为一种时尚、健康饮品(食品),如何顺应不断变化的价值和现代人的生活形态,不断改善其产品形象与市场定位的。然后,尝试从我们的日常生活中,寻找一种类似的产品,寻找、开发它的新价值、新用途,重新进行市场定位,并制作一份营销策划书。

训练目标:

通过本项策划,帮助学生熟悉产品周期策略与产品定位策略,以及如何从消费者需求以及环境的变迁中,为老产品寻找、发现、发展新生命的途径与方法,培养学生的营销环境适应、发展能力,产品重新定位能力,以及营销策划能力。

训练步骤:

(1)学生利用课余时间阅读教材所提供的阅读材料及其他相关背景材料;分小组讨论相关案例,并撰写营销策划书初稿。

(2)集中讨论,各小组选派代表发言,通过发言、同学提问、解答、同学补充分析的形式,全班集体分析、讨论背景案例。

(3)在吸纳全班集体讨论意见的基础上,各小组进一步修改、完善先前撰写的营销策划报告初稿,正式成文,撰写该项目营销策划书。

背景资料1:

窝窝头　杭州热销

5毛钱+10分钟排队=1个窝窝头。这可不是无厘头搞笑电影的片场,杭州钱江小商品市场附近的老农民窝窝头正在上演这样的场景——从早到晚,除了中午吃饭时间,都有许多人在排队买窝窝头,你买得太多,说不定后面的人还要给你脸色看。

这家店的主人就是徐爱东,桐庐人,开过汽车,做过小生意,也开过小饭馆。"去年在湖北武汉做快递员,看到当地的窝窝头店生意闹猛才有到杭州开店的想法。"徐先生说,随即他去了四川成都的老农民窝窝头投资管理公司考察,并在杭州找好了店面。"学了几个月的技术,一开张,生意就不错。"从事过多个行业的徐先生说,这一次他真的碰到了个不错的项目——开业当天卖掉1 500个,4月1日卖了4 000个,4月14日卖了4 700个,昨天一上午他就卖了10锅共2 600个窝窝头。0.5元一个,按照0.15元/个的净利润算,这一个上午他就能赚390元。"多数杭州人口味清淡,且多吃细粮,适当吃粗粮对身体有益。"

据徐先生介绍,从和面到蒸锅的整个制作过程都有总公司的技术把关,主要原料则一定由成都总公司提供。“一锅窝窝头往往要蒸几十分钟,卖一锅却只要十几分钟。”徐老板说,一般他们都只给一位客人最多50个的量,超过这个数则需要提前打招呼。一个简单的统计:这个在接近城郊地段开的12平方米的小店,光卖窝窝头,一个月就能净赚2万元——与珍珠奶茶、掉渣烧饼一样,低成本的窝窝头小吃,小小的店面,却创造出了经营“神话”。

14日中午11点半,记者到达后10分钟,这个店里的2 600个窝窝头就已经全部卖空。空排了15分钟队伍的季小姐说,自己就在钱江市场里卖衣服,几个要好的营业员派她来买窝窝头,没想到轮到号时窝窝头却没了。对附近的居民和上班族而言,吃这种窝窝头又便宜又方便,而且它还比较适合长时间存放,加上口感好、尝新和跟风心理,造就了窝窝头店的队伍越来越长。

据介绍,浙江已有7家加盟店,窝窝头的品种也开发出了包括玉米、荞麦、高粱、绿豆等20多个品种。

背景资料2:

从豆浆到维他奶

一碗豆浆、两根炸油条是三顿美餐中的第一餐,这是长期以来许多中国人形成的饮食习惯。豆浆,以大豆为原料,是豆腐作坊的副产品,在中国已有两千年的历史。它的形象与可乐、牛奶相比,浑身上下冒着“土气”。以前,喝它的人多是老百姓。

但是现在,豆浆在美国、加拿大、澳大利亚等国的超级市场上都能见到,与可乐、七喜、牛奶等国际饮品并列排放,且价高位重,有形有派。当然,它改了名,叫维他奶。

豆浆改名维他奶,是香港一家有50年历史的豆浆公司为了将街坊饮品变成一种国际饮品,顺应不断变化的价值和现代人的生活形态,不断改善其产品形象而特意选择的。“维他”来自拉丁文Vita,英文Vitamin,其意为生命、营养、活力等,而舍“浆”取“奶”,则来自英语Soybean Milk(豆奶,即豆浆)的概念。50年前,香港人的生活不富裕,营养不良,各种疾病很普遍。当时生产维他奶的用意,就是要为营养不良的人们提供一种既便宜又有营养的牛奶代用品——一种穷人的牛奶。在以后的20年,一直到20世纪70年代初期,维他奶都是以普通大众的营养饮品这个面貌出现的,是一个“廉价饮品”的形象。可是到了20世纪70年代,香港人的生活水平大大提高,营养对一般人来说并不缺乏,人们反而担心营养过多的问题。如果此时还标榜“穷人的牛奶”,那喝了不就掉价了吗?难怪豆品公司的职员发现,在马路边的汽水摊前,喝汽水特别是外国汽水的人喝起来“大模大样”,显得十分“有派”,而喝维他奶的人,大多就站在一旁遮遮掩掩,唯恐人家看到似的,因此,豆品公司的业务陷入低潮。

20世纪70年代中期,豆品公司公司试图把维他奶树立为年轻人消费品的形象,使它能像其他汽水一样,与年轻人多姿多彩的生活息息相关。这时期的广告便摒除了“解渴、营养、充饥”或“令你更高、更强、更健美”等字眼,而以“岂止像汽水那么简单”为代表。1983年,又推出了一个电视广告,背景为现代化城市,一群年轻人拿着维他奶随着明快的音乐跳舞……可以说,这时期维他奶是一种“消闲饮品”的形象。

然而,到了20世纪80年代,香港的年轻人对维他奶怎么喝也喝不出“派”来,于是,从

1988年开始的广告便重点突出它亲切、温情的一面。对于很多香港人来说，维他奶是个人成长过程的一个组成部分，大多数人对维他奶有一种特殊的亲切感和认同感，它是香港本土文化的一个组成部分，是香港饮食文化的代表作，维他奶对香港人如同可口可乐对美国人一样。由此，维他奶又开始树立一个“经典饮品”的形象。

在同一时期，维他奶开始进入国际市场。这一时期，太多的脂肪成了美国等国公民的一大问题。在美国，维他奶标榜高档“天然饮品”。所谓天然饮品，就是没有加入人工的成分，如色素和添加剂等，可以使消费者避免吸收太多的脂肪，特别是动物脂肪。标榜天然饮品，当然受美国人的欢迎。于是便出现了这样历史性的趣事：维他奶创始之初，标榜穷人的牛奶，强调它与牛奶的相似之外，并且价格比牛奶要低；而今天在美国市场，维他奶强调的是与牛奶不同的地方(维他奶具有牛奶所有的养分，但没有牛奶那么多的动物脂肪)，其价格也比牛奶高。

第十一章

新品上市策划

第一节 新品上市流程

一、发现市场机会

新产品(简称新品)的开发要有的放矢。先创意新品,然后给这个新品找市场是赌博游戏式的做法。正确的思路是:先去分析市场,然后了解市场整体趋势、目标市场上的竞品有哪些弱点可以利用、消费者还有哪些需求没有满足、有没有还处于空白阶段的细分市场区格,最终通过理性的分析找到市场空当,并把自己的产品根植于这块"肥沃的土地"上。

二、新品概念的提出

市场机会给企业指明了方向,新品概念的具体化(产品的克重、规格、价格、包装、诉求点等要素的初步确定)是为了锁定新市场机会,新品概念的提出不是闭门造车,而是针对市场机会的量身定做。

三、新品可行性评估

根据市场机会量身定做的新品从逻辑上推断应该是可以成功上市的,但问题是这个新品的开发及上市企业是否有实力去完成?上市这个产品所要求的生产设备、财务支持、必备销售网络等方面企业是否存在先天不足的障碍——市场上机会很多,但这个机会是不是属于自己，还得根据自身情况进行可行性评估。

四、新品开发及准备

确认该新品上市切实可行后，就要马上行动，把停留在创意阶段的新品概念(包括产品本身及产品的包装、广宣品等附属物)变成实物。生产车间试车出来的新品样品一定符合原始创意吗？很难判断，最妥当的方法是将试车样品的包装、口味、价格等要素拿到市场上做实物测试，一直测试到结果表明该产品在各方面符合原创意、符合市场机会，而且有市场优势为止。

五、新品上市的计划与安排

新品开发及准备工作结束，接下来就面临着产品上市、广宣品及产品的批量生产、广告片完成、各项促销活动的设计与执行等一系列问题，营销谋定而后动，周密的计划和安排是新品上市成功的前提。

六、新品上市计划执行

以上五个步骤的充足准备，都是为了新品上市执行这“临门一脚”做服务。销售部能否把上市计划执行到位、铺货能否迅速达标、促销资源能否有效利用直接决定着新品上市效果，市场成败在此一举。

七、新品上市追踪

新品上市计划执行不应该是销售人员孤军作战，市场策划人员要为其“保驾护航”。从新品上市第一天起，就要严密监控新品上市的销量、促销、铺货、价格、回款等关键指标的表现，及时发现问题，及时提出解决改良方案，不断矫正新品上市计划中的不足之处，实现策划与执行的完美结合。

按照以上七个步骤(见图 11－1)进行新品上市规范推进，各项工作环环相扣、节节递进，最终新品上市完全在掌控之中，上市成功也就会变得更加理所当然。

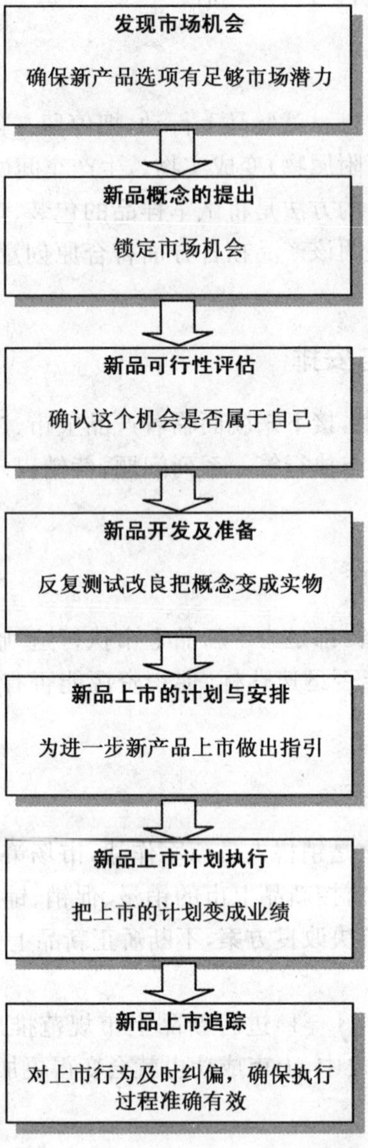

图 11—1　新品上市的 7 个步骤

第二节　发现市场机会

对市场机会的判断主要来源于三个方面：第一，把握市场大势，寻找正在上升和即将上升的市场机会，锁定新品立项于哪一个领域。第二，对消费者的研究。在初步确定新品领域后，要研究该领域内消费者使用和购买此类产品的习惯，以及消费者对目前已有产品的满意程度和抱怨点，找到本企业新品的具体切入点。第三，对该品类主要竞品的分析和学习。巨人也有软肋，新品创意要学习市场上该品类领导品牌的优势，找到其破绽，针对竞品的弱点，塑造自己的优势。

一、把握市场大势

(一)把握市场趋势的思路

不管是可口可乐这样称霸全球的百年老店,还是国内市场特有的三五年做成几十个亿销售额飞速发展的内资明星企业,反观其创业史,最初大多有凭借市场机会推出优势产品,使企业迅速壮大的契机。而这个契机往往就来自于领导人对整体市场趋势的把握。企业一旦能抓住先机,把握市场大势,锁定正在(即将)大幅上升的市场机会,在产品选项上做出精明的选择,就如同给自己开拓了一座金山,只要未来产品设计和上市运作中不出现致命错误,新品上市就已经成功一半。

(二)把握市场趋势的方法

在对市场整体趋势的把握分析过程中应注意以下问题:

(1)历史总是惊人的相似,国外市场的很多发展经历总是不断在国内市场一遍遍地验证,说明已开发地区的“今天”很可能就是还未充分开发地区的“明天”。企业决策者,特别是管理最高层应利用出国考察、企业家联谊等各种机会把握先进市场的最新趋势,了解前沿市场最新动态。

(2)专业市场研究公司的产业研究报告和行业管理部门的相关统计数据可作为市场趋势研究的参考依据和佐证。

(3)市场研究的理性要掌握合适的“度”,没有把握的事不可做,绝对有把握的事也不能做。原因有二:其一,市场竞争不可能没有风险,苛刻追求完全无风险的项目会浪费更多的时间,造成更大的机会成本。其二,对于表面上论证起来毫无风险的项目,你能看到,别人(别的企业)同样能看到,最后必然导致重复建设和恶性竞争,结果是企业疲惫不堪地把巨额资金投入微利行业。

二、对消费者偏好和市场细分的研究

(一)消费者偏好及市场细分研究的思路

消费者对产品的接受度决定着未来新产品的市场命运,企业可以从消费者 U&A(使用和态度)研究中获得新品创意及市场机会发掘的有益信息。

具体内容包括:

(1)调查消费者对该品类现有品牌的认知度和购买率,可以了解目前该市场的市场格局、各品牌的市场地位,指导自己设计相对竞品的竞争策略。

(2)调查目前市场各品牌的销量、消费群的数量、此类产品的消费频率,可以推算该产品目前的市场容量和未来市场容量的增减趋势。

(3)研究该品类产品的消费群主要是哪些人,以及其年龄、收入、教育素质、性格特征、业余爱好等要素。可以为下一步如何设计产品的包装、广告等消费者沟通方式定下基调。

(4)研究消费者购买使用这些产品地点、时间、数量以及消费者对现有产品的满意程度和抱怨点,从而发现新的市场机会。

(5)研究消费者对这一产品的期望和判别标准,发现新的未满足的消费者需求点,创造新的细分市场。

(二)开展“消费者使用习惯和态度调查”应注意的问题

(1)调查目的是否明确:消费者行为与习惯研究的目的只能是“发现”市场机会,在制定调查计划和问卷时不要“预设”任何结论,然后在调查过程中有意给这个结论找数据支持。

(2)调查样本要具有广泛性:要严格按照统计学原理进行抽样,对诸如样本数、样本城市的选择需慎重考量。

(3)调查项目力求全面,否则无法了解市场全貌:除了通常的购买(使用)地点、购买(使用)量、购买(使用)频次、购买(使用)者、购买价格和品牌外,各品牌认知、使用评价以及消费者消费观念、影响购买的因素等都是把握市场机会重要的决策信息。例如,在一次关于手机消费者的调查中可能发现,国产手机的潜在购买者在小城市或乡镇比较集中,但是如果没有对受访者消费观念、生活习惯的调查,就不能决定究竟用什么广告形式和语言向他们做宣传比较有效。

三、对市场领导者、主要竞争者的分析和学习

产业领导者通常也是产品发展趋势的“标杆”,它的产品上市步伐实际上也反映了整个市场的发展方向。实际上,后来者可以通过在行业老大的产品组合中找到其“链条”的薄弱环节或市场空隙,避其锋芒,攻其软肋。

企业打击竞争者品牌最常用的策略就是:产品在包装、功能、规格上与你相近,零售价和你持平(或略低),而出厂价比你低得多、渠道利润比你高几倍。

其实领导品牌的弱势不仅仅是价格高,在产品广告、销售渠道、产品换代速度上都有文章可做。

竞品分析要从以下几方面着手:

(1)锁定主竞品品牌,了解各品牌的销量、占有率、品项组合、区域分布、旺销品项、旺销区域,从而掌握产品目前在各细分市场的优劣(竞品在哪些品项、哪些区域已占优势?哪些市场尚有空白?),寻找本品的入市机会和市场空间。

(2)调查主竞品各品项的规格、包装、克重、口味等,学习竞品在产品设计上的优点,寻找其尚未涉足的薄弱环节。

(3)调查主竞品的各级价格和渠道利润,探求本品在价格和渠道利润方面形成优势打击竞品的可能性和切入点。

(4)调查主竞品在各渠道中的市场表现和销量排名,了解竞品在各渠道的优势和空白点,为本品入市后合理设置首攻渠道、销售主渠道、回避竞品强势渠道、攻击其网络弱点提供思路。

(5)调查竞品的市场精耕程度和销售人力投入,为本品未来的销售队伍建设、分支机构设置提供参考依据。

(6)分析竞品广告诉求及投放策略,探求本品差异性诉求方向。

第三节 新品概念的提出

一、新品概念生成的步骤

市场机会研究阶段提供了有关市场整体发展趋势、消费者以及主竞品在产品、区域、渠道、价格、人力投入各环节的优势、劣势等方面的有效信息，指出了市场机会在哪里。接下来企业要考虑的就是生产怎样的产品来利用这个市场机会。

(1)由这一环节起，新产品上市行销正式开始。企业有必要设立产品经理/品牌经理专人负责对此项工作的推动。在没有产品经理或品牌经理的企业中至少应该成立以营销部门经理级以上管理者主导的“新产品开发委员会”，以协调各项工作开展。

(2)产品经理在产业发展趋势、消费者研究和竞争者研究的信息基础上经过一线考察、与销售人员反复沟通等方法，分析相关潜在市场，初步形成一系列的产品创意并将创意具象为具体的产品概念。

(3)向消费者学习，把初步形成的产品概念用细致、简单易理解的文字进行描述。召集消费者进行座谈，了解他们对这个产品概念的接受程度和意见。

(4)根据消费者座谈测试结果对原创产品创意修正改良，最终定稿——撰写新产品概念提案单。

说明：新品概念至少应包括以下几项：

①品牌：新品名称。

②产品定位：与其他产品相比，有哪些特殊之处？目标消费群是谁？

③目标消费群特征：年龄、职业、性别、收入、文化水平、价值观等。

④目标市场的市场总量：目标消费群可能实现的总消费量。

⑤产品描述：口味、规格、重量、包装材质、零售价、毛利。

⑥销售渠道及价格：在哪些渠道销售，出货价格是多少？

⑦包装特征：设计稿。

⑧销售区域及预估销售量：在哪些区域进行销售，以及可能销售量有多大？

⑨上市进度：日期。

(5)新品概念最终由行销总监/总经理逐级审批。

二、产品概念设计过程中要注意回避的误区

(一)误区一：新品选型标新立异挑战新概念

现象：企业在设立新品概念时，片面理解差异化优势的含义，求新求怪，推出从未有人尝试过的产品概念。

分析：除非你有充分的自信——你推出的新诉求切中了消费者普遍存在的迫切需求(如保暖内衣、草原牛奶等)。否则，产品差异化优势的塑造最好是建立在成熟市场需求的基础上。也就是说，新品最好能模仿成熟的消费概念，然后在某一个点上有所创新。抛开市场上

现在已经成型的产品诉求，去另推一个别人未从涉足的产品概念，风险极大——你要担负教育消费者的任务：通过大量的广告、试用、宣传投入使消费者对这个产品概念从陌生→知晓→引起兴趣→购买→形成稳定消费群。这一过程你将承担巨大成本。做生意，眼光可以超前，但脚步不能超前，否则极有可能从先驱变成先烈。

(二)误区二：新品选型过程对成熟产品跟风模仿，期待以本品产品质量作为竞争核心优势

现象：新品选型盲目模仿该领域成熟产品，在包装、价格、诉述点等方面无任何个性与优势可言，只是一厢情愿地认为："他(竞品)能卖得好，就说明消费者接受这种产品，我的产品设计几乎跟他一样，质量甚至还比他的好，怎么会卖不动？"

分析：孙子兵法有云："多算胜，少算不胜，而况无算乎？"意为作战时，要对比敌我双方之实力（天时、地利、人心、兵力、辎重、粮草等），如我方优势较多，则胜券在握；反之就有可能失败，更何况战前就发现自已无优势可言。

市场上已经形成的竞品领导品牌大多实力雄厚，甚至是行销百年的跨国公司，后来者如果不能在企业资金实力、品牌力、全国性销售网络、人员管理、市场管理能力等方面迅速超过对手形成优势，产品选型就成为决胜千里而且"非赢不可"的要素之一。

模仿成熟产品没有错——消费者已经接受了这种产品概念，市场基础已经形成。但一定要记住，你是以小搏大，而且别人已经先入为主，那么你在产品上就必须有优势，否则就成为"少算不胜"，成为一开始就注定结局的悲惨故事。

以乳品行业为例：继"伊利"牛奶打"草原牌"获得成功之后，内蒙古另一家乳品企业以相同的定位推出，第一年主销利乐砖型产品(与伊利产品相似)，投入大量广告，但结果是惨淡经营，难以为继。第二年生产利乐枕，在产品包装和价位上塑造了差异化优势。同样的销售队伍、同样的品牌和产品质量、广告投入有减无增，结果却迅速崛起，目前已跻身国内乳品四强之列。产品优势对营销效果的影响力，由此可见一斑。

在模仿成熟产品的同时要塑造产品差异化优势，常有以下四个途径：

(1)包装更新，可以从货架上"跳出"来吸引消费者的眼光(如"洽洽"瓜子的仿古纸袋包装)。

(2)包装更加便利，方便消费者使用(如 PET 瓶饮料对玻璃瓶饮料的替代)。

(3)在产品性能相近的前提下，终端价格更实惠(如百丽包、利乐枕牛奶相对于利乐砖牛奶)。

(4)在产品包装性能以及广告投入与竞品相近的前提下，渠道利润远高于竞品(如非常可乐相对于可口可乐)。

值得一提的是，企业要打消仅靠"我的产品质量更好"(更好吃、更有营养)来切入市场的幻想。行内人士都知道——现在市场上卖得最好的产品(尤其是食品)，往往质量并不是最好的；消费者大多不具备专业的鉴赏能力，产品质量好，只能作为优势之一，对销售起促进作用，绝不能成为企业产品上市成功的唯一支撑点。

不管企业具备什么优势，更高的渠道利润是企业进入陌生市场必须具备的条件，在企业自身销售能力不能较竞争对手形成优势的背景下，必须充分发挥渠道的力量。

(三)误区三：目标市场贪大求全

现象：企业在形成一个看似与众不同，而且符合市场要求的产品概念后，将目标区域直接定到全国范围，意图“一击而胜”，而没有考虑企业自身的财务、销售、储运、生产现状——最终因新品上市面铺得太宽、战线拉得太长、企业资源不济、产品上市后续无力，酿成悲剧。

分析：新产品的目标市场规划绝不仅仅是适合该产品的销售区域和消费群锁定，更多的是要考虑本企业的人力资源、财务状况、生产及配送能力能满足多大的市场，一般来说，新产品做新市场的失败概率要比新产品做老市场大得多。“猫有猫路，鼠有鼠路，多大的肚子吃多少饭”，企业发现了一个很大的市场，同时要考虑自己的饭量能不能吃得下这块蛋糕。如果没有把握，最好收缩战线，在局部市场做深、做透，站稳脚跟再图发展。否则，辛辛苦苦设计了产品、初步开发了大面积的市场，结果却是“螳螂捕蝉，黄雀在后”！更强大的竞争对手一旦发现这个机会，迅速模仿，就会把你一口吃掉。

第四节 新品可行性评估

发现了潜在的市场机会，初步确定了产品概念，接下来把这一产品概念落实到具体上市行为之前，一定要做严格的可行性评估。缺少这一环节，产品仓促上马，一旦因为企业在生产、销售、财务等方面的具体条件限制造成新品根本无法上市成功、半途而废，就会使大量企业资源流失。

以快速消费品为例，仅做一项覆盖全国的消费者产品测试，其研究费用一般在 10 万元以上；如果再加上产品研发、广告创意、包装设计、样品试车等大量资金投入，一个新产品在还未投入市场前的花费可能已近 100 万元了！当然，如果目标市场是一个较小的区域（城市或大区），其研发费用就相对较少，但假如上市失败，其损失也会相当惨重。

可行性评估包括以下四层含义：

一、组织的可行性

如果说“发现市场机会”还只是企业营销部门的职责，那在整个可行性评估阶段，营销部门、研发部门、生产部门及财务部门就必须通力合作才可以顺利完成。不是每一个企业都可以“顺利”开发出新产品的！营销、研发、生产、财务任何一个环节出问题都会使新品变成“怪胎”，甚至“胎死腹中”。具体分工如下：

(1)市场部产品经理负责新品可行性研究、开发、上市准备、价格制定、上市推广活动追踪和检核。

(2)研发部门负责新品开发研制、试车、成本核算基本资料提供及制造过程工艺制定等。

(3)生产部门负责生产设备评估及采购、试车及批量生产等。

(4)财务部门负责费用成本核算、企业资金实力与产品上市资源品配程度等资料。

(5)销售部门负责评估新品上市与现有销售团队、销售渠道的品配程度，并实际展开新品销售动作。

二、生产的可行性

对开发能力、生产设备及工艺水平进行评估，不是所有的“伟大创意”都可以变成现实。

市场上流行 PET 茶，但你的吹瓶技术不过关，出来的产品不是瓶子变形就是盖子打不开，那么，PET 茶的市场机会就不属于你（“康师傅”就是因为这个原因使“统一”在绿茶的生产和销售上占了先机）。汇源靠餐饮渠道热销 750 毫升纸包装果汁一家独大，但很多果汁厂就是因为包装生产线无法调节成这一容量，只能考虑重新购置生产线（安装调试半年以后才能投产）或干脆放弃。

三、财务可行性

新品上市通常会占用巨额的行销和研发费用，财务部门、研发部门必须对市场部门的销售预测进行仔细的损益分析，“赚钱”的产品才能上市。具体内容如下：

（1）销售部要参照市场竞品价格对产品提出建议出厂价。“成本＋毛利＝价格”的计算方式已不再适用，产品价格设定要倒推，零售价格定多少才有竞争力？渠道利润留多少才更有优势？最后定出产品的生产成本上限不能超过多少，这个产品才可能成功？生产研发部门要做出回应，按这个成本上限可否研发出符合要求的产品？

（2）研发部、行销部要有该产品的销量、利润初步预估和行销、研发费用的初步预算。

（3）财务部要衡量：目前企业资金实力是否足够新品开发费用？按照销量预估费用预算，企业需要多长时间才能实现损益平衡？产品最终可否盈利？

四、市场推动的可行性

销售新品往往要求有新的渠道、渠道、销售政策与之匹配。而企业现有的销售能力和销售网络往往会成为产品上市不可行（或暂时不可行）的原因。最后导致产品大量生产上市之后又滞销，占用巨额资金，甚至拖垮一个企业。

第五节　新品上市开发及准备

至此，企业已经明确要利用哪些市场机会生产怎样的产品，而且对这一产品上市的可行性进行了论证，现在到了做好新品上市具体准备工作的时候了。新品上市准备涉及企业内、外多个部门，是一个典型的合作工作链，需要产品经理和新品委员会对每项工作细致排期、落实责任、内联外动，确保各项工作按时完成。具体准备工作事项（见表 11－1）示例如下：

表 11－1　　新品开发准备期工作掌控表

项目编号	工作项目	负责部门	负责人	完成日期	实际工作进度			
					1月	2月	3月	4月
1	包装设计	营销/广告公司						
2	广促品设计	营销/广告公司						
3	广告创意	营销/广告公司						
4	条码申请	研发						
5	包材制版	制版公司						

续表

项目编号	工作项目	负责部门	负责人	完成日期	实际工作进度			
					1月	2月	3月	4月
6	样品研发/提供	研发						
7	新产品测试	营销						
8	标准毛利计算	财务						
9	包装印刷	印刷公司						
10	进入新品上市计划及执行流程	营销						

在上述工作事项中，包装设计、产品测试、预估毛利是几个最重要也是最容易出问题的环节。

一、包装设计注意事项

包装是产品的“脸面”，是产品与消费者沟通最直接的工具。包装的材质及外观设计要符合产品的价格定位，避免优质产品劣质包装或过分夸大产品价值感、华而不实的现象。包装的色调、图案、文字设计和整体风格要符合目标消费群的心理特征，使之产生情感共鸣。例如，男性白领用品包装设计要以深色调、纯色为主，造型简单、方正、大气；而适合女性、儿童的产品要以亮色为主色调，适当添加卡通元素；适合乡村销售的产品包装要鲜艳，造型要突出该产品的实惠效果，而图案元素可添加鞭炮等喜庆符号。

包装是推销工具，吸引顾客购买不是靠包装的艺术性，而是看能否从卖场货架上成百上千的同类产品中突显出来。所以，包装测试最简单的方法就是货架模拟测试，看你的包装能否“跳出来”抓住消费者的眼球。

包装设计求风格统一，不同产品的包装在外观、形式、色调上必须有统一的视觉效果，你的十几种产品摆在货架上，消费者一眼看过去知道这是同一厂家的产品——这种陈列效果才有视觉冲击力。

包装设计不可过分复杂。一般来讲，产品包装上需要突显的要素不要超过3个：品牌、规格或口味，还有产品利益点（宣传口号）。

产品利益点的突显尤其重要，消费者就是根据这些广告语识别不同产品的，而且厂家也可以借此最大限度地突显其产品特色。例如，“康师傅”绿茶的“绿色好心情”、“统一”鲜橙多的“多C多漂亮”、“佳洁士”防蛀牙膏的“氟泰配方、防蛀健齿”等。

切记不要在产品包装上表现太多的内容，“太多的重点等于没有重点”。如果确实有一些较复杂的传播内容，可以把它设计在包装的其他侧面；否则只能使用附在产品外包装上的告知卡、促销条及直邮广告（DM）来补充新品上市信息，但这会增加包装成本。

二、产品测试是整个产品开发乃至新品上市成败的关键

营销应谋定而后动。成熟的企业会在产品成型之前反复测试、改良，直至确认产品在口味、包装等方面较竞品有明显优势，而且消费者乐于接受。在这一阶段，企业必须投入必要的人力、物力，并且做好这样的思想准备——在投入巨大研发费用之后进行测试，发现产品

定位不成功，然后推翻以前的研发成果暂缓上市重头来过。新品测试做得客观、精确，产品上市就更“安全”——在新品测试方面，态度往往会标志着一个企业经营思路是否稳健和理性。

新品测试主要包括以下内容：(1)产品品名测试；(2)产品价格测试；(3)产品包装测试；(4)产品口味测试。

在具体测试的过程中，要注意以下问题：

(1)测试样本的广泛性。例如，全国区域销售食品新品口味测试要规定全国十个以上目标城市，每个城市测两场以上，每场测试不少于100人。

(2)测试样本的代表性。在测试过程中，要排除在收入、年龄、性别等方面与目标消费群差异太大的人群，要排除广告界及同类企业之业内人士。

(3)真正做到“盲测”。要教育市场调查人员、明确现场纪律，在与竞品进行测试时，完全做到“盲测”(将本品与对比竞品的外包装去掉，消费者在完全不知道同类产品是哪个品牌的前提下进行对比)。

(4)市场调查问题不能开放式询问。例如，你觉得这个产品好吃吗？如果它更咸一点你能接受吗？这种问题会让消费者无所适从，影响市场调查结果的客观性。正确的方法是让消费者选择填空。例如：你觉得这个产品的口味：非常好、很好、好、一般、还是较差；你觉得这两个产品(本品与竞品)相比，哪一个你更喜欢。

(5)产品测试不是例行公事，更不是假设自己的产品非常好，然后去找论据。要客观、公正地进行产品测试结果的数据分析、设定本品优势指标，达不到指标就重新研发改良。例如，顶新集团的产品测试优势指标包括：消费者对新品的喜好度必须达到7分以上(满分10分，7分意味着70%以上的消费者认可该产品)；本品与竞品的比较优势在70分以上(70%以上的消费者赞同本品比竞品更好)。

三、毛利试算必不可少

新品设计得再“漂亮”，最终企业是想让它创造利润或提高市场占有率。产品毛利试算会让企业明确将来产品一旦上市能不能赚钱。

(1)由产品经理向研发部门、生产部门收集新产品配方资料、采购单价、人工编制、生产效率及生产损耗等成本核算资料提供给财务部门，并由其进行新产品成本核算。

(2)由行销部门根据产品标准定价及成本核算预估新产品毛利水平，有重大异常必须对价格体系进行合理的修正或者要求研发部门降低生产成本；否则，一旦产品上市，就很容易出现“卖得越多，赔得越多”的尴尬局面。

第六节　新品上市的计划与安排

新品开发及准备工作完成，意味着产品已经定型，接下来要做的就是对该产品如何上市销售的策划和准备过程。

一、新品上市计划

(一)新品上市计划的作用

真正的销售是靠销售人员来落实的，新品上市计划要给销售人员的上市给出指引和说明，其主要作用如下：

(1)向销售人员介绍清楚，这个新产品的诞生思路、优势和利益点在哪里，具体的包装口味、价格描述是怎样的，使业务部对此新品的上市做到心中有数，增强信心。

(2)具体产品在上市销售的过程中会有广告投放、铺货、经销商进货奖励、二批及零店促销、超市进店、促销、消费者促销等一系列动作，新品上市计划要对每一项工作做出具体规划和安排，确保上市各项活动有条不紊地进行。

(二)新品上市计划的常规内容

不同企业的新品上市计划各有特色，常规上应包括以下内容：

1. 市场背景分析及上市目的

(1)该品类市场的总体趋势分析(一般是用发达地区、海外市场的数据来印证国内市场未来趋势)。

(2)该品类市场的区格市场占比分析(按功能、口味、价格等要素区格)。

(3)得出结论：

①新品定位的市场整体趋势看好(或者是切入了空白/尚有较大空隙的细分市场区格)。

②产品选项迎合了某些市场机会：上市这个新品的目的正是利用这些市场机，会达到怎样的销量、品牌的成长效果。

2. 企业现有产品 SWOT 分析

通过对企业现有产品和竞品及整体市场对比的 SWOT 分析得出结论：目前，我们在产品线组合上尚有可改进之处，有必要推出新品，丰富、改良产品线。

3. 新品描述及核心利益分析

(1)新品的口味、包装、规格、箱容、价格、目标消费群等要素详细描述。

(2)各要素相对竞品的优势。例如，本品与竞品进行匿名口味测试的结果统计，本品在价格和渠道利润方面比竞品优胜多少？

(3)新品相对竞品的诸多好处之中有什么特别优势(即产品的核心利益)，给新品上市提供有力的支持。例如：

①本品通过引进新的包装生产线，使产品在维持原保质期、口味及整体外观效果前提下成本下降 30%，零售价略低于竞品，但渠道利润是竞品的 3 倍，同时促销预算提高 15%。而竞品即使立刻引进该包装生产线，但安装调试到正式生产至少也要 10 个月左右的时间。

②本企业新品(保鲜奶、保质期 10 天，消费者特别关注产品的生产日期、新鲜程度)对××地区配送时间为 1 天，而竞品对该地区配送时间至少 4 天，那么在该地区我公司的产品新鲜程度，竞品无法模仿。

(4)得出结论：企业有充足的理由(优势)会赢，一定能赢！

(三)新品上市的具体行动计划

1. 新品上市进度

产品在各区域是同时上市吗？如果不是，那么各区域产品上市时间安排是怎样的？

2. 铺货进度计划

产品在各区域的商超、批发、零售渠道进行铺货，要求各地在什么时间达到多少铺货家数和铺货率？

3. 渠道与消费者促销

各地销售人员在商超、批发、零售、家属区等各渠道，针对店方和消费者做怎样的促销活动？具体的时间、地点、方式等细节的落实。

4. 宣传活动

针对本次新品上市工作，企业投入的广告具体播放时间、频率、各种广宣品、助陈物的样品和投放区域、方式及投放数字。

5. 其他

新品销量预估、A&P 费用预算、产品损益评估等。

重要提示：新品上市计划撰写注意事项。

新品上市计划是拿来用的，而不是拿来看的。策划人在撰写新品计划时，一定要注重实用性，不要把上市计划的重心放在花哨的格式、烦琐的背景数据分析上。有关策划专业的数字分析（如区隔市场详尽的占比分析、各种产品测试结果统计）可作为附件提交给上级领导参考。在提交给销售部做指引的上市计划中，不要出现过多的策划专业数据模型——这样的内容销售人员看不懂，也不会用，还容易引起反感（觉得策划部是理论家，做的东西不实际）。策划人只要通过一些简洁的数据让销售人员知道，新产品的设计符合市场机会，在口味、价格等几个要素上相对竞品有明显优势即可。

二、新品上市细节工作安排

新品上市计划定稿提交上级审批后，接下来就是确认执行产品上市计划所需要的各项细节工作到位。示例如下（见表 11－2）：

表 11－2　　新品上市阶段工作进度掌控表

序号	工作项目	负责部门	负责人	时间进度									
				1周	2周	3周	4周	5周	6周	7周	8周	9周	10周
1	上市计划提报核准	市场部											
2	新产品试车	生产部											
3	产品上市最终确认	市场部											
4	广告 CF 完成	市场部											
5	广促品制作完成	市场部											
6	促销活动确认	市场部											
7	A类超市新品进店前期准备	销售部											
8	批量生产所需原物料到位确认	采购部											
9	批量生产	生产部											
10	上市说明	市场部											

续表

序号	工作项目	负责部门	负责人	时间进度									
				1周	2周	3周	4周	5周	6周	7周	8周	9周	10周
11	大众媒体投放	市场部											
12	广宣品、促销品运送至市场一线	市场部											
13	产品运送到市场一线	物流部											
14	销售部执行产品上市动作	销售部											

说明：

1. 对策划部而言，“上市阶段工作掌控表”是新品上市前的收尾工作，但同样不可掉以轻心。新品上市前各项准备工作很多是有递进关联的次序（如生产原物料不到位无法生产、广告片及广宣品不及时完成会影响销售部的铺货效果）。产品经理要对上述工作每日跟踪日清日结，任何环节（包括非本部门的原因）出现问题都要及时协调、解决（必要时上报寻求总经理支持），以确保各环节按时到位，避免出现一个环节断链即全局瘫痪的现象。

2. 表11－2中步骤7“A类超市新品进店前期准备”，要督促销售部在正式的产品上市之前就着手进行，商超一般有30～45天的新品进店采购周期，产品正式上市前，提前就新品进店与商超接洽，可避免上市后新品迟迟不能摆上超市货架。

3. 上市说明是这一环节的重点。上市说明是在产品正式投放市场前最后的内部资源整合及沟通过程，是新品上市的誓师大会，是对销售人员讲解新品上市计划的培训大会。上市说明的质量直接影响新品上市计划的执行效果。

上市说明会必备步骤如下：

(1)在上市说明会举办之前，产品经理必须确认表11－2中所列1～9项是否已经准备妥当。

(2)上市说明会的主要内容应包括：

①产品经理针对新产品上市计划的简明介绍；

②新产品试吃、试饮、试用；

③胶片广告呈现及广促品使用说明（海报、布旗、DM、特殊陈列架及活动赠品等）；

④消费者主题促销活动及现场活动演练；

⑤提问与回答；

⑥确认各销售区域预估销售量；

⑦销售团队的组织激励；

⑧与生产、研发、物流确认产能及发货进度。

(3)视销售区域、市场规模及产品上市复杂程度的不同，如有必要以销售大区为单位分区域进行上市说明。

三、增加新品上市计划的可执行性

上市计划使最终是由销售部的人员来执行，新品上市过程中最常见的现象是销售部和策划部之间相互指责,销售部说策划部的方案不合实际,策划部却说销售部工作不力。如何避免这种内耗现象出现呢?

(1)不少企业将上市计划中“渠道促销”的策划工作交给销售部,策划部只负责消费者促销。这样做的优点是避免策划部与销售部之间相互“扯皮”,而且销售部做的渠道促销方案往往更有针对性。缺点是销售部制定渠道促销政策往往倾向于销量的即时提升,造成促销的片面和费用增加。另一种方法是:策划部在上市计划中对每项促销活动的执行细节全部详细列明,对销售部人员各环节工作形成具体的行动指引,同时在执行过程中对各促销活动每一步骤的执行进行实地调查和数字追踪,及时纠偏。但这样做有点策划部监督销售部的味道,更容易引起两个部门之间的相互指责,形成内耗。

不管哪种方式,策划部、销售部一定要有一个人说了算(即:或者策划部经理领导销售部经理,或者销售部经理领导策划部经理,或者有一个营销副总同时领导两个部门),而这位营销部的领导要具备全面的策划、销售知识,并且同时对销量、费用负责。这样,营销副总会利用专业技能和领导权威去协调这两个部门之间的矛盾。不至于出现策划部、销售部直接把官司打到总经理处;而总经理要管理整个公司运作,精力不够,同时对销售、策划知识又不够专业,“断不清官司”的现象。

(2)上市计划的重心是在各地上市进度、铺货进度的安排和渠道促销、消费者促销等执行性内容的设计上,策划人员在设计这些方案时,一定不要闭门造车,而要广泛走访一线市场,加强与销售人员的沟通,增强方案的可执行、可操作性。换句话讲,策划人员绝不是文案工作者,他应该比销售人员更懂销售,对各种促销活动的一线操作管控过程有切身体会,写出的方案才更严密、更实用。真正优秀的策划人员应该从销售部资深主管、经理中提拔培养。没有深厚的市场一线经验,只掌握几套文案书写格式的纯策划人员很难做出有用的东西。

(3)方案的撰写要真正落实到细节,促销方案由策划部撰写,由销售部执行。为防止执行与设计相违背,造成各部门互相“扯皮”、责任不清,策划部的促销活动一定要尽可能地落实到细节,真正对销售部形成“傻瓜式”动作指引的效果。

一般情况下,促销方案必须落实以下细节:

①促销时间:精确到天。例如,5 月 5 日至 5 月 15 日。

②促销地点:精确到最小区域。例如,对所有地级城市。

③促销目标客户:精确到具体区域渠道、具体的客户遴选方法。例如,西北五省地级以上城市 50 个具体超市的名称;某地二环以内的所有零售店。

④促销执行人员:精确到具体岗位。例如,超市买赠促销由各分公司商超业代直接领导促销人员执行、各分公司经理为第一责任人、商超业代为第二责任人。

⑤促销内容:精确到促销政策和限制条件。例如,买 2 包送 1 包,购买超过 2 包不享受奖励。

⑥报销标准:防止促销资源流失。例如,堆头费报销要提供堆头照片和盖超市财务章的发票。零店铺货赠品报销要求有每一个店主地址、电话,进货、赠品登记和店主签字。

⑦促销方式:精确到促销活动每步骤的细则表现:

a. 必须区分不同市场作出铺货渠道要求、建议价格规定。例如,陕西各地级城市办事处所在地铺货要求及价格规定(见表 11—3)。

表 11—3　　陕西各地级城市办事处所在地铺货要求及价格规定

项目/渠道	重要性	上市后铺货率要求			建议价格
		30 天	60 天	90 天	
大卖场	★★★★★	80%	100%	100%	3～3.2 元
中小超市	★★★★	50%	80%	90%	3.3～3.2 元
批发	★★★	40%	70%	70%	2.9～3.1 元
零售	★★	40%	50%	60%	3.5 元
大学、中学售点	★★★★★	80%	90%	100%	3.5 元

b. 尽可能用图示表示。例如，批市堆箱奖励、零店专用陈列架、超市特殊陈列方式、广宣方式，甚至割箱陈列中把一个整箱产品割成展示箱的整个步骤等全部用照片加辅助文字、数字说明的形式体现，沟通会更加清晰精准。

c. 多用数字要求。例如，零店陈列两个以上排面、陈列模范店必须有十个排面 50 箱堆箱、1 万平方米以上大卖场要求有六个以上排面和 1.5 平方米以上的堆头、公司专用冰柜第三层全部用来陈列新品。

d. 对各项工作细节尽量提出建议标准。例如，零售店标准推销话术、铺货冲击队人员分工(冲击小组由几个人组成:谁推销、谁看货、谁收钱、谁贴广宣等)。

课后练习

1. 请简述新品上市的流程。
2. 怎样发现市场机会?
3. 如何提炼新品概念?
4. 新品可行性评估应该考虑哪些指标?
5. 新品上市的计划与安排应该注意哪些要点?

案例思考

通用电气 CMO:首席营销官是干什么的?

通用电气(GE)的 CMO(首席营销官)康贝丝相信，营销的关键就是抓住机会。所以，她一直关注创新，领导公司在健康医疗和清洁能源上的投资与合作。在她的指挥下，今日的通用电气通过视频和社交媒体使用本地化的语言进行全球营销，并且在不久的未来，人和机器有可能在一个真实联系的世界相互融合。

CMO 是做什么的?

12 年前，通用电气还没有一个真正意义上的营销部门，更别说一个营销领导人 CMO 了。几十年来，通用电气十分相信自己的技术优势，坚信好产品就是最好的营销。而 2003

年，康贝丝被通用电气CEO杰弗里·伊梅尔特钦点为CMO，带领通用电气更贴近顾客和市场，将公司变得更加创新。

12年后，在康贝丝的带领下，通用电气在创新中焕发生机。自2003年起，通用电气的收入升高了100亿美元，并在2013年返还了180亿美元的股息和股票回购给股东。

12年间，康贝丝做了什么？

这位52岁的CMO将自己的工作描述为"连接要点"——在通用电气的七个主要业务之间、在全球的市场之间、在公司和外部世界之间。这七个主要业务是发电与水处理，石油天然气，能源管理、航空、运输、医疗、家庭与商业方案。

对于康贝丝而言，通用电气的营销可以分为两方面：一是找到顾客的价值，二是用产品来体现它并用正确的方式传递到顾客手中。康贝丝领导着通用电气在营销、销售、授权和沟通上的不断努力和进步。

除了传统的营销人要做的，通用电气的独特一面就是创新。康贝丝的主要工作是洞察公司外部的潮流和发展，翻译给内部的员工，并让它们为公司内部带来价值。她如今的工作重心放在与创业公司投资并合作，通过工业互联网（Industrial Internet）、绿色创想（Ecomagination）及健康创想（Healthymagination），在分析、能源及可负担的健康领域开拓新市场。她认为，营销不再只是品牌宣传和沟通，现在也包括创造和发展新的市场，不但要发现机会，还要把握机会。

创新的营销策略

作为一家提供技术和服务的B2B公司，通用电气在营销上的表现却更像一家B2C公司。康贝丝估计，40%的预算花在了数字营销上。

在过去的两年，通用电气特别增加了在视频营销上的投资。通过聘请精品代理商如The Barbarian Group，它创造了简短但有吸引力的短片。通用电气不单启用著名的广告代理商，也重视小代理，因为小代理愿意冒险。康贝丝说："The Barbarian Group非常会讲故事，他们能将无聊和科技的事情变成生动的故事，你不需要成为一位科学家也会喜欢上这些视频。"

社交媒体也改变了通用电气和顾客接触的方式。它在微博、Facebook、Google+、Instagram、Twitter、YouTube等各个社交平台上都十分活跃。在微博，通用电气不但有自己的官方账号，还有旗下各个业务的7个账号，包括医疗、航空、智能平台等。在Facebook，通用电气将其称为"社交体验的中心"，它囊括了通用电气30多个官方页面。在专注女性的Pinterest，通用电气发表了与健康相关的箴言以及厨房电器的照片。

通用电气拥有122年的历史，具有全球第四大公司的规模，但它却在社交媒体上不断创新。康贝丝对目前火爆的社交媒体运用得十分小心翼翼。在尝试新的社交媒体时，公司会通过检测顾客参与指标来评价该平台是否相关和有用。

Instagram是其中成功通过检测的社交工具。今天，接近150 000人关注了通用电气的Instagram账号。通过"#instawalks"，通用电气邀请了有影响力的人进入工厂并在instagram分享他们的经历。康贝丝说："它让大家看到平时难以见到的东西。大多数人想知道事物是如何运转的，通用电气通过它来激发着每个人心中的极客。"

在Tumblr和Vine上，通用电气推出#6SecondScienceFair，鼓励每个人与品牌互动，分享自己最棒的创意来得到通用电气的认可。除此之外，通用电气还建立了一个 Ideas Laboratory 社区来鼓励人们的科技创意和相互沟通。

可能有人会有疑问，通用电气的客户都是公司，一个在 Instagram 的照片比赛或微博上的推广怎么帮助通用电气卖飞机引擎呢？

康贝丝说："卖一台喷气机引擎是一个复杂的过程，很多人能影响购买决策。由于通用电气在众多领域都有业务，这些活动就会以各个行业的决策者为目标进行宣传。我们认为最有效的市场营销策略是通过 B2C 的方法，最大程度帮助顾客识别产品、服务和企业，并将它们与竞争者区别开来，从而增加顾客的感知价值，减少顾客做出购买决策时所涉及的风险和复杂性。"

除了通用电气的直接消费者，通用电气还会把注意力放在科技狂热者、求职者和通用电气零售商上。他们都期待着从不同方面体验通用电气。工业技术不应该是无趣的，反之应该是激动人心和有趣的。好的营销应当是建立连接和传递可感知的价值。从某种程度上说，营销人应该主动接近顾客并且变得更加反应灵敏和富有直觉。

CMO 是如何带领团队的?

通用电气的销售团队有 45 000 人，营销团队有 5 000 人。对于一个1 500亿美元收入的公司来说，这并不算多。为了更好地管理和保持效率，通用电气的做法是保持小而精干的营销团队，他们专注于商业创新、战略品牌管理。对于营销活动和战略，通用电气的营销团队则成为被创新人才和代理商包围的中心，通过与外面的思考者和执行者良好合作来打造通用电气的创新营销。

通用电气的另一个做法就是精打细算。他们会将支出的每一笔钱量化，选择正确的营销平台，这样能扩大 30%的价值。其中的挑战正是创新。

除此之外，作为一家科技公司，通用电气还要求营销团队与研发团队合作良好。就像前面说的，营销人员要洞察公司外部的潮流和发展，翻译给内部的研发，使得通用电气的强大科技能够恰好满足市场需要。但改变是痛苦的，人们不想听到市场的现实。在这种创新和引导中，双方角力始终存在。康贝丝花了很多时间来保持力量的平衡。

因此，通用电气也向营销人员提出四个"I"的要求：激励者(Instigator)，创新者(Innovator)，整合者(Integrator)，执行者(Implementer)。激励需要推动公司的创新和改变；创新需要营销人员超越营销的局限，思考产品、服务和解决方案；整合需要将外部市场与公司内部，以及内部的不同部门之间建立连接和合作；执行需要营销人员不用权威压人，而是使用专业知识、独特洞察力和团队合作完成工作，用成绩来说话。

(来源于 SocialBeta，作者 Santos，文字略有删减)

本章实训

训练内容：

以你所熟悉的行业、产品，或者你希望从事的行业为背景，制作一份营销策划书。

训练要求：

(1)能综合运用"营销策划"课程所学知识，从消费者需求分析、环境分析、市场竞争分析等多方面入手，进行合适的产品细分与市场定位、选择，并制订相应的产品策略、价格策略、渠道策略及促销策略。

(2)策划书要求全面、实用，在条件具备时可以此为依据，实施创业。

训练目标：

通过本项策划，锻炼学生综合运用本学期所学营销与策划知识的能力，培养学生进行全方位营销策划与实施的能力。

训练步骤：

(1)学生利用课余时间思考、寻找可供选择的产品与行业，以个人为单位拟定自己的营销策划方案初稿。

(2)分小组讨论各自的营销策划初稿，在讨论的基础修改、完善初稿。

(3)集中讨论，各小组选派代表发言，通过发言、同学提问、解答、再集中讨论的形式，进一步明确进策划书修改、完善的方向。

(4)在吸纳全面两个阶段讨论意见的基础上，各自修改、完善营销策划书初稿，正式成文，撰写该项目营销策划书确定稿。

第十二章

服务营销策划

第一节 服务营销策划概述

20世纪60年代以来，服务业(顾客服务于服务产品的总称)在整个社会经济中飞速发展。据世界银行统计，发达国家服务业生产总值占国民生产总值的70%以上，中等发达水平的国家的服务业产值平均为国民生产总值的50%左右。随着服务业重要性的日益凸现，服务营销及其策划活动也成为人们关注的热点，成为企业竞争和提高核心竞争力的有效手段，也是营销策划活动的重要组成部分。

一、服务与服务营销

(一)服务的定义及特点

服务活动自古有之，但将其纳入学科范围而加以研究是近几十年的事情。1960年，美国市场营销学会(AMA)把服务定义为："用于出售或者是同产品连在一起进行出售的活动、利益或满足感。"

服务一般是以无形的方式，在顾客与服务职员、有形资源商品或服务系统之间发生的可以解决顾客问题的一种或一系列行为。

服务，是指用于交易和满足顾客需要的、本身无形和不发生实物所有权转移的活动。它具有以下特点：

1. 无形性

服务产品的存在形式有两种：一种是以实物形态存在的物质产品；另一种是为满足顾客的非主要需求，以“活动”形式提供的无形服务。

2. 生产与消费的并行性

物品从生产、流通到最终消费，要经过一系列的中间环节。生产与消费这两个分离的、继起的过程具有时间间隔。然而，在服务业市场，生产者与消费者直接相关，生产过程也是消费过程，两者在时空上不可分割，具有并行性，即服务人员向顾客提供服务时，消费和生产直线相关。

3. 服务的差异性

多数实物产品，由于自动化生产，品质基本一致，然而服务却常因服务的构成及质量多变而存有差异。正如著名的美国服务经济专家所说：“消费者的知识、经验、诚实和动机，影响着服务行业的生产力。”

4. 不可存储性

服务不能像有形物品一样被贮存，以备未来出售。虽然提供服务的各种设备可以在需求前准备，但生产出来的服务如不即时消费，就会造成损失。

5. 不可运输性

服务与实物不同，不能被运输，如酒店服务不能送至外地消费，顾客也不能购买携带回家。

6. 服务业的相互替代性

服务产品同其他实物产品之间有很强的相互替代性，如在获得物品的维修服务后，则不用再购置新商品。服务业同实物商品存在相互补充、促进的关系，如电脑等耐用消费品的普及会扩大与其相关的服务业市场。各类服务产品间也可相互替代，如各种运输服务方式可相互替代，去某地，选择一种交通工具即可。

(二)服务营销

服务营销是企业在充分认识满足消费者需求的前提下，为充分满足消费者需求在营销过程中采取的一系列活动。其核心理念是顾客的满意和忠诚，通过取得顾客的满意和忠诚来促进相互有利的交换，最终获取适当的利润和企业的长远发展。服务营销的运用不仅丰富了市场营销的内涵，更提高了企业在知识经济中的竞争力，在企业营销策略中起着举足轻重的作用。

服务营销策划，有营销活动，就有策划活动。我们都知道，营销策划是对企业的营销活动做出的预先筹划和谋略，那么服务营销策划可以理解为针对服务业的营销策划活动。

与一般实体产品相比，服务营销策划具有以下特点：

(1)服务营销策划是以提供无形服务为目标。

(2)服务营销策划以顾客为核心。

(3)服务营销策划注重的是服务质量的整体控制。服务的质量很难像有形产品那样用统一的质量标准来衡量，因而其缺点和不足也就不易发现和改进，因此全面意义上的服务质量需从两方面来描述：①技术质量：以服务操作规程来描述和控制。②功能质量：以顾客感受和获得的满意度来描述。

(4)服务营销策划的时间因素具有非常的重要性。

二、服务营销策划的内容

服务营销作为一门新兴的学科，是从制造业的营销活动导入的，在导入的同时，营销组合策略——“4P”(产品、价格、渠道、促销)也被服务业所采纳。目前，学者们普遍认为，“4P”仍然为服务营销的基础，但它还不能完全体现服务业的特点，所以，应当再加入一个“P”，即“人(People)”才能较为完整地体现服务营销的特点。

(一)服务产品策划

1. 服务产品与有形产品的区别

服务产品的存在形式有两种：一种是以实物形态存在的物质产品，另一种是以“活动”形式提供的无形服务。菲利普·科特勒认为：服务产品往往依附于有形的物品，而有形产品里也包含服务的成分。服务产品大多是无形的、不可感知的和易腐的，并且是消费于正在生产的过程之中。

2. 服务产品策划的内容

服务产品策划主要包括以下几方面的内容：

(1)服务项目策划。服务项目策划是指对企业以何种服务形式、服务方式和服务种类进入服务业的策划活动。

(2)服务产品开发策划。在制造业存在着新产品开发，同样，在服务业也有服务产品开发策划。开发新的服务产品，是企业生存和发展的有效途径。

(3)服务品牌策划。品牌是服务产品形象和文化的象征，好的服务品牌策划能够使企业保持长久而旺盛的生命力。

(4)服务质量策划。服务质量是判断一家服务业公司好坏的最主要依据。一个好的服务质量策划对于一项服务产品的设计具有十分重要的作用，它能有效地提高顾客的感知服务质量，增强满意度，从而获得顾客的忠诚度。

(5)服务的有形展示策划。服务是无形的，而服务设施、服务设备、服务人员、顾客、市场信息资料、定价目标等都是有形的，这些有形物都可为无形的服务提供有形的展示。

(二)服务价格策划

1. 服务价格的含义

有形产品的价格是产品价值的货币表现，因而可以认为服务的价格是服务价值的货币表现。有形产品是可见的，它的质量、外观是可感知的，其价值也是可衡量的，具有客观性。而服务是无形的，作为顾客的感知服务质量，它是人的主观能动感受，而这一感受又因人而异。所以，作为服务的定价，不仅要考虑成本、需求和竞争因素，更要注重顾客的感知服务质量，这就要求做好服务的有形化，使顾客的感知服务质量趋于一致。

2. 服务价格策划的内容

产品的价格策划主要包括产品价格的制订策划和产品价格的调整策划。因此，作为服务价格策划的内容也主要包括这两方面的内容：

(1)服务定价策划。服务的定价策划，主要是指对服务产品价格制订的策划活动，这点与有形产品的定价相似，有高价策略、中价策略和低价策略。

(2)服务价格调整策划。服务价格的调整策划主要是指对现有服务产品的价格进行调整的策划活动。

3. 服务特征对服务定价的影响

服务业有无形性、不可存储性、需求的不稳定性、服务的同质性、不可分性这些特征，它们对服务产品的定价有着很大的影响。在不同的服务形态和市场状况中，这些特征所造成的影响也不同。因此，制订服务产品的价格，除了考虑成本、需求、竞争因素之外，还必须考虑服务业的特征。

(三)服务渠道策划

由于服务的不可分离性，服务渠道的策划与产品渠道的策划有较大的区别，服务渠道的策划较少考虑渠道结构，而主要着手服务渠道和服务位置的选择。

1. 服务渠道的选择

(1)直销渠道。

直销是最适合服务产品的配送形式。直销既可能是服务生产者经过选择而选定使用的销售方式，也可能是由于服务和服务提供者不可分割的原因。当服务企业选择直销时，经营者的目的往往是为了获得某些特殊的营销优势。对服务的供应与表现，可以保持较好的控制，若经由中介机构处理，往往会造成失控的问题。

以真正个人化服务方式，能在其他标准化、一致化以外的市场，产生有特色服务产品的差异化。

可以在与顾客接触时直接反馈回顾客关于目前需要、这些需要的变化及其对竞争对手产品内容的意见等信息。

(2)经由中介机构的分销渠道。

服务业公司最常使用的渠道是中介机构。中介机构的结构各不相同，有些还相当复杂。服务业市场的中介机构型态很多，常见的有下列五种：

①代理。一般在观光、旅游、旅馆、运输、保险、信用、雇佣和工商业服务业市场出现。

②代销。专门执行或提供一项服务，然后以特许权的方式销售该服务。

③经纪。在某些市场，服务因传统惯例的要求必须经由中介机构提供才行，如股票市场和广告服务。

④批发商。在批发市场的中间商有“商人银行”(Merchant Banks)等。

⑤零售商。包括照相馆和提供干洗服务的商店等。

(3)创新服务分销渠道。

最近几年，在服务分销的方法上产生了许多创新，这说明服务业营销者在运用创新性营销实务上并不落后。

①租赁服务。服务业经济的一个有趣现象是租赁服务业的增长，也就是说，许多个人和公司都已经而且正在从拥有产品转向产品的租用或租赁。

②特许经营。在可能标准化的服务业中，特许经营是一种持续增长的现象。

③综合服务。综合服务是服务业增长的另一个现象，即综合公司体系(Integrated Corporate Systems)与综合性合同体系(Integrated Contractual Systems)的持续发展，并已经开始主宰某些服务业领域。

④准零售化(Quasi-retailing)。服务业最重要的中介机构之一便是零售业者。最近几

年来，服务业经济发展的一大特色就是“准零售出口”(Outlets)的崛起，这些“准零售出口”主要是销售服务而不是产品。

2. 渠道位置的选择

作为服务业的分销渠道，在策划时应特别注重服务位置的选择。位置的重要性根据所要营销的服务性质不同而有所差异。

一般来说，服务业可依其所在位置分为以下三类：(1)与位置无关的服务业；(2)集中的服务业；(3)分散的服务业。

(四)服务促销策划

服务业的促销活动与产品的促销活动大致相同，用于产品促销的工具、策略和策划步骤也适用于服务促销。

产品促销和服务促销由于受其本身特征的影响，具有许多不同特点。这些差异大致可分为两类：一类是由于服务行业特征的影响，另一类是由于服务本身特征的影响。

1. 服务行业特征造成的差异

服务行业因类型不同，各有其特点。因此，要找出所有类别的共同差异，是一件不容易的事。下面所举的各项因素，是为了说明为什么产品和服务的促销之间会有区别。

(1)营销导向的不同。有些服务业是产品导向的，因而不十分清楚营销措施对业务有多大程度的帮助，只把自己当作服务的生产者，而不是提供顾客需要的公司。

(2)专业和道德限制。在采取某些营销和促销方法时，可能会遇到专业和道德方面的限制。

(3)许多服务业务规模很小。许多服务业公司在规模上很小，他们认为自己没有足够的实力在营销或在特别的促销方面进行资金投入。

(4)竞争的性质和市场条件。许多服务业公司并不需要扩展服务范围，因为现有范围内的业务已用尽生产能力。

(5)对于可用促销方式所知有限。服务业公司对于可利用的广泛多样的促销方式所知有限。

(6)服务本身的性质可能会限制大规模使用某些促销工具。在某些服务种类中，对某些促销方法的限制，使得许多促销方法不能自由发挥。

2. 服务本身特征造成的差异

服务的若干特征具有不同的营销含义，所以，从顾客的观点来看，消费者对产品营销和服务营销两种营销的反应行为，有着很大的差异。

(1)消费者态度。消费者态度是影响购买决策的关键。

(2)采购的需要和动机。在采购的需要和动机上，制造业和服务业大致相同。不论是通过购买实体性产品还是非实体性产品，同类型的需要都可以获得满足。

(3)购买过程。在购买过程上，制造业与服务业的差异较为显著。有些服务的采购被视为有较大的风险，部分原因是买主不易评估服务的质量和价值。

(五)服务人员策划

在提供服务产品的过程中，人(服务企业的员工)是一个不可或缺的因素，尽管有些服务产品是由机器设备提供的，如自动售货服务、自动提款服务等，但零售企业和银行的员工在这些服务的提供过程中仍起着十分重要的作用。

服务人员策划的内容主要包括对人员的招聘、培训、激励和管理。其实,服务人员策划的内容就是服务人员策划的流程。

1. 人员招聘

在选择前线员工时,不能像招聘普通员工那样只看重经验和技能,而更应考察态度、资质和个性等能为服务人员带来成功的因素。

2. 员工培训

员工招聘只是企业人力资源管理的开始,如何使新员工成为符合企业要求的服务提供者,这是企业内部培训要解决的问题。对员工的培训主要有以下两个方面:(1)技能培训;(2)交往培训。

3. 员工激励

对员工在工作中取得的成绩,管理人员应及时予以表扬,这将对员工和服务都产生积极的影响。

但作为管理人员也不能滥用表扬,应把对员工的表扬用在较为关键的方面:(1)当员工的行为超过企业所要求的行为标准时。(2)当员工的行为一直都符合标准时。(3)当员工取得进步时(无论进步的大小)。(4)当员工面对挑剔的顾客保持冷静时。(5)当员工采取灵活措施帮助顾客时。

4. 员工管理

管理人员所要面对的员工各不相同,并非每个员工都能很好地完成自己的工作。在这种情况下,管理人员应学会帮助员工改变工作方法,做好工作。而对于员工来说,为了更好地服务顾客,他们往往需要知道自己做得怎样,并且需要来自管理人员的反馈信息,无论这种信息是正面的还是负面的。因此,管理人员应及时评价员工的工作并帮助他们改正错误。

第二节　服务营销策划的策略与方法

由于服务本身的无形性、不可分性、易变形和不可存储性,这就警示企业在开展服务营销策划时,就要避免其对服务营销产生的不利影响,既要尽量使服务有形化、可分化、规范化和可调化,又要应用其灵活性的特点,做到服务的关系化、技巧化、差异化和效率化,从而提高顾客的感知服务质量,实现顾客满意。

一、服务的有形化策略

服务的有形化是指服务机构有策略地提供服务的有形线索,以帮助顾客识别和了解服务,并由此促进服务营销。服务的有形化策略包括服务的承诺化策略与服务的包装化策略。

(一)服务的承诺化策略

服务承诺,是指公布服务质量或效果的标准,并对顾客加以利益上的保证或担保。服务承诺化,是指服务机构通过对服务过程的各个环节的质量予以承诺,以促进服务营销。

对服务做出承诺,可以降低服务消费者因服务的无形性而需承担的认知风险,因而可以降低顾客由于此产生的心理压力，增强顾客对服务的信任，从而促进服务营销，有利于激发和扩大顾客需求。

案例 12－1 BBBK 公司的服务承诺

美国强生公司所属 BBBK 公司，就其提供的灭虫服务，向饭店、旅馆等用户做出如下承诺：

(1)如果你那里的虫害没有被全部消灭，BBBK 将分文不收；

(2)如果你对 BBBK 的服务不满意，BBBK 将赔偿你 12 个月的服务费，外加一次免费灭虫，时间由你在来年任意选择；

(3)如果你的顾客在你那里哪怕发现一只虫，BBBK 将替他(她)支付食宿费并向他(她)致信道歉，另外再包他(她)一次食宿费；

(4)如果你的生意因虫害而做不成，BBBK 将赔偿你损失的盈利，外加5 000美元。

BBBK 灭虫公司的服务承诺给它带来巨大的成功：它在灭虫服务市场上成为无与匹敌的第一强手。BBBK 推出承诺营销第一年的营业额达3 300万美元，同期兑现的承诺费用是12 万美元，只占营业额的 0.36%，效益之佳是令人羡慕的。

(二)服务的包装化策略

服务包装，是指服务环境。服务包装或环境，作为服务的有形线索，能够提示它所包装的服务信息。服务包装或环境是有价值的，它可以使服务增值。

服务包装化，在某种意义上，是指服务环境的“营销”，即有策略地设计和提供服务环境，让顾客通过接触环境来识别和了解服务的理念、质量和水平等信息，从而促进服务的购买或交易。简单地说，服务包装化就是让顾客接受服务前先接受服务的包装或环境。

二、服务的技巧化策略

服务无形性的背后是服务的技巧。一切服务业归根结底都是靠自身的、其他行业难以替代的服务技巧生存和发展的。服务的技巧化，是指培养和增强服务技巧，利用服务技巧来吸引和满足顾客，充分发挥技巧在服务营销中的作用。服务技巧化，主要体现为服务的技能化。

服务技能，是指服务人员服务的熟练程度、技艺、能力等。服务技能化，就是培养和增强服务人员的技能，利用服务技能来吸引和满足顾客，充分发挥技能在服务营销中的作用。对一家重视服务技能化的服务机构来说，它的营销在一定程度上就是服务技能的营销。

服务技能是服务产品价值的核心来源。技能是技巧的主要组成部分，服务技能的增强从根本上增强服务营销的吸引力。

案例 12－2 汽车公司的维修服务意识

在整个车市还沉浸在降价的声浪中不可自拔时，江淮瑞风汽车公司继 2004 年 9 月 28 日推出一款市场指导价为 12.8 万元瑞风“彩色之旅”之后，又于 10 月 20 日在全国范围展开一系列服务技能挑战赛。在全国同步开战的维修技能大赛历时两个月，来自全国各专卖店的上百名商务车高级维修技师在商务车的理论与构造、基础保养、故障诊断与检修等方面一决高下，在竞争环境中提升专卖店车辆保养与维修的技能，进一步提高客户服务的能力。

维修服务已经成为评价客户对品牌满意度的一个不容忽视的环节，汽车生产商们以提高维修服务来拉拢老顾客、吸引新顾客，不失为行业发展的明智之举。

三、服务的可分化策略——服务自助化

服务的可分化是指在服务过程中让服务生产者与服务消费者之间实行部分的分离。服务的可分化主要体现为服务自助化。

服务自助化，是指服务生产者向顾客提供某些服务设施、工具或用品，让部分服务由顾客自行完成，以便服务生产者与消费者之间实现一定程度上的分离。

服务自助化有利于增强服务消费者在服务过程中的自主体验和责任。顾客的自主体验经历增强，会加深对服务过程的兴趣和激情，从而有助于服务再次购买；顾客对服务的自我责任增强，对服务提供者的责任期望会相对降低，这对服务营销是有利的。

案例 12—3 计算机自我修复支持系统

大多数电脑用户都有过这样的经历：有时一个不起眼的小故障也会让你束手无策，最终不得不兴师动众请专家来解决。这时不免就会有人想到，要是电脑能具有自我修复能力，能够自我诊断和修复出现的故障，用户的工作强度将会减轻多少！

IBM公司经过不懈的努力，有望将这一技术变为现实。据IBM公司的资深技术人员介绍，通过这种具有神奇般自我修复能力的技术和借助无所不及的互联网，多数普通电脑用户将会以前所未有的快捷速度自我解决和修复一般性的计算机故障，而此类修复工作在以前往往需要借助技术专家才能完成。在系统出现故障之后，由于无须等待专门的技术人员上门服务，自动技术服务系统即可自我解决和修复问题，并为用户节省大量的工作时间。毫无疑问，自动技术服务系统将能够满足相当数量用户的需求，并以此获得公众认可。

IBM公司声称将把增强的电子化服务(E-support)解决方案打包，通过Support. com在互联网上为用户提供服务。这种自我修复支持系统一旦连接到用户的计算机，就将自动检测用户的计算机系统设置和应用软件，独立完成计算机故障的识别并自动更正系统故障，从而保证用户计算平台的高可用性和生产效率。

四、服务的关系化策略——服务细微化

服务的不可分性对服务营销存在有利一面，主要表现为：服务生产与消费不可分，在客观上成为服务业的一种要求，使得服务业比制造业更需要关心顾客的需求，改善与顾客的关系等。为了利用这有利的一面，服务营销可以采取关系化策略，即在服务营销中通过强调关系营销、内部营销、口碑沟通、公共关系、与顾客接触"真实瞬间"的服务质量等来实现顾客的优质服务，而服务细微化实现是关系化营销的重要策略。

服务细微化是指服务机构或人员从细微处来关心顾客和贴近顾客，使服务关系进入更深的层次。"见微知著"是古人对服务细节精辟的提炼，服务机构只有通过对细微处的观察，才能满足顾客真实需要或偏好，从而使服务营销有效。

服务的细微化有利于顾客对服务质量的感知。服务质量较强的主观性会影响服务过程

的每一个具体细节，因而会对整个服务过程的质量产生根本性影响。服务的细微化可使顾客提升对服务者的主观感受而产生优质服务的印象。

五、服务的规范化策略——服务理念化和标准化

服务的规范化是指在服务过程中建立规范并用规范引导、约束服务人员的心态和行为，以保持服务的稳定性。服务规范化主要包括服务理念化和服务标准化两个环节。

(一)服务理念化

服务理念化是指服务机构建立自己的理念并用理念来规范服务人员的心态和行为。公司理念(Mind)是指公司用语言文字向社会公布和传达的自身的经营思想、管理哲学和企业文化，主要包含企业宗旨、使命、目标、方针等内容。

服务机构的理念通常借助于文字的有形形式向消费者公布和传达的服务的有形信息。汉堡王公司说的“任你称心享用”、联合航空公司说的“你就是主人”等，都生动、形象地表达了各自的营销理念，促使消费者对其服务产品的信任，有利于体现服务特色和企业的内部营销。

(二)服务标准化

服务标准化是指服务机构系统地建立服务质量标准并用服务质量标准来规范服务人员的行为。

服务标准化是服务理念化的实现形式，两者之间有内在联系。有的实施性较强的服务理念与服务标准区别不大。在实行规范化营销时，应避免重标准而轻理念的现象。因为，服务理念是服务标准的灵魂，缺乏理念的服务标准不管制定得如何全面细致，也是冰冷呆板的，而让服务人员执行缺乏灵魂的服务标准，难以取得理想的效果。所以，服务营销的开展，既要重视标准化，也要重视理念化以及两者间的内在关联。

服务标准，为顾客提供客观依据，便于服务质量管理收集有效的反馈信息，从而有利于改进服务质量的管理。服务标准与服务品牌化、服务承诺化密切相关，从而使服务更便于识别。

案例 12—4　用友软件公司的规范化建设

为了规范服务网络，提高服务网络的支持效率，中国最大的管理软件厂商——用友软件股份有限公司推出了四项规范化建设举措，在标准化建设方面取得了卓越的成绩。

他们首先进行的是“服务人员规范化建设”：服务人员形象标准统一。在对服务人员形象进行标准化建设的同时，他们还提出“上门服务统一程序”。

用友公司推出的第二项标准化建设就是“服务产品规范化”：统一教育培训内容；课件建设标准化；培训证书管理，实现网络化信息管理；教材规范化；统一运行维护内容；技术手册编写规范化；推行客户维护服务卡；网站建设规范化；统一快速实施内容；运用快速实施方法论；实施流程规范化。

用友公司的规范化建设还有“服务内容规范化”建设和“服务收费标准规范化”建设。而这两项建设也正是管理软件行业亟须建设的内容。最值得一提的是“服务收费标准规范化”建设，它是软件行业对服务收费问题的重大突破，也为管理软件服务的产业化建设规划出了

建设性的蓝图。

六、服务的差异化策略——服务多样化和服务特色化

服务的易变性对服务营销具备有利的一面。服务(产品)作为人的活动具有易变性,这要求服务业应比制造业具备更强的“以变应变”能力,即适应市场环境和顾客需求变化的能力,以适应市场营销需要。为利用服务易变性的有利一面,服务营销应采取差异化策略,具体表现为服务多样化和特色化。

(一)服务多样化

服务多样化是指服务机构或服务人员针对不同的顾客或不同的需要提供不同的服务。不同顾客或顾客群(细分市场)对服务的不同需求,是采取服务多样化策略的一个成因。此外,市场需要的多层次化是采取服务多样化策略的另一个原因,因为同一顾客对一家服务机构的服务也有多种不同层次的需要。

(二)服务特色化

服务特色化是指服务机构或人员向顾客提供独特的、体现自己个性的服务。主要包括以下几点内容:(1)专业特色。(2)交叉特色。不同的行业交叉,打造独特的服务特色。(3)传统特色。(4)环境特色。(5)顾客特色。它源自目标市场的细分与定位。(6)人员特色。利用服务员工的共有特点来树立服务的特色。(7)活动特色。其优点是有较高的促销价值,可以摆脱价格战的困扰。(8)地域特色。其优点在于特色鲜明,且具一定的历史文化内涵,易于表现。常与传统特色联系紧密。

七、服务的可调化策略——服务时间可调化和服务地点可调化

服务具有不可储存性,这使得服务业难以通过产品的库存方式来协调供求矛盾。解决的方法,就是对服务时间、服务地点加以调整和对服务供求加以调节,以解决供求矛盾,也就是实行服务的可调化。

服务的可调化,是指服务机构通过对服务时间、服务地点的调整和对服务供求的调节来克服不能用服务储存来平衡供求矛盾的困难。

服务的可调化策略重点表现在服务时间可调化和服务地点可调化。

(一)服务时间可调化

服务时间可调化,是指服务机构通过对服务时间的调整来满足服务需求和平衡服务供求的矛盾。服务时间可调化策略常表现为延长和调整服务营业时间、提供预约服务等。

案例 12—5 “永和豆浆”的“24 小时营业”

在北京王府井大街上,有一家“四海永和豆浆大王”快餐店敢于和这条繁华大街上的麦当劳和肯德基竞争。其竞争优势,除了来自台湾的中华传统饮食文化的感召力和相对低廉的价格外,主要在于它是这条街上第一家 24 小时营业的快餐店。这家店看到,王府井地区的夜间消费潜力很大,不要说附近的东华门夜市、香港美食城的客流会持续到深夜,仅在附近大饭店娱乐消费的当地客人和下夜班的饭店员工也会形成很大的需求量。另外,“24 小时营业”本身是所有“永和豆浆”店的一个特色,这种特色使“永和豆浆”在倡导休闲文化方面

具有了某种号召力。现在，夜里拿本小说在店里坐上半天的客人、点上几样小吃与恋人对坐到天亮的客人等，在“永和豆浆”店越来越常见。“永和豆浆”的“24 小时营业”正在改变北方居民消费的习惯。

(二)服务地点可调化

服务地点可调化，是指服务机构通过对服务地点的调整来满足服务需求和平衡服务供求的矛盾。服务地点的调整，主要包含多地点服务、流动服务、跨区布点和服务品牌输出等种类或方式。

八、服务的效率化策略——服务时效化和服务多功能化

服务效率化，主要表现为服务时效化、服务多功能化。服务时效化，是提高服务的时间效率，而服务多功能化则是提高服务的空间效率。

(一)服务时效化

服务时效化，是指服务机构充分利用服务的时间资源和提高服务的时间效率。它有利于捕捉服务机会和实现服务增值，从而提高服务质量。

案例 12－6　联邦快递的时效化服务

全球最大的速递运输公司联邦快递以及时性、准确性和可信赖性为原则提供航空快递服务，它可以把包裹邮件“绝对肯定地隔夜送达”世界任何地方，该公司在经营管理上已实现：客户可通过网络直接进行邮寄手续的办理，快递公司的员工在最短的时间内上门取货，让客户足不出户也能寄送包裹；货物准确送达到客户手中的时间精确至分钟；从北京办理货物运送手续起至送达到美国客户手中，时间仅为两天；实现信息共享，为合作伙伴提供的系统环境和服务器，可让每一个合作伙伴了解并随时跟踪货物运行状态、地点等情况。

(二)服务多功能化

服务多功能化，是指同一家服务机构对同一个(同一群)顾客提供多种不同但相互关联的服务，以便提高机构的服务效率或顾客服务消费的效率。

顾客在同一服务机构得到多种不同功能的服务，不仅可以提高服务消费的效率，而且可减少顾客往返于多家服务机构的时间和金钱成本。

九、顾客满意策略

顾客满意是指顾客对一件产品或服务满足其需要的绩效与其期望进行比较所形成的感觉状态，实现顾客满意的重点在于提高顾客满意度。服务营销的最终目标就是要提高顾客满意度，追求顾客忠诚营销。要做到提高顾客满意度，就要做到以下几点：

(一)塑造“以客为尊”的经营理念

“以客为尊”的企业服务经营理念，是服务顾客最基本的动力，同时它又可引导决策，联结公司所有的部门共同为顾客满意目标奋斗。比如美国新港造船和码头公司的创办人杭亭顿之所以成为市场的大赢家，就是因为他亲身认识到一个重要的事实：“以客为尊”才是一家公司欣欣向荣的基本要素。麦当劳成功的要素就是它始终重视顾客，千方百计让顾客满意，它的整体价值观念是质量、服务、卫生和价值。

(二)开发令顾客满意的产品

顾客满意策略要求企业的全部经营活动都要以满足顾客的需要为出发点,把顾客需求作为企业开发产品的源头。所以企业必须熟悉顾客,了解用户,即要调查他们现实和潜在的要求,分析他们购买的动机和行为、能力、水平,研究他们的消费传统和习惯、兴趣和爱好。

(三)提供令顾客满意的服务

热情、真诚地为顾客着想的服务能带来顾客的满意,所以企业要不断地完善服务系统,以便利顾客为原则,用产品具有的魅力和一切为顾客着想的体贴去感动顾客。售后服务是生产者接近消费者直接的途径。

(四)科学地倾听顾客的意见

顾客是企业的生存之本,耐心倾听顾客的意见、最大限度满足顾客的需求,是改善服务、提高顾客满意度的一条捷径。

课后练习

1. 什么是服务营销策划?
2. 服务营销策划的策略有哪些?
3. 简述服务营销策划的常用方法。

案例思考

美国最牛的出租车司机给我们的启示

在美国某个城市,有一位先生搭了一部出租车要到某个目的地。

这位乘客上了车,发现这辆车不只是外观光鲜亮丽,这位司机先生服装整齐,车内的布置也十分典雅,这位乘客相信这应该是段很舒服的行程。

车子一启动,司机很热心地问车内的温度是否适合?又问他要不要听音乐或是收音机?这位司机告诉他可以自行选择喜欢的音乐频道。就在车内,这位乘客选择了爵士音乐,浪漫的爵士风不禁让人为之放松。

司机在一个红绿灯前停了下来,回过头来告诉乘客,车上有早报及当期的杂志,前面有一个小冰箱,冰箱中的果汁及可乐如果有需要,也可以自行取用,如果想喝热咖啡,保温瓶内有热咖啡。

这些特殊的服务让这位上班族大吃一惊,他不禁望了一下这位司机,司机先生愉悦的表情就像车窗外和煦的阳光。

不一会,司机先生对乘客说:“前面路段可能会塞车,这个时候高速公路反而不会塞车,我们走高速公路好吗?”在乘客同意后,这位司机又体贴地说:“我是一个无所不聊的人,如果您想聊天,除了政治及宗教外,我什么都可以聊。如果您想休息或看风景,那我就会静静地开车,不打扰您了。”

从一上车到此刻,这位常搭出租车的乘客就充满了惊奇,他也不禁问这位前方的驾驶员:“你是从什么时候开始这种服务方式的?”

司机说："从我觉醒的那一刻开始。"

司机继续述说那段觉醒的过程，他曾经经常抱怨工作辛苦，人生没有意义，但在不经意里听到某广播节目正在谈一些人生的态度，大意是你相信什么，就会得到什么，如果你觉得日子不顺心，那么所有发生的都会让你觉得倒霉；相反，如果今天你觉得是幸运的一天，那么今天每次所碰到的人都可能是你的贵人。

"所以我相信，人要快乐，就要停止抱怨，要让自己改变。就从那一刻开始，我创造了一种新的生活方式：第一步，我把车子内内外外整理干净，再装一支专线电话，印几盒高级的名片，我下定决心，要善待每一位乘客。"

目的地到了，司机下了车，绕到后面帮乘客开车门，并递上刚刚提及的名片，说声："希望下次有机会再为你服务。"

结果，这位出租车司机的生意并没有受到不景气的影响，他很少会空车在这个城市里兜转，他的客人总是会事先预定好他的车，他的改变不只是创造了更好的收入，更从工作中得到了尊重。

[要求]

(1)为什么这位司机要为顾客提供优质服务？

(2)为什么这位司机能为顾客提供优质服务？

本章实训

新男性究竟具备什么特征？零点调查与前进策略的分析表明，新男性要自信，也要有实力；要更接近于新派的成功男性。看来，要完成角色的转移成为新男性，必须进行"角色的重新装备"，对中国男人来说，权力和"面子"是必不可少的两种装备，因此做广告的各种品牌应该"传达或强化一种控制力的感觉"。市场营销策略不应该只强调产品的功能，还应该创造一种能引起男人感情共鸣的形象。要知道，产品的感性力量是同等重要的，有时甚至更重要，因为它是真正与男人有关的东西。

零点调查与前进策略的一项调查显示，新男性更接近于由实力、品质、个性魅力三合一的一种人格。接受调查的人群中有15.5%的人相信政治界能贡献这样的典范角色，27.4%的人相信来自企业界，46.4%的人相信来自演艺界，另有7.1%的人相信来自运动界，3.6%的人相信来自新闻节目主持人。

也许很多企业现在还没有意识到，中国男性心目中的男人形象和电视广告中所表现的男人距离越来越远。许多男人平时在电视广告中看到的男人形象虽然很英俊，但不是肾虚就是奶油小生，缺乏男子气概，看上去似乎只是女人的陪衬，这令他们难以产生购买的冲动。

为什么男人的心态发生这么大的变化，而广告中的男人形象却与社会要求不一致，零点调查公司认为：今天这个时代是比较旧式的大男人充当着组织领导者，他们是组织资源的控制者；但是，更年轻的新男性是理念变革的推动者和社会文化变迁的塑造者，因此在整体上来说存在着一种"分离倒推模式"，即封闭式的组织空间和开放式的社会空间中的领导群体是两种不同的男性，前者成功、有气魄并且掌控机会，但后者才提供一个组织稳定延续发展的知识和精细设计。一个企业的营销水平直接与下列结果联系：组织领导能有多大的气量和多卓越的见识揽用优秀的新男性作为其管理团队的成员。

虽然一直以来都是女性消费者在很大程度上给予我们“女性是社会消费主导者”的印象，但研究新男性的装备品，就不难理解，事实上，女性是以对日常小额但快速消费品的频繁购买与消费而让人们留下其购物印象的，而男性的装备品更趋于高值与重型，其决策的过程很少暴露在如同超市百货店一样的公共场所，但以这种非透明购物行为所指向的产品的价值量而言，男性在消费决策中的相对重要性是明显的，如果广告形象总是令男人反感，就会付出高昂代价。

于是零点调查公司得出结论：在今天的社会生活，普通男性形象未被充分开发、研究，他们处于被忽视的、压抑的地位，因此，这个社会应该让普通男人得到更多的表现机会，让普通人经过奋斗也可以成为精英，这是社会发展的动力所在。

看过一些成功的电视广告后，现在可以回过头来看看我们的广告为什么会让男人那么不满意了。今天的电视广告中，男人是静的、依靠色相作秀的、在布景前面的、没有思想的、与演艺场关联的、个体化的、绵软而假装深沉的。按照这样的描述，我们可以毫不费劲地找到一堆电视广告对号入座。

但新男性则不同，他们是高活动量、刚强奋斗而又懂得享受生活、善于在各种社会场景中挖掘机会、智慧的、在博大的自然和社会舞台上的、重视社会联系的、有实力而适时表现自己个性的。也就是说，电视广告中的男人形象，在背景选择、社会关系场景的营造、形象代言人的身体语言、他们和场景的关系方面，都需要革命性的转变。

［要求］

1. 当前男人心理需求呈现什么样的变化，这种变化会给男性购买行为带来怎样的影响？

2. 你认为影响男性购买行为的最主要的因素是什么？请说明理由。

3. 国内企业根据男性的这种变化，会在营销策略上做出怎样的调整？

附录一　营销策划常用工具与模型

1. GE 行业吸引力矩阵

GE 行业吸引力矩阵模型是通用公司和麦肯锡公司所使用的三三矩阵。这个矩阵的两个轴分别表示市场吸引力和业务单位的实力或竞争地位。一个特定的业务单位处于矩阵中何处是通过对这个特定的业务单位和行业分析加以确定的。通过对这两个变量进行打分，确定业务单位位于矩阵中的位置，并由此确定对该业务单位所采取的策略。

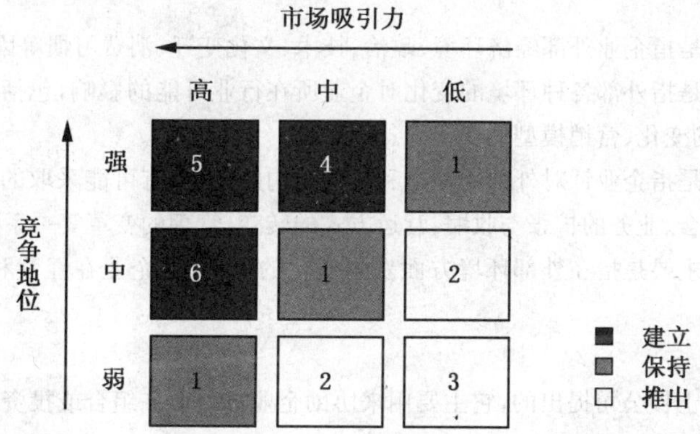

图 1　GE 行业吸引力矩阵

对于市场吸引力，需要考虑的因素主要有：

(1)行业，包括绝对市场规模、成长率、价格敏感性、进入壁垒、替代品、市场竞争、供应商等。

(2)环境，包括政府法规、经济气候、通货风险、社会趋势、技术、就业、利率等。

对于业务单位的实力或竞争地位，需要考虑的因素主要有：

(1)目前优势，包括市场份额、市场份额变化趋势、盈利能力、现金流、差别化、相对价格地位等。

(2)持久性，包括成本、后勤、营销、服务、客户形象、技术等。

在打分的时候，每个标准都有三个等级，如果标准之间的重要性有很大的不同，那就应该进行加权，从而得到一个更为平均的分数。

1—选择性/收益

2—重组/收割

3—有风险/退出

4—再投资/领导地位

5—投资/增长

6—目标增长

通过确定业务单位在矩阵中的位置,其需要实施的主要战略可能是:(1)投资建立地位;(2)通过平衡现金生成和有选择地使用现金以保持地位;(3)放弃并退出市场。

企业通过这样的矩阵可以保证其资源的合理配置,也可以尝试按照发展中业务与已发展业务的组合,以及现金产生和现金使用的内在一致性来平衡业务。

2. SCP模型

SCP(Structure、Conduct、Performance)模型用于分析当行业面临剧烈的外部冲击,或业内即将发生足以引起竞争结构改变的重大变化时,企业可能进行的战略调整及行为变化。SCP模型是对企业经营环境进行的动态分析,它有清晰的动态模式可以解释各种随着时间推移而发生的变化。

SCP模型本质上是波特五种竞争力模型的一种扩展,其基本思想是:行业外部或内部冲击将引起行业结构(Structure)、企业行为(Conduct)、企业经营结果(Performance)等多方面的变化,SCP模型从对特定行业结构、企业行为和企业经营结果三个角度来分析外部冲击的影响。

图2 SCP模型

(1)外部冲击:主要是指企业外部经济环境、政治、技术、文化变迁、消费习惯等因素的变化。

(2)行业结构:主要是指外部各种环境的变化对企业所在行业可能的影响,包括行业竞争的变化、产品需求的变化、细分市场的变化、营销模型的变化等。

(3)企业行为:主要是指企业针对外部的冲击和行业结构的变化,有可能采取的应对措施,包括企业方面对相关业务单元的整合、业务的扩张与收缩、营运方式的转变、管理的变革等一系列变动。

(4)企业经营结果:主要是指在外部环境方面发生变化的情况下,企业在经营利润、产品成本、市场份额等方面的变化趋势。

3. 波士顿矩阵模型

波士顿矩阵是由波士顿公司提出的,它主要用来协助企业进行业务组合或投资组合。

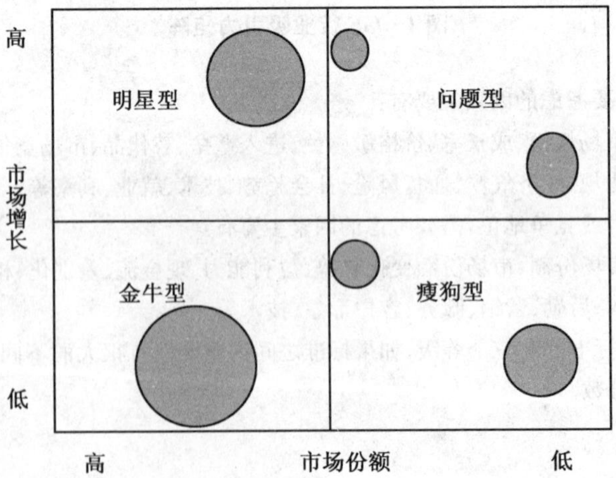

图3 波士顿矩阵

在矩阵坐标轴的两个变量分别是业务单元所在市场的增长程度和所占据的市场份额。每个象限中的企业处于不同的现金流位置,并且应用不同的方式加以管理,这样就引申出公司如何寻求其总体业务组合。

(1)金牛型:在低增长市场上具有相对高的市场份额的业务会产生健康的现金流,它们能用于向其他方面提供资金,发展业务。

(2)瘦狗型:在低增长市场上具有相对低的市场份额的业务经常是中等现金流的使用者。由于其虚弱的竞争地位,它们将成为现金的"陷阱"。

(3)明星型:在高增长市场上具有相对高的市场份额的业务,通常需要大量的现金以维持增长,但具有较强的市场地位并将产生较高的报告利润,它们有可能处在现金平衡状态。

(4)问题型:在迅速增长的市场上具有相对较低市场份额的业务需要大量的现金流入,以便为增长筹措资金。

波士顿矩阵有助于对各公司的业务组合投资提供解释,如果同其他分析方法一起使用会产生非常有益的效果。通过波士顿矩阵可以检查企业各个业务单元的经营情况,通过挤"金牛"业务的利润来资助企业的"明星"业务,检查有"问题"的业务,并确定是否卖掉"瘦狗"业务。

但这个矩阵的假设基础是经验曲线在市场中起作用,并且具有最大市场份额的公司将是成本最低的生产者。这个矩阵模型比较简单,企业实际的经营情况要复杂得多。

4. 麦肯锡 7S 模型

麦肯锡 7S 模型指出了企业在发展过程中必须全面地考虑各方面的情况,包括结构(Structure)、制度(Systems)、风格(Style)、员工(Staff)、技能(Skills)、战略(Strategy)、共同的价值观(Shared Values)。也就是说,企业仅具有明确的战略和深思熟虑的行动计划是远远不够的,因为企业还可能在战略执行过程中失误。因此,战略只是其中的一个要素。

在 7S 模型中,战略、结构和制度被认为是企业成功的"硬件",风格、员工、技能和共同的价值观被认为是企业成功经营的"软件"。7S 模型提醒企业的管理者,在企业的管理中软件和硬件因素同样重要。

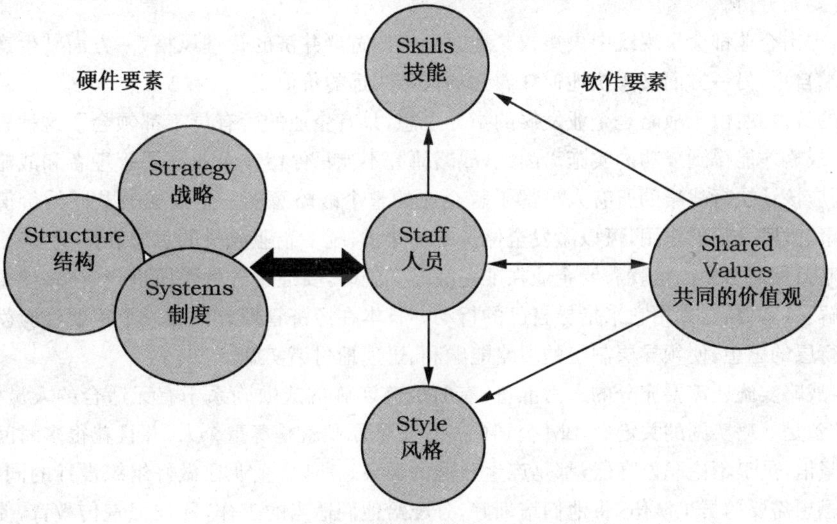

图 4　麦肯锡 7S 模型

(1)硬件要素分析战略。

①战略:战略是企业根据内外环境及可取得资源的情况,为求得企业生存和长期稳定地发展,对企业发展目标、达到目标的途径和手段的总体谋划,它是企业经营思想的集中体现,是一系列战略决策的结果,同时又是制定企业规划和计划的基础。企业战略管理理论是 20 世纪 50 年代到 60 年代由发达国家的企业经营者在社会经济、技术、产品和市场竞争的推动下,在总结自己的经营管理实践经验的基础上创建的。1947 年美国企业制定发展战略的只有 20%,而 1970 年已达到 100%。日本经济新闻社在 1967 年曾进行

专门的调查，在63家给予回答的日本大公司中，99%有战略规划。在美国进行的一项调查中，有90%以上的企业家认为企业经营过程中最占时间、最为重要、最为困难的就是制定战略规划。可见，战略已经成为企业取得成功的重要因素，企业的经营已进入“战略制胜”的时代。

②结构：战略需要健全的组织结构来保证实施。组织结构是企业的组织意义和组织机制赖以生存的基础，它是企业组织的构成形式，即企业的目标、协同、人员、职位、相互关系、信息等组织要素的有效排列组合方式。就是将企业的目标任务分解到职位，再把职位综合到部门，由众多的部门组成垂直的权利系统和水平分工协作系统的一个有机的整体。组织结构是为战略实施服务的，不同的战略需要不同的组织结构与之对应，组织结构必须与战略相协调。如通用电气公司，在20世纪50年代末期，执行的是简单的事业部制，但那时企业已经开始从事大规模经营的战略。到了20世纪60年代，该公司的销售额大幅度提高，而行政管理却跟不上，造成多种经营失控，影响了利润的增长。在20世纪70年代初，企业重新设计了组织结构，采用了战略经营单位结构，使行政管理滞后的问题得到了解决，妥善地控制了多种经营，利润也相应地得到了提高。由此可见，企业组织结构一定要适应实施企业战略的需要，它是企业战略贯彻实施的组织保证。另外，两位学者在研究中发现简单明了是美国成功企业的组织特点，这些企业中上层的管理人员尤其少，常常可以见到不到一百名管理人员的公司在经营上百亿美元的事业。

③制度：企业的发展和战略实施需要完善的制度作为保证，而实际上各项制度又是企业精神和战略思想的具体体现。所以，在战略实施过程中，应制定与战略思想相一致的制度体系，要防止制度的不配套、不协调，更要避免背离战略的制度出现。如具有创新精神的3M公司的创新制度，在3M，一个人只要参加新产品创新事业的开发工作，他在公司里的职位和薪酬自然会随着产品的成绩而改变，即使他开始只是一个生产一线的工程师，如果产品打入市场，就可以提升为产品工程师，如果产品的年销售额达到500万美元，他就可以成为产品线经理。这种制度极大地激发了员工创新的积极性，促进了企业发展。

(2)软件要素分析。

①风格：杰出企业都会呈现既中央集权又地方分权的宽严并济的管理风格，一方面其生产部门和产品开发部门极端自主，另一方面又固执地遵守着几项流传久远的价值观。

②共同的价值观：由于战略是企业发展的指导思想，只有企业的所有员工都领会了这种思想并用其指导实际行动，战略才能得到成功的实施。因此，战略研究不能只停留在企业高层管理者和战略研究人员这一层次上，而应该让执行战略的所有人员都了解企业的整个战略意图。企业成员共同的价值观念具有导向、约束、凝聚、激励及辐射作用，可以激发全体员工的热情，统一企业成员的意志和欲望，齐心协力地为实现企业的战略目标而努力。这就需要企业在准备战略实施时，要通过各种手段进行宣传，使企业的所有成员都能够理解它、掌握它，并用它来指导自己的行动。日本在经济管理方面的一个重要经验就是注重沟通领导层和执行层的思想，使领导层制定的战略能顺利、迅速地付诸实施。

③人员：战略实施还需要充分的人力准备，有时战略实施的成败确系于有无适合的人员去实施，实践证明，人力准备是战略实施的关键。IBM公司的一个重要原则就是尊重个人，并且花很多时间来执行这个原则。他们坚信，员工不论职位高低，都是产生效能的源泉。所以，企业在做好组织设计的同时，应注意配备符合战略思想需要的员工队伍，将他们培训好，分配给他们适当的工作，并加强宣传教育，使企业各层次人员都树立起与企业的战略相适应的思想观念和工作作风。

④技能：在执行公司战略时，需要员工掌握一定的技能，这有赖于严格、系统的培训。松下幸之助认为，每个人都要经过严格的训练，才能成为优秀的人才，譬如在运动场上驰骋的健将大显身手，但他们惊人的体质和技术不是凭空而来的，是长期在生理和精神上严格训练的结果。如果不接受训练，一个人即使有非常好的天赋资质，也可能无从发挥。

因此，在企业发展过程中，要全面考虑企业的整体情况，只有在软、硬两方面7个要素能够很好地沟通和协调的情况下，企业才能获得成功。

5. 三四矩阵

三四矩阵是由波士顿咨询集团提出的，这个模型用于分析一个成熟市场中企业的竞争地位。

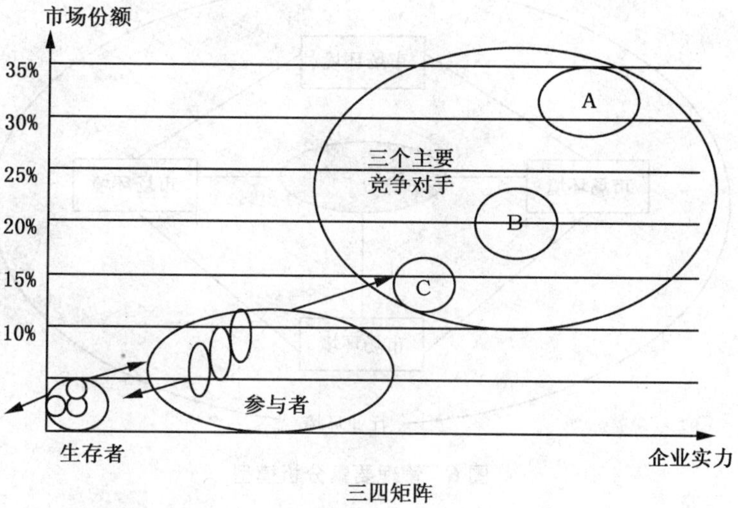

图 5 三四矩阵

在一个稳定的竞争市场，参与市场竞争的参与者一般分为三类：领先者、参与者、生存者。领先者一般是指市场占有率在 15%以上，可以对市场变化产生重大影响的企业，如在价格、产量等方面；参与者一般是指市场占有率介于 5%～15%的企业，这些企业虽然不能对市场产生重大的影响，但它们是市场竞争的有效参与者；生存者一般是局部细分市场的填补者，这些企业的市场份额非常低，通常小于 5%。

在有影响力的领先者之中，企业的数量绝对不会超过三个，而在这三个企业中，最有实力的竞争者的市场份额又不会超过最小者的四倍。这个模型是由下面两个条件决定的：

(1)在任何两个竞争者之间，2∶1 的市场份额似乎是一个均衡点。在这个均衡点上，无论哪个竞争者要增加或减少市场份额，都显得不切实际而且得不偿失。这是一个通过观察得出的经验性结论。

(2)若市场份额小于最大竞争者的 1/2，就不可能有效参与竞争。这也是经验性结论，这点不难从经验曲线的关系中推断出来。

通常，上述两个条件最终导致这样的市场份额序列：每个竞争者的市场份额都是紧随其后的竞争者的 1.5 倍，而最小的竞争者的市场份额不会小于最大者的 1/4。

三四矩阵只是从经验中得出的一种假设，并没有经过严格的证明。但是这个规则的意义非常重要，那就是：在经验曲线的效应下，成本是市场份额的函数。倘若两个竞争者拥有几乎相同的市场份额，那么，谁能提高相对市场份额，谁就能同时取得产量和成本两个方面的增长；与所付出的代价相比，得到的可能会更多。但是对市场竞争的领先者而言，可能得到的好处却反而少了。然而在任何主要竞争者的激烈争夺情况下，最有可能受伤害的却是市场中最弱的生存者。

6. 管理要素分析模型

管理要素分析模型主要是分析企业的经营战略、业务流程、组织架构、信息技术和业绩评价各管理要素之间的相互关系。在管理要素分析模型中，首先要基于对企业的市场环境和行业环境的研究，而后再提出企业的经营战略。在明确企业的经营战略后，就应该从企业的业务流程、组织架构和信息技术几个维度来保证企业的发展战略，而绩效评价则是对企业战略实现的程度进行检验和衡量。

7. 价值链咨询模型

价值链咨询模型是在波特的价值链模型基础上进行的改进。价值链咨询模型把企业的经营管理分为三个层次：决策层、管理层和运营层。决策层对企业的经营方向和资源配置进行决策；管理层主要包括财

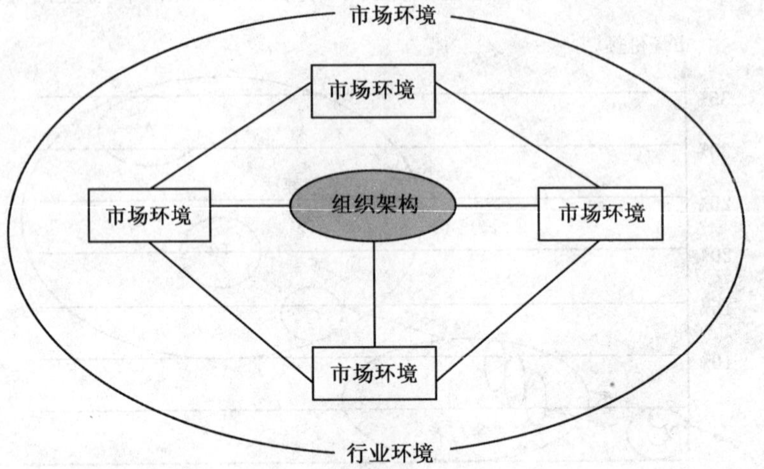

图6 管理要素分析模型

务管理、行政、人力资源、信息服务等职能，负责对企业的效率和成本费用进行控制；而运营层则涵盖企业从采购、生产到销售和服务的诸多环节，它主要应该体现各个层次的增值性，进行收入、费用的核算和控制。

表1 价值链咨询模型

决策层 体现增值性(方向性/资源配置)	战略/计划/创新/品牌/企业文化									
	企业信息管理									
管理层 提供支撑服务(效率性/费用控制)	人力资源管理									
	财务会计管理									
	行政后勤管理									
运营层 持续经营与发展(增值性/收入增长/成本控制)	采购	仓储	计划	调度	车间	质检	成品	分销	配送	服务

8. 经验曲线理论

“经验曲线”(Experience Curves)又称学习曲线(Learning Curves)，是美国波士顿顾问公司创始人布鲁斯·韩德森(Bruce Handersen)于1966年提出的，是指随着时间的推移，成员对所从事的岗位或工作的熟悉程度、经验积累乃至感情会越来越深，从而有利于改进工作方法，提高工作效率。但是这种经验不会一直增加，随着时间推移，经验的积累也将越来越慢，直至停止。经验曲线在不同性质的工作之间的作用程度和积累效应是不同的。一般而言，技术含量越高的工作，经验曲线的积累效应越大；而越是简单的工作，其经验积累得越快。这种经验也将很快达到顶峰，不再继续增加。如果工作本身难度很大，需要较强的创新精神，那么经验的积累速度将是十分缓慢和长久的，但即使细小的经验积累之增量，也会促进成员工作能力和工作效率的大幅度提升。

经验曲线理论最早是用来总结成本的变动模式的。有研究表明，积累的经验值每翻一番，以实际价格计算的成本通常就会下降20%～30%。

9. 战略地位与行动评价矩阵

战略地位与行动评价矩阵(Strategic Position and Action Evaluation Matrix,简称 SPACE 矩阵)主要是分析企业外部环境及企业应该采用的战略组合。SPACE 矩阵有四个象限,分别表示企业采取的进取、保守、防御和竞争四种战略模式。这个矩阵的两个数轴分别代表:企业的两个内部因素——财务优势(FS)和竞争优势(CA);两个外部因素——环境稳定性(ES)和产业优势(IS)。这四个因素对于企业的总体战略地位是最为重要的。

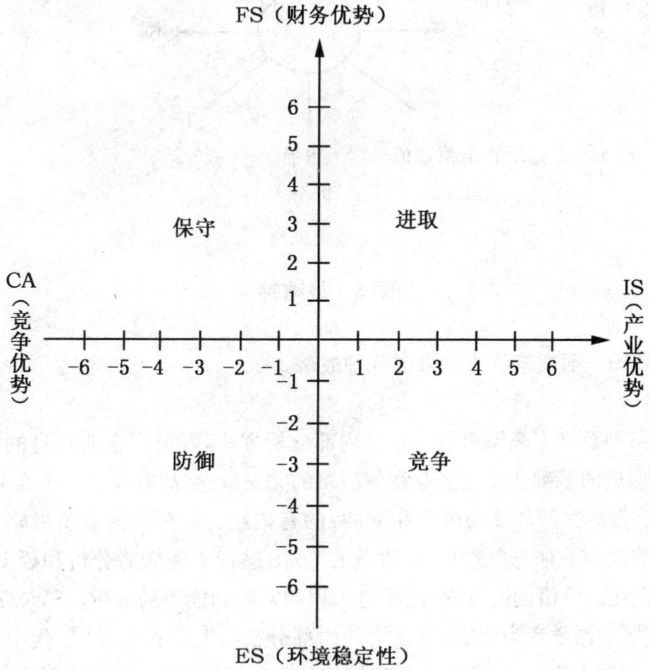

图 7　SPACE 矩阵

10. 战略钟

战略钟将波特的许多理论进行了综合,将基于市场的一般战略的 8 种类型在一个图上标示,是一种基于市场的一般战略选择模型,是制定一般战略的方法。

战略钟图是以平分 360°圆的 8 条射线表示基于市场的一般战略的 8 种战略类型的一种似钟的图形,它看似简单,但隐含了极其丰富的内涵,是对波特的多种理论的形象概括。4 点与 8 点连成的纵坐标是表示价格高低的分界线,纵坐标右方表示高于一般水平的价格,纵坐标左方表示低于一般水平的价格;6 点处表示最高价格,2 点处表示最低价格;自 2 点处向 6 点处顺时针方向及自 2 点处向 6 点处逆时针方向表示价格逐步增高;相反,自 6 点处向 2 点处逆时针方向及自 6 点处向 2 点处顺时针方向表示价格逐步降低。2 点与 6 点连成的横坐标表示附加值的高低分界线,横坐标上方表示高于一般水平的附加值,横坐标下方表示低于一般水平的附加值;4 点处表示最高附加值,8 点处表示最低附加值;自 8 点处向 4 点处顺时针方向及自 8 点处向 4 点处逆时针方向表示附加值逐步增加;相反,自 4 点处向 8 点处逆时针方向及自 4 点处向 8 点处顺时针方向表示附加值逐步减少。战略钟的基本理论依据是 20 世纪 80 年代初美国哈佛大学教授波特提出的三种"基本竞争战略"。它涉及两个主要概念:一是价格,二是理解附加值(Perceived Added Value)。理解附加值的含义是,假设不同企业的产品或服务的适用性基本类似,那么,顾客选择其中一家而不是其他家购买,是因为:要么这家的产品或服务的价格比其他公司的要低,要么顾客估计这家企业的产品或服务的价值比其他公司的要高。理解附加值已经成为广泛接受的概念,它与前述顾客受让价值相

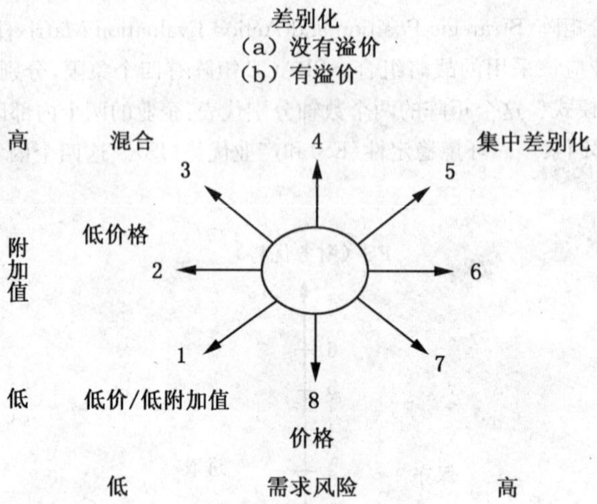

图 8 战略钟

似。战略钟将基于市场的一般战略分为 5 大类 8 种战略。

11. SWOT 分析法

SWOT 分析法从某种意义上来说隶属于企业内部分析方法，即根据企业自身的既定内在条件进行分析。SWOT 分析有其形成的基础。按照企业竞争战略的完整概念，战略应是一个企业“能够做的”(即组织的强项和弱项)和“可能做的”(即环境的机会和威胁)的有机组合。著名的竞争战略专家迈克尔·波特提出的竞争理论从产业结构入手对一个企业“可能做的”方面进行了透彻的分析和说明，而能力学派管理学家则运用价值链解构企业的价值创造过程，注重对公司的资源和能力的分析。SWOT 分析，就是在综合了前两者的基础上，以资源学派学者为代表，将公司的内部分析(即 20 世纪 80 年代中期管理学界权威所关注的研究取向，以能力学派为代表)与产业竞争环境的外部分析(即更早期战略研究所关注的中心主题，以安德鲁斯与迈克尔·波特为代表)相结合，形成了自己结构化的平衡系统分析体系。

与其他的分析方法相比较，SWOT 分析法从一开始就具有显著的结构化和系统性的特征。就结构化而言，首先在形式上，SWOT 分析法表现为构造 SWOT 结构矩阵，并对矩阵的不同区域赋予不同的分析意义；其次在内容上，SWOT 分析法的主要理论基础也强调从结构分析入手对企业的外部环境和内部资源进行分析。另外，早在 SWOT 分析法诞生之前的 20 世纪 60 年代，就已经有人提出 SWOT 分析法中涉及的内部优势与弱点、外部机会与威胁这些变化因素，但只是孤立地对它们加以分析。SWOT 分析法的重要贡献就在于用系统的思想将这些似乎独立的因素进行综合分析，使得企业战略计划的制定更加科学全面。

SWOT 分析法自形成以来，广泛应用于战略研究与竞争分析，成为战略管理和竞争情报的重要分析工具。分析直观、使用简单是它的重要优点。即使没有精确的数据支持和更专业化的分析工具，也可以得出有说服力的结论。但正是这种直观和简单使得 SWOT 分析法不可避免地带有精度不够的缺陷。例如，SWOT 分析法采用定性方法，通过罗列优势、劣势、机会、威胁的各种表现，形成一种模糊的企业竞争地位描述。以此为依据作出的判断，不免带有一定程度的主观臆断。所以，在使用 SWOT 分析法时要注意方法的局限性，在罗列作为判断依据的事实时，要尽量真实、客观、精确，并提供一定的定量数据弥补 SWOT 分析法的不足，构造高层定性分析的基础。

表 2　　**SWOT 分析模型**

	优势—S	劣势—W
机会—O	SO 战略	WO 战略
	发出优势、利用机会	利用机会、克服弱点
威胁—T	ST 战略	WT 战略
	利用优势、回避威胁	减小弱点、回避威胁

12. 波特五种竞争力模型

五种竞争力模型从一定意义上来说隶属于外部环境分析方法中的微观分析。该模型由迈克尔·波特(Michael Porter)于 20 世纪 80 年代初提出，对公司战略制定产生全球性的深远影响。它用于竞争战略的分析，可以有效地分析客户的竞争环境。这种分析法是对一个产业盈利能力和吸引力的晶态断面扫描，说明的是该产业中的企业平均具有的盈利空间，所以这是一个产业形势的衡量指标，而非企业能力的衡量指标。通常，这种分析法也可用于创业能力分析，以揭示某企业在本产业或行业具有何种盈利空间。迈克尔·波特对于管理理论的主要贡献，是在产业经济学与管理学之间架起了一座桥梁。波特在其经典著作《竞争战略》中，提出了行业结构分析模型，认为行业现有的竞争状况、供应商的议价能力、客户的议价能力、替代产品或服务的威胁、新进入者的威胁这五大竞争驱动力，决定了企业的盈利能力，并指出公司战略的核心应在于选择正确的行业，以及行业中最具有吸引力的竞争位置。

在对企业进行案例分析时，以上分析方法经常用到，合理恰当地使用它们，能够使我们通过一些表面现象看到企业问题的本质，但这些方法本身只是一些工具，怎样合理利用它们才是最关键的。

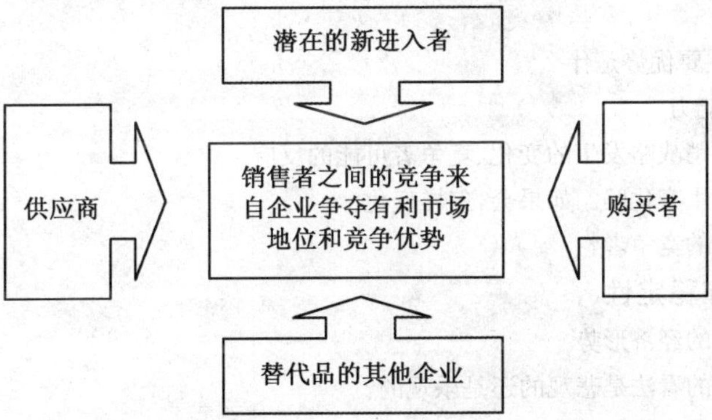

图 9　波特五种竞争力模型

附录二　企业营销策划书正文的通用格式

一、摘要

（略）

二、外部环境分析

（一）竞争者分析

1. 谁是我们主要的竞争者？它们有什么特性（规模、成长率、盈利能力、战略、目标市场）？

品牌竞争者

产品竞争者

一般竞争者

关键的意愿竞争者

2. 这些竞争者的主要优势是什么？

它们在4P方面的能力

环境或者我们的营销战略发生的变化、竞争者可能的反应

未来竞争格局会发生变化吗？如果会，怎样变化？

谁最有可能成为新的竞争者？

（二）经济增长和稳定性

一个国家或地区总的经济形势

消费者对经济形势的看法是悲观的还是乐观的？

目标市场顾客的购买力如何？

目标市场顾客的消费结构如何？

他们是购买了更多的商品，还是相反？

为什么？

（三）政治环境与变化趋势

一个国家或地区是什么样的政治制度？

新当选的领导人有什么偏好？对企业会产生什么影响？

为了与当地官员保持良好的关系，我们都做了什么或正在做什么？

有效果吗？为什么？

（四）法律因素

国际、国内或地区有什么法律条文会影响我们的营销活动？

法律条文有哪些变动？这些变动是不是意味着我们要改变某些营销行为？

国际上一些协议对我们的国际营销有什么影响？提供了什么机会与威胁？

(五)技术环境与变化趋势

技术变化对我们的顾客有什么影响？

技术变化对我们的生产活动有什么影响？

技术变化对我们的营销活动(特别是分销和促销活动)有什么影响？

技术进步会威胁到我们的产品，使其过时吗？

(六)文化与时尚

社会的人口结构和价值观正在发生怎样的变化？

这些变化会对我们的产品、定价、分销、促销以及人员产生怎样的影响？

在一个文化差异比较大的环境(如跨国公司所面对的环境：消费者的文化差异和员工的文化差异都比较大)，文化与时尚发生的变化对我们来讲意味着什么问题或机会？

一个社会对于我们所在的行业、企业，以及我们的产品有什么态度？我们能改进其态度吗？

我们的顾客或某些社会团体能干涉我们的经营活动吗？如果能，怎样干涉？

我们应该注意哪些道德问题？

三、顾客分析

(一)谁是我们现有的和潜在的顾客？

1. 顾客的人口统计特征：性别、年龄、收入、职业、教育程度、民族等

现有的顾客：

潜在的顾客：

2. 地理特征：地区、人口密度等

现有的顾客：

潜在的顾客：

3. 心理与行为特征：态度、意愿、兴趣、动机、生活方式

现有的顾客：

潜在的顾客：

4. 我们产品的购买者与使用者是否不同？

5. 都有谁会影响购买决策？

(二)顾客怎样使用我们的产品？我们的产品被用来做什么？

1. 顾客的购买批量：

2. 主要顾客与一般顾客的区别：

3. 在使用我们的产品时，顾客需要使用辅助品吗？

4. 在使用完了我们的产品以后，顾客做些什么(比如，他们再利用我们的产品或产品包装吗)？

(三)我们的顾客在哪里购买我们的产品？

1. 从哪种类型的中间商购买？

2. 电子商务对我们产品的购买有影响吗？未来会怎样变化？

3. 顾客会增加无店铺销售方式的购买量吗？

(四)我们的顾客什么时候购买我们的产品？有季节性差异吗？

1. 促销活动对于顾客消费我们产品的影响：

2. 影响我们产品购买与消费的情境因素：

(五)我们的顾客为什么和怎样选购我们的产品?

1. 我们的产品或竞争者的产品带来的利益:

2. 我们的产品或竞争者的产品满足消费者什么需求? 怎样满足? 未来消费的期望会发生什么变化?

3. 在购买时,消费者怎样支付货款?

4. 消费者希望与我们或竞争者保持一种紧密的联系吗? 或者他们只喜欢一手交钱、一手交货的交易方式?

(六)为什么潜在顾客还没有购买我们的产品?

1. 我们的产品没有满足潜在顾客哪些基本需求?

2. 竞争产品有哪些特点、利益或优势,使得潜在顾客选择使用它们?

3. 在分销渠道、促销和定价方面有哪些问题阻止潜在顾客不选择我们的产品?

4. 有多大的可能性可以使潜在顾客购买我们的产品?

四、内部环境分析

(一)营销目标与业绩

1. 什么是我们目前的营销目标?

2. 我们的营销目标与公司使命和公司目标是否一致? 为什么?

3. 我们的营销目标与营销环境和顾客需求的变化是否一致? 为什么?

4. 我们的营销战略在销售额、市场占有率、盈利能力和沟通(如品牌认知率和偏好率)等目标上的表现如何? 最可能的原因是什么?

5. 与业内竞争者相比如何?

6. 整个行业业绩是在上升还是下降?

(二)公司现有资源与未来资源

1. 公司现有的资源状况如何?

财务:

资本:

人员:

经验:

与供应商、顾客的关系:

2. 这些资源在近期会怎样变化? 会使企业更好还是更差?

3. 我们应该怎样利用或补救?

(三)现有和未来的文化与组织结构问题

1. 公司现有和未来的文化有哪些正面与负面的影响?

2. 公司内部的权力斗争会在哪些方面影响我们的营销活动?

3. 其他功能部门是怎样认识营销功能的重要性和地位的? 重要的职位有可能在近期变化吗?

4. 公司的营销理念(如市场导向)怎样影响我们的营销活动?

5. 公司注重长期计划还是短期计划? 它们对营销活动有怎样的影响?

6. 企业的员工激励方法有哪些正面或负面的影响?

五、SWOT 分析

(一)企业优势

优势:

1. 这一优势怎样帮助我们满足顾客需求？

2. 这一优势与竞争者相比如何？它能使我们的顾客认为我们与竞争者不同，或优于竞争者吗？

(二)企业劣势

劣势：

1. 这一劣势怎样阻止我们更好地满足顾客需求？

2. 这一劣势与竞争者相比如何？它能使我们的顾客认为我们与竞争者不同，或劣于竞争者吗？

(三)机会

机会：

1. 这一机会与满足我们顾客的需求有什么关系？

2. 短期与长期来讲，我们应该采取什么行动抓住这一机会？

(四)威胁

威胁：

1. 这一威胁与满足我们顾客的需求有什么关系？

2. 短期与长期来讲，我们应该采取什么行动避免这一威胁？

(五)战略选择

1. 我们怎样利用我们的优势，抓住机会，满足顾客需求？

2. 我们怎样将我们的劣势转化成优势？

3. 我们怎样将威胁转化成机会？

4. 如果不能成功转化，我们怎样才能避免或减少劣势和威胁的负作用？

5. 哪些是我们主要的不利匹配(无法转化的企业劣势＋无法转化的环境威胁)或限制匹配(无法转化的企业劣势＋环境机会)？这些对我们的顾客而言，是否显著？

6. 我们有办法避免或减少不利匹配及限制匹配的负作用吗？

六、营销目标

(一)营销目标 A

1. 详细的可测量的结果：

2. 完成的时间：

3. 负责执行的单位或个人：

4. 与 SWOT 的关系：

(二)营销目标 B(略)

(三)营销目标 C(略)

七、营销战略与战术

(一)目标市场

1. 目标市场 A

人口统计特征：

地理特征：

心理特征：

基本需求与利益欲求：

购买与惠顾特征：

消费特征：

对选择这一目标市场的论证

2. 目标市场 B(略)

3. 目标市场 C(略)

(二)营销组合策略

1. 营销组合策略 A(针对目标市场 A)

(1)产品

产品的主要特性与利益:

与竞争产品的不同之处:

产品的各个层次因素与服务:

品牌名称与包装:

与顾客让渡价值的关系:

辅助产品:

(2)价格

产品的单位成本:

定价目标:

折扣与降价政策:

与让渡价值的关系:

(3)分销

总的分销策略:

中间商与渠道:

渠道关系:

与让渡价值的关系:

(4)促销

总的促销策略:

产品或公司定位的基础:

广告与公共关系的目标与预算:

广告与公共关系活动的要素:

人员推销的目标与预算:

人员推销活动的要素:

销售促进的目标与预算:

销售促进活动的要素:

2. 营销组合策略 B(针对目标市场 B)(略)

3. 营销组合策略 C(针对目标市场 C)(略)

(三)主要顾客与竞争者的反应

1. 顾客与竞争者对营销组合策略 A、B、C 可能会有什么反应?

2. 营销组合策略 A(或 B、C)怎样使我们在满足市场 A(或 B、C)的需求时获得竞争优势?

3. 这些竞争优势是可持续的吗?为什么?

八、营销战略实施

(一)组织结构问题

1. 描述营销战略实施总体方案

2. 描述内部营销活动

内部产品：

内部定价：

内部分销：

内部促销：

(二)活动、责任、预算与时间

1. 生产活动

(1)活动项目 1

负责人：

预算：

其他所需资源：

目标完成时间：

(2)活动项目 2(略)

(3)活动项目 3(略)

2. 价格活动

(1)活动项目 1

负责人：

预算：

其他所需资源：

目标完成时间：

(2)活动项目 2(略)

(3)活动项目 3(略)

3. 分销活动

(1)活动项目 1

负责人：

预算：

其他所需资源：

目标完成时间：

(2)活动项目 2(略)

(3)活动项目 3(略)

4. 促销活动

(1)活动项目 1

负责人：

预算：

其他所需资源：

目标完成时间：

(2)活动项目 2(略)

(3)活动项目 3(略)

九、评估与控制

(一)财务评价

1. 贡献分析

总固定成本 a：

单位变动成本 b：

单位售价 c：

现行毛利目标 d：

未来毛利目标 e：

为了实现现行毛利目标，我们需要销售多少产品？(a+d)/(c−b)

为了实现未来毛利目标，我们需要销售多少产品？(a+e)/(c−b)

2. 反应分析

产品反应系数 a：

价格反应系数 b：

分销反应系数 c：

促销反应系数 d：

综合影响系数 a×b×c×d：

3. 系统策划模型

行业本期销售量 a：

销售量预计增长(下降)率 b：

行业计划期预计销售量 c(c=a×b)：

现行营销战略不变条件下的企业市场占有率 d：

修正的市场占有率 e(d×综合影响系数)：

预计的产品销售量 f(f=c×e)：

预计的产品销售额 g(g=f×单位售价)：

预期成本 h：

预期毛利 i(i=g−h)：

(二)营销控制

1. 投入控制

员工的招募与筛选程序：

员工培训项目：

人力资源配置：

财务资源配置：

资产配置：

R&D 费用：

其他：

2. 过程控制

员工评估与报酬制度：

员工权力与授权：

内部沟通系统：

组织的权力结构(组织结构图)：

管理层实施营销计划的意愿：

3. 结果控制

(1)表现标准

产品标准：如果标准没有达到，有哪些可能的补救措施？

价格标准：如果标准没有达到，有哪些可能的补救措施？

分销标准：如果标准没有达到，有哪些可能的补救措施？

促销标准：如果标准没有达到，有哪些可能的补救措施？

(2)营销审计

如何检视营销活动的？

用什么特定的利润与时间标准检视营销活动？

营销审计的具体方法：

营销审计负责人：

4. 其他控制方法

(1)员工自我控制：

(2)员工社会控制：

(3)员工文化控制：

参考文献

[1]崔殉. 营销诊断与策划[M]. 北京:经济管理出版社,2004.

[2]万晓. 营销管理[M]. 北京:清华大学出版社,2005.

[3]黄聚河. 营销策划操作实务[M]. 天津:天津科技出版社,2006.

[4]王方华. 市场营销学(第2版)[M]. 上海:复旦大学出版社,2005.

[5]于建原. 营销策划[M]. 成都:西南财经大学出版社,2005.

[6]吴粲. 策划学[M]. 北京:中国人民大学出版社,2005.

[7]叶万春. 企业营销策划[M]. 北京:中国人民大学出版社,2007.

[8]孟韬,毕克贵. 营销策划:方法、技巧与文案(第2版)[M]. 大连:东北财经大学出版社,2012.

[9]叶茂中. 叶茂中的营销策划[M]. 北京:中国人民大学出版社,2007.

[10]王志刚. 谋事在人:王志刚策划实录[M]. 北京:人民出版社,2007.

[11] [美] Warren J. Keegan. 全球营销管理[M]. 北京:清华大学出版社,2004.

[12] [美]艾·里斯,杰克·特劳特. 定位[M]. 北京:中国财政经济出版社,2009.

[13] [美]艾·里斯,杰克·特劳特. 营销战[M]. 北京:中国财政经济出版社,2002.